Rick Steves'
FRENCH, ITALIAN & GERMAN

Phrase Book & Dictionary

3rd Edition

John Muir Publications
Santa Fe, New Mexico

Thanks to the team of people at *Europe Through the Back Door* who helped make this book possible: Dave Hoerlein, Colleen Murphy, Mary Romano, and . . .

French translation: Scott Bernhard, Steve Smith, and Paul Desloover
Italian translation: Giulia Fiorini and Alessandra Panieri
Italian proofreading: Manfredo Guerzoni
German translation: Julia Klimek
Phonetics: Risa Laib
Layout: Rich Sorensen and Colleen Murphy
Maps: David C. Hoerlein
Edited by Risa Laib and Rich Sorensen

John Muir Publications, P.O. Box 613, Santa Fe, NM 87504

Printed in the U.S.A. by Banta Company
Third edition. First printing March 1999

ISBN 1-56261-475-4

Cover photos: Tour Eiffel, Paris, France; © Blaine Harrington III
Foreground photo: © Blaine Harrington III

Distributed to the book trade by
Publishers Group West
Berkeley, California

While every effort has been made to keep the content of this book accurate, the author and publisher accept no responsibility whatsoever for anyone ordering bad beer or getting messed up in any other way because of the linguistic confidence this phrase book has given them.

JMP travel guidebooks by Rick Steves

Europe 101: History and Art for the Traveler (with Gene Openshaw)

Rick Steves' Mona Winks: Self-guided Tours of Europe's Top Museums (with Gene Openshaw)

Rick Steves' Postcards from Europe

Rick Steves' Best of Europe

Rick Steves' Europe Through the Back Door

Rick Steves' France, Belgium & the Netherlands (with Steve Smith)

Rick Steves' Germany, Austria & Switzerland

Rick Steves' Great Britain & Ireland

Rick Steves' Italy

Rick Steves' Russia & the Baltics (with Ian Watson)

Rick Steves' Scandinavia

Rick Steves' Spain & Portugal

Rick Steves' London (with Gene Openshaw)

Rick Steves' Paris (with Steve Smith and Gene Openshaw)

Rick Steves' Phrase Books for: French, German, Italian, Spanish/Portuguese, and French/Italian/German

Asia Through the Back Door

Rick Steves' company, **Europe Through the Back Door**, provides many services for budget travelers, including a free quarterly newsletter/catalog, budget travel books and accessories, Eurailpasses (with free video and travel advice included), free-spirited European tours, on-line travel tips, and a Travel Resource Center in Edmonds, WA. For a free newsletter, call, write, or e-mail:

Europe Through the Back Door
120 Fourth Avenue N., Box 2009
Edmonds, WA 98020 USA
Tel: 425/771-8303, Fax: 425/771-0833
Web: http://www.ricksteves.com
E-mail: rick@ricksteves.com

Contents

Hi, I'm Rick Steves.

I'm the only mono-lingual speaker I know who's had the nerve to design a series of European phrase books. But that's one of the things that makes them better. You see, after 25 summers of travel through Europe, I've learned first-hand (1) what's essential for communication in Europe, and (2) what's not. I've assembled the most important words and phrases in a logical, no-frills format, and I've worked with native Europeans and seasoned travelers to give you the simplest, clearest translations possible.

This three-in-one edition is a lean and mean version of my individual French, Italian, and German phrase books. If you're lingering in a country, my individual phrase books are far better at helping you connect with the locals, but if you're on a whirlwind trip, this handy three-in-one book gives you all the essential phrases.

This book is more than just a pocket translator. The words and phrases have been carefully selected to make you a happier, more effective budget traveler. The key to getting more out of every travel dollar is to get closer to the local people, and to rely less on entertainment, restaurants, and hotels that cater only to foreign tourists. This book will not only help you order a meal at a locals-only European restaurant—it will help you talk with the family that runs the place. Long after your memories of the museums have faded, you'll still treasure the personal encounters you had with your new European friends.

A good phrase book should help you enjoy your European experience—not just survive it—so I've added a healthy dose of humor. But please use these phrases carefully, in a self-effacing spirit. Remember that one ugly

American can undo the goodwill built by dozens of culturally-sensitive ones.

To get the most out of this book, take the time to internalize and put into practice the pronunciation tips. I've spelled out the pronunciations as if you were reading English. Don't worry too much about memorizing grammatical rules, like which gender a particular noun is—forget about sex and communicate!

Along with a four-language dictionary, this book has nifty menu decoders (to help you figure out what's cooking). You'll also find tongue twisters, telephone tips, and handy tear-out "cheat sheets." Tear out the sheets and keep them handy, so you can easily memorize key phrases during otherwise idle moments. As you prepare for your trip, you may want to have a look at my annually-updated *Rick Steves' Best of Europe* guidebook or my country guides: *Rick Steves' France, Belgium & the Netherlands; Rick Steves' Italy;* and *Rick Steves' Germany, Austria & Switzerland.*

My goal is to help you become a more confident, extroverted traveler. If this phrase book helps make that happen, or if you have suggestions for making it better, I'd love to hear from you. I personally read and value all feedback. My address is Europe Through the Back Door, P.O. Box 2009, Edmonds, WA 98020, tel. 425/771-8303, fax 425/771-0833, e-mail: rick@ricksteves.com.

Happy travels, and good luck as you hurdle the language barrier!

Rick Steves

FRENCH

Getting Started

Challenging, romantic French

...is spoken throughout Europe and thought to be one of the most beautiful languages in the world. Half of Belgium speaks French, and French rivals English as the handiest second language in Spain, Portugal, and Italy. Even your U.S. passport is translated into French. You're probably already familiar with this poetic language. Consider: *bonjour, c'est la vie, bon appétit, merci, au revoir, bon voyage!*

As with any language, the key to communicating is to go for it with a mixture of bravado and humility. Try to sound like Maurice Chevalier or Inspector Clouseau.

French has some unusual twists to its pronunciation:

Ç sounds like S in sun.
CH sounds like SH in shine.
G usually sounds like G in get.
    But *G* followed by *E* or *I* sounds like S in treasure.
GN sounds like NI in onion.
H is always silent.
J sounds like S in treasure.
R sounds like an R being swallowed.
I sounds like EE in seed.
È and *Ê* sound like E in let.
É and *EZ* sound like AY in play.
ER, at the end of a word, sounds like AY in play.
Ô sounds like O in note.

In a Romance language, sex is unavoidable. A man is *content* (happy), a woman is *contente*. In this book, when you see a pair of words like *"content / contente,"* use the second word when talking about a woman.

French has strange-looking accents. The cedilla makes Ç sound like "s" (*façade*). The circumflex makes Ê sound like "eh" (*crêpe*), but has no effect on Â, Î, Ô, or Û. The grave accent stifles È into "eh" (*crème*), but doesn't change the stubborn À. The acute accent opens É into "ay" (*café*).

French is tricky because the spelling and pronunciation seem to have little to do with each other. *Qu'est-ce que c'est?* (What is that?) is pronounced: kehs kuh say.

The final letters of many French words are silent, so *Paris* sounds like pah-ree. The French tend to stress every syllable evenly: pah-ree. In contrast, Americans say **Par**-is, emphasizing the first syllable.

In French, if a word that ends in a consonant is followed by a word that starts with a vowel, the consonant is frequently linked with the vowel. *Mes amis* (my friends) is pronounced: may-zah-mee. Some words are linked with an apostrophe. *Ce est* (It is) becomes *C'est*, as in *C'est la vie* (That's life). *Le* and *la* (the masculine and feminine "the") are intimately connected to words starting with a vowel. *La orange* becomes *l'orange*.

French has a few sounds that are unusual in English: the French *u* and the nasal vowels. To say the French *u*, round your lips to say "oh," but say "ee." Vowels combined with either *n* or *m* are often nasal vowels. As you nasalize a vowel, let the sound come through your nose as well as your mouth. The vowel is the important thing. The *n* or *m*, represented in this book by n̲ for nasal, is not pronounced.

4 French

There are a total of four nasal sounds, all contained in the phrase *un bon vin blanc* (a good white wine).

Nasal vowels:	Phonetics:	To make the sound:
un	uh<u>n</u>	nasalize the U in lung.
bon	oh<u>n</u>	nasalize the O in bone.
vin	a<u>n</u>	nasalize the A in sack.
blanc	ah<u>n</u>	nasalize the A in want.

In phonetics, *un bon vin blanc* would look like this: uh<u>n</u> boh<u>n</u> va<u>n</u> blah<u>n</u>. If you practice it, you'll learn how to say the nasal vowels . . . and order a fine wine.

Here's a guide to the rest of the phonetics in this book:

ah	like A in father.
ay	like AY in play.
eh	like E in let.
ee	like EE in seed.
ehr	sounds like "air."
ew	pucker your lips and say "ee."
g	like G in go.
or	like OR in core.
oh	like O in note.
oo	like OO in too.
s	like S in sun.
uh	like U in but.
ur	like UR in purr.
zh	like S in treasure.

French Basics

Greeting and meeting the French:

Good day.	**Bonjour.**	boh<u>n</u>-zhoor
Good morning.	**Bonjour.**	boh<u>n</u>-zhoor
Good evening.	**Bonsoir.**	boh<u>n</u>-swahr
Good night.	**Bonne nuit.**	buhn nwee
Hi. (informal)	**Salut.**	sah-lew
Welcome!	**Bienvenue!**	bee-a<u>n</u>-vuh-new
Mr.	**Monsieur**	muhs-yur
Mrs.	**Madame**	mah-dahm
Miss	**Mademoiselle**	mahd-mwah-zehl
How are you?	**Comment allez-vous?**	koh-mah<u>n</u>t ah-lay-voo
Very well, thank you.	**Très bien, merci.**	treh bee-a<u>n</u> mehr-see
And you?	**Et vous?**	ay voo
My name is...	**Je m'appelle...**	zhuh mah-pehl
What's your name?	**Quel est votre nom?**	kehl ay voh-truh noh<u>n</u>
Pleased to meet you.	**Enchanté.**	ah<u>n</u>-shah<u>n</u>-tay
Where are you from?	**D'où êtes-vous?**	doo eht voo
I am / Are you...?	**Je suis / Êtes-vous...?**	zhuh sweez / eht-vooz
...on vacation	**...en vacances**	ah<u>n</u> vah-kah<u>n</u>s
...on business	**...en voyage d'affaires**	ah<u>n</u> voy-yahzh dah-fair
See you later.	**À bientôt.**	ah bee-a<u>n</u>-toh
Goodbye.	**Au revoir.**	oh vwahr
Good luck!	**Bonne chance!**	buhn shah<u>n</u>s
Have a good trip!	**Bon voyage!**	boh<u>n</u> voy-yahzh

Survival phrases

In 1945, American G.I.s helped liberate Paris using only these phrases. They're repeated on your tear-out cheat sheet near the end of this book.

The essentials:

Good day.	**Bonjour.**	bohn-zhoor
Do you speak English?	**Parlez-vous anglais?**	par-lay-voo ahn-glay
Yes. / No.	**Oui. / Non.**	wee / nohn
I don't speak French.	**Je ne parle pas français.**	zhuh nuh parl pah frahn-say
I'm sorry.	**Désolé.**	day-zoh-lay
Please.	**S'il vous plaît.**	see voo play
Thank you.	**Merci.**	mehr-see
No problem.	**Pas de problème.**	pah duh proh-blehm
It's good.	**C'est bon.**	say bohn
You are very kind.	**Vous êtes très gentil.**	vooz eht treh zhahn-tee
Goodbye.	**Au revoir.**	oh vwahr

Where?

Where is...?	**Où est...?**	oo ay
...a hotel	**...un hôtel**	uhn oh-tehl
...a youth hostel	**...une auberge de jeunesse**	ewn oh-behrzh duh zhuh-nehs
...a restaurant	**...un restaurant**	uhn rehs-toh-rahn
...a grocery store	**...une épicerie**	ewn ay-pee-suh-ree
...a pharmacy	**...une pharmacie**	ewn far-mah-see
...a bank	**...une banque**	ewn bahnk

...the train station	**...la gare**	lah gar
...the tourist information office	**...l'office du tourisme**	loh-fees dew too-reez-muh
Where are the toilets?	**Où sont les toilettes?**	oo soh<u>n</u> lay twah-leht
men / women	**hommes / dames**	ohm / dahm

How much?

How much is it?	**Combien?**	koh<u>n</u>-bee-a<u>n</u>
Write it?	**Ecrivez?**	ay-kree-vay
Cheap.	**Bon marché.**	boh<u>n</u> mar-shay
Cheaper.	**Moins cher.**	mwa<u>n</u> shehr
Cheapest.	**Le moins cher.**	luh mwa<u>n</u> shehr
Is it free?	**C'est gratuit?**	say grah-twee
Included?	**Inclus?**	a<u>n</u>-klew
Do you have...?	**Avez-vous...?**	ah-vay-voo
Where can I buy...?	**Où puis-je acheter...?**	oo pwee-zhuh ah-shuh-tay
I would like...	**Je voudrais...**	zhuh voo-dray
We would like...	**Nous voudrions...**	noo voo-dree-oh<u>n</u>
...this.	**...ceci.**	suh-see
...just a little.	**...un petit peu.**	uh<u>n</u> puh-tee puh
...more.	**...encore.**	ah<u>n</u>-kor
...a ticket.	**...un billet.**	uh<u>n</u> bee-yay
...a room.	**...une chambre.**	ewn shah<u>n</u>-bruh
...the bill.	**...l'addition.**	lah-dee-see-oh<u>n</u>

How many?

one	**un**	uh<u>n</u>
two	**deux**	duh
three	**trois**	twah
four	**quatre**	kah-truh

five	**cinq**	sa<u>n</u>k
six	**six**	sees
seven	**sept**	seht
eight	**huit**	weet
nine	**neuf**	nuhf
ten	**dix**	dees

You'll find more to count on in the Numbers chapter.

When?

At what time?	**À quelle heure?**	ah kehl ur
Just a moment.	**Un moment.**	uh<u>n</u> moh-mah<u>n</u>
Now.	**Maintenant.**	ma<u>n</u>-tuh-nah<u>n</u>
soon / later	**bientôt / plus tard**	bee-a<u>n</u>-toh / plew tar
today / tomorrow	**aujourd'hui / demain**	oh-zhoor-dwee / duh-ma<u>n</u>

Struggling with French:

Do you speak English?	**Parlez-vous anglais?**	par-lay-voo ah<u>n</u>-glay
A teeny weeny bit?	**Un petit peu?**	uh<u>n</u> puh-tee puh
Please speak English.	**Parlez anglais, s'il vous plaît.**	par-lay ah<u>n</u>-glay see voo play
You speak English well.	**Vous parlez bien anglais.**	voo par-lay bee-a<u>n</u> ah<u>n</u>-glay
I don't speak French.	**Je ne parle pas français.**	zhuh nuh parl pah frah<u>n</u>-say
I speak a little French.	**Je parle un petit peu français.**	zhuh parl uh<u>n</u> puh-tee puh frah<u>n</u>-say
What is this in French?	**Qu'est-ce que c'est en français?**	kehs kuh say ah<u>n</u> frah<u>n</u>-say
Repeat?	**Répétez?**	ray-pay-tay

Speak slowly, please.	**Parlez lentement, s'il vous plaît.**	par-lay lah<u>n</u>-tuh-mah<u>n</u> see voo play
Slower.	**Plus lentement.**	plew lah<u>n</u>-tuh-mah<u>n</u>
I understand.	**Je comprends.**	zhuh koh<u>n</u>-prah<u>n</u>
I don't understand.	**Je ne comprends pas.**	zhuh nuh koh<u>n</u>-prah<u>n</u> pah
Do you understand?	**Comprenez-vous?**	koh<u>n</u>-pruh-nay-voo
Write it?	**Ecrivez?**	ay-kree-vay
Does someone here speak English?	**Il y a quelqu'un qui parle anglais?**	eel yah kehl-kuh<u>n</u> kee parl ah<u>n</u>-glay
Who speaks English?	**Qui parle anglais?**	kee parl ah<u>n</u>-glay

Common questions:

How much?	**Combien?**	koh<u>n</u>-bee-a<u>n</u>
How many?	**Combien?**	koh<u>n</u>-bee-a<u>n</u>
How long...?	**Combien de temps...?**	koh<u>n</u>-bee-a<u>n</u> duh tah<u>n</u>
...is the trip	**...dure le voyage**	dewr luh voy-yahzh
How many minutes?	**Combien de minutes?**	koh<u>n</u>-bee-a<u>n</u> duh mee-newt
How many hours?	**Combien d'heures?**	koh<u>n</u>-bee-a<u>n</u> dur
Is it far?	**C'est loin?**	say lwa<u>n</u>
How?	**Comment?**	koh-mah<u>n</u>
Is it possible?	**C'est possible?**	say poh-see-bluh
Is it necessary?	**C'est nécessaire?**	say nay-suh-sair
Can you help me?	**Pouvez-vous m'aider?**	poo-vay-voo may-day
What? (didn't hear)	**Comment?**	koh-mah<u>n</u>
What is that?	**Qu'est-ce que c'est?**	kehs kuh say
What is better?	**Qu'est-ce qui vaut mieux?**	kehs kee voh mee-uh

What's going on?	**Qu'est-ce qui se passe?**	kehs kee suh pahs
When?	**Quand?**	kah<u>n</u>
What time is it?	**Quelle heure est-il?**	kehl ur ay-teel
At what time?	**À quelle heure?**	ah kehl ur
On time? Late?	**A l'heure? En retard?**	ah lur / ah<u>n</u> ruh-tar
When does this...?	**Ça... à quelle heure?**	sah... ah kehl ur
...open / close	**...ouvre / ferme**	oo-vruh / fehrm
Do you have...?	**Avez-vous...?**	ah-vay-voo
Can I...?	**Puis-je...?**	pwee-zhuh
Can we...?	**Pouvons-nous...?**	poo-voh<u>n</u>-noo
...have one	**...avoir un**	ahv-wahr uh<u>n</u>
...go free	**...aller gratuitement**	ah-lay grah-tweet-mah<u>n</u>
Where is...?	**Où est...?**	oo ay
Where are...?	**Où sont...?**	oo soh<u>n</u>
Where can I find / buy...?	**Où puis-je trouver / acheter...?**	oo pwee-zhuh troo-vay / ah-shuh-tay
Who?	**Qui?**	kee
Why?	**Pourquoi?**	poor-kwah
Why not?	**Pourquoi pas?**	poor-kwah pah
Yes or no?	**Oui ou non?**	wee oo noh<u>n</u>

La yin et yang:

cheap / expensive	**bon marché / cher**	boh<u>n</u> mar-shay / shehr
big / small	**grand / petit**	grah<u>n</u> / puh-tee
hot / cold	**chaud / froid**	shoh / frwah
open / closed	**ouvert / fermé**	oo-vehr / fehr-may
entrance / exit	**entrée / sortie**	ah<u>n</u>-tray / sor-tee
push / pull	**pousser / tirer**	poo-say / tee-ray
arrive / depart	**arriver / partir**	ah-ree-vay / par-teer

early / late	**tôt / tard**	toh / tar
soon / later	**bientôt / plus tard**	bee-an-toh / plew tar
fast / slow	**vite / lent**	veet / lahn
here / there	**ici / là-bas**	ee-see / lah-bah
near / far	**près / loin**	preh / lwan
indoors / outdoors	**l'intérieur / dehors**	lan-tay-ree-yoor / duh-or
good / bad	**bon / mauvais**	bohn / moh-vay
best / worst	**le meilleur / le pire**	luh meh-yur / luh peer
a little / lots	**un peu / beaucoup**	uhn puh / boh-koo
more / less	**plus / moins**	plew / mwan
mine / yours	**mien / votre**	mee-an / voh-truh
everybody / nobody	**tout le monde / personne**	too luh mohnd / pehr-suhn
easy / difficult	**facile / difficile**	fah-seel / dee-fee-seel
left / right	**à gauche / à droite**	ah gohsh / ah dwaht
up / down	**en haut / en bas**	ahn oh / ahn bah
above / below	**au-dessus / en-dessous**	oh-duh-sew / ahn-duh-soo
young / old	**jeune / vieux**	zhuhn / vee-uh
new / old	**neuve / vieux**	nuhv / vee-uh
heavy / light	**lourd / léger**	loor / lay-zhay
dark / light	**sombre / clair**	sohn-bruh / klair
happy (m), happy (f) / sad	**content, contente / triste**	kohn-tahn, kohn-tahnt / treest
beautiful / ugly	**belle / laid**	behl / leh
nice / mean	**gentil / méchant**	zhahn-tee / may-shahn
intelligent / stupid	**intelligent / stupide**	an-teh-lee-zhahn / stew-peed
vacant / occupied	**libre / occupé**	lee-bruh / oh-kew-pay
with / without	**avec / sans**	ah-vehk / sahn

Big little words:

I	**je**	zhuh
you (formal)	**vous**	voo
you (informal)	**tu**	tew
we	**nous**	noo
he	**il**	eel
she	**elle**	ehl
they	**ils**	eel
and	**et**	ay
at	**à**	ah
because	**parce que**	pars kuh
but	**mais**	may
by (via)	**par**	par
for	**pour**	poor
from	**de**	duh
here	**ici**	ee-see
if	**si**	see
in	**en**	ah<u>n</u>
not	**pas**	pah
now	**maintenant**	ma<u>n</u>-tuh-nah<u>n</u>
only	**seulement**	suhl-mah<u>n</u>
or	**ou**	oo
this / that	**ce / cette**	suh / seht
to	**à**	ah
very	**très**	treh

L'Alphabet:
In case you need to spell your name out loud or participate in a spelling bee...

a	ah	j	zhee	s	"s"		
b	bay	k	kah	t	tay		
c	say	l	"l"	u	ew		
d	day	m	"m"	v	vay		
e	er	n	"n"	w	doo-bluh vay		
f	"f"	o	"o"	x	"x"		
g	zhay	p	pay	y	ee grek		
h	ahsh	q	kew	z	zehd		
i	ee	r	ehr				

Places in France:

Arles	arl
Alsace	ahl-sahs
Amboise	ahm-bwahz
Annecy	ah<u>n</u>-see
Antibes	ah<u>n</u>-teeb
Arles	arl
Arromanches	ah-roh-mah<u>n</u>sh
Avignon	ah-veen-yoh<u>n</u>
Bayeux	bah-yuh
Beaune	bohn
Beynac	bay-nak
Bordeaux	bor-doh
Calais	kah-lay
Carcassonne	kar-kah-suhn
Chambord	shah<u>n</u>-bor
Chamonix	shah-moh-nee
Chartres	shart
Chenonceau	shuh-noh<u>n</u>-soh
Cherbourg	shehr-boor
Chinon	shee-noh<u>n</u>
Collioure	kohl-yoor
Colmar	kohl-mar
Côte d'Azur	koht dah-zewr

Dijon	dee-zhoh<u>n</u>
Dordogne	dor-dohn-yuh
Giverny	zhee-vehr-nee
Grenoble	gruh-noh-bluh
Honfleur	oh<u>n</u>-floor
Le Havre	luh hah-vruh
Loire	lwahr
Lyon	lee-oh<u>n</u>
Marseille	mar-say
Mont Blanc	moh<u>n</u> blah<u>n</u>
Mont St. Michel	moh<u>n</u> sa<u>n</u> mee-shehl
Nantes	nah<u>nt</u>
Nice	nees
Normandy	nor-mah<u>n</u>-dee
Paris	pah-ree
Provence	proh-vah<u>ns</u>
Reims	ra<u>ns</u> (rhymes with France)
Rouen	roo-ah<u>n</u>
Roussillon	roo-see-yoh<u>n</u>
Sarlat	sahr-lah
Strasbourg	strahs-boorg
Verdun	vehr-duhn
Versailles	vehr-sigh
Villefranche	veel-frah<u>n</u>sh

French names for places:

France	**la France**	lah frah<u>ns</u>
English Channel	**la Manche**	lah mah<u>n</u>sh
England	**l'Angleterre**	lah<u>n</u>-gluh-tehr
Netherlands	**les Pays-Bas**	lay peh-ee-bah
Germany	**l'Allemagne**	lahl-mahn-yuh
Switzerland	**la Suisse**	lah swees
Austria	**l'Autriche**	loh-treesh

Spain	**l'Espagne**	luh-spahn-yuh
Italy	**l'Italie**	lee-tah-lee
Europe	**l'Europe**	lur-rohp
United States	**les Etats-Unis**	layz ay-tah-zew-nee
Canada	**le Canada**	luh kah-nah-dah
world	**le monde**	luh moh<u>nd</u>

NUMBERS

Numbers

0	**zéro**	zay-roh
1	**un**	uh<u>n</u>
2	**deux**	duh
3	**trois**	twah
4	**quatre**	kah-truh
5	**cinq**	sa<u>n</u>k
6	**six**	sees
7	**sept**	seht
8	**huit**	weet
9	**neuf**	nuhf
10	**dix**	dees
11	**onze**	oh<u>n</u>z
12	**douze**	dooz
13	**treize**	trehz
14	**quatorze**	kah-torz
15	**quinze**	ka<u>n</u>z
16	**seize**	sehz
17	**dix-sept**	dee-seht
18	**dix-huit**	deez-weet
19	**dix-neuf**	deez-nuhf
20	**vingt**	va<u>n</u>
21	**vingt et un**	va<u>n</u>t ay uh<u>n</u>
22	**vingt-deux**	va<u>n</u>t-duh
23	**vingt-trois**	va<u>n</u>t-twah
30	**trente**	trah<u>n</u>t

31	trente et un	trah_nt ay uh_n
40	quarante	kah-rah_nt
41	quarante et un	kah-rah_nt ay uh_n
50	cinquante	sa_n-kah_nt
60	soixante	swah-sah_nt
70	soixante-dix	swah-sah_nt-dees
71	soixante et onze	swah-sah_nt ay oh_nz
72	soixante-douze	swah-sah_nt-dooz
73	soixante-treize	swah-sah_nt-trehz
74	soixante-quatorze	swah-sah_nt-kah-torz
75	soixante-quinze	swah-sah_nt-ka_nz
76	soixante-seize	swah-sah_nt-sehz
77	soixante-dix-sept	swah-sah_nt-dee-seht
78	soixante-dix-huit	swah-sah_nt-deez-weet
79	soixante-dix-neuf	swah-sah_nt-deez-nuhf
80	quatre-vingts	kah-truh-va_n
81	quatre-vingt-un	kah-truh-va_n-uh_n
82	quatre-vingt-deux	kah-truh-va_n-duh
83	quatre-vingt-trois	kah-truh-va_n-twah
84	quatre-vingt-quatre	kah-truh-va_n-kah-truh
85	quatre-vingt-cinq	kah-truh-va_n-sa_nk
86	quatre-vingt-six	kah-truh-va_n-sees
87	quatre-vingt-sept	kah-truh-va_n-seht
88	quatre-vingt-huit	kah-truh-va_n-weet
89	quatre-vingt-neuf	kah-truh-va_n-nuhf
90	quatre-vingt-dix	kah-truh-va_n-dees
91	quatre-vingt-onze	kah-truh-va_n-oh_nz
92	quatre-vingt-douze	kah-truh-va_n-dooz
93	quatre-vingt-treize	kah-truh-va_n-trehz
94	quatre-vingt-quatorze	kah-truh-va_n-kah-torz
95	quatre-vingt-quinze	kah-truh-va_n-ka_nz
96	quatre-vingt-seize	kah-truh-va_n-sehz
97	quatre-vingt-dix-sept	kah-truh-va_n-dee-seht
98	quatre-vingt-dix-huit	kah-truh-va_n-deez-weet
99	quatre-vingt-dix-neuf	kah-truh-va_n-deez-nuhf

100	**cent**	sah<u>n</u>
101	**cent un**	sah<u>n</u> uh<u>n</u>
102	**cent deux**	sah<u>n</u> duh
200	**deux cents**	duh sah<u>n</u>
1000	**mille**	meel
2000	**deux mille**	duh meel
2001	**deux mille un**	duh meel uh<u>n</u>
10,000	**dix mille**	dee meel
millon	**million**	uh<u>n</u> meel-yoh<u>n</u>
billion	**milliard**	meel-yar
first	**premier**	pruh<u>m</u>-yay
second	**deuxième**	duhz-yehm
third	**troisième**	twahz-yehm
half	**demi**	duh-mee
100%	**cent pourcents**	sah<u>n</u> poor-sah<u>n</u>
number one	**numéro un**	new-may-roh uh<u>n</u>

MONEY

Money

Can you change dollars?	**Pouvez-vous changer les dollars?**	poo-vay-voo shah<u>n</u>-zhay lay doh-lar
What is your exchange rate for dollars...?	**Quel est le cours du dollar...?**	kehl ay luh koor dew doh-lar
...in traveler's checks	**...en chèques de voyage**	ah<u>n</u> shehk duh voy-yahzh
What is the commission?	**Quel la commission?**	kehl ay lah koh-mee-see-oh<u>n</u>
Any extra fee?	**Il y a d'autre frais?**	eel yah doh-truh fray
I would like...	**Je voudrais...**	zhuh voo-dray
...small bills.	**...des petits billets.**	day puh-tee bee-yay
...large bills.	**...des gros billets.**	day groh bee-yay
...coins.	**...des pièces.**	day pee-ehs

...small change.	**...de la petite monnaie.**	duh lah puh-teet moh-nay
Is this a mistake?	**C'est une erreur?**	sayt ewn er-ror
I'm broke / poor / rich.	**Je suis fauché / pauvre / riche.**	zhuh swee foh-shay / poh-vruh / reesh
75 F	**soixante quinze francs**	swah-sah<u>n</u>t ka<u>n</u>z frah<u>n</u>
50 c	**cinquante centimes**	sa<u>n</u>-kah<u>n</u>t sah<u>n</u>-teem
euro	**euro**	yoo-roh
Where is a cash machine?	**Où est un distributeur de billets?**	oo ay uh<u>n</u> dee-stree-bew-tur duh bee-yay

Key money words:

bank	**banque**	bah<u>n</u>k
money	**argent**	ar-zhah<u>n</u>
change money	**changer de l'argent**	shah<u>n</u>-zhay duh lar-zhah<u>n</u>
exchange	**bureau de change**	bew-roh duh shah<u>n</u>zh
buy / sell	**acheter / vendre**	ah-shuh-tay / vah<u>n</u>-druh
commission	**commission**	koh-mee-see-oh<u>n</u>
traveler's check	**chèque de voyage**	shehk duh voy-yahzh
credit card	**carte de crédit**	kart duh kray-dee
cash advance	**crédit de caisse**	kray-dee duh kehs
cash machine	**distributeur de billets**	dee-stree-bew-tur duh bee-yay
cashier	**caisse**	kehs
cash	**liquide**	lee-keed
bills	**billets**	bee-yay
coins	**pièces**	pee-ehs
receipt	**reçu**	ruh-sew

Time

What time is it?	**Quelle heure est-il?**	kehl ur ay-teel
It's...	**Il est...**	eel ay
...8:00.	**...huit heures.**	weet ur
...16:00.	**...seize heures.**	sehz ur
...4:00 in the afternoon.	**...quatre heures de l'après-midi.**	kah-truh ur duh lah-preh-mee-dee
...10:30 (in the evening).	**...dix heures et demie (du soir).**	deez ur ayd-mee (dew swahr)
...a quarter past nine.	**...neuf heures et quart.**	nuhv ur ay kar
...a quarter to eleven.	**...onze heures moins le quart.**	ohnz ur mwan luh kar
...noon / midnight.	**...midi / minuit.**	mee-dee / meen-wee
...sunrise.	**...l'aube.**	lohb
...sunset.	**...le coucher de soleil.**	luh koo-shay duh soh-lay
...early / late.	**...tôt / tard.**	toh / tar
...on time.	**...a l'heure.**	ah lur

In France, the 24-hour clock (or military time) is used by hotels and stores, and for train, bus, and ferry schedules. Informally, the French use the 24-hour clock and "our clock" interchangeably—17:00 is also 5:00 *de l'après-midi* (in the afternoon). The greeting *"Bonjour"* (Good day) turns to *"Bonsoir"* (Good evening) at sundown.

Timely words:

minute	**minute**	mee-newt
hour	**heure**	ur
morning	**matin**	mah-ta<u>n</u>
afternoon	**après-midi**	ah-preh-mee-dee
evening	**soir**	swahr
night	**nuit**	nwee
day	**jour**	zhoor
today	**aujourd'hui**	oh-zhoor-dwee
yesterday	**hier**	yehr
tomorrow	**demain**	duh-ma<u>n</u>
tomorrow morning	**demain matin**	duh-ma<u>n</u> mah-ta<u>n</u>
anytime	**n'importe quand**	na<u>n</u>-port kah<u>n</u>
immediately	**immédiatement**	ee-may-dee-aht-mah<u>n</u>
in one hour	**dans une heure**	dah<u>n</u>z ewn ur
every hour	**toutes les heures**	toot layz ur
every day	**tous les jours**	too lay zhoor
last	**dernier**	dehrn-yay
this	**ce**	suh
next	**prochain**	proh-sha<u>n</u>
May 15	**le quinze mai**	luh ka<u>n</u>z may
high / low season	**haute / basse saison**	oht / bahs say-zoh<u>n</u>
in the future	**dans l'avenir**	dah<u>n</u> lah-vah<u>n</u>-eer
in the past	**dans le passé**	dah<u>n</u> luh pah-say
week	**semaine**	suh-mehn
Monday	**lundi**	luh<u>n</u>-dee
Tuesday	**mardi**	mar-dee
Wednesday	**mercredi**	mehr-kruh-dee
Thursday	**jeudi**	zhuh-dee
Friday	**vendredi**	vah<u>n</u>-druh-dee
Saturday	**samedi**	sahm-dee
Sunday	**dimanche**	dee-mah<u>n</u>sh

month	**mois**	mwah
January	**janvier**	zhah<u>n</u>-vee-yay
February	**février**	fay-vree-yay
March	**mars**	mars
April	**avril**	ahv-reel
May	**mai**	may
June	**juin**	zhwa<u>n</u>
July	**juillet**	zhwee-yay
August	**août**	oot
September	**septembre**	sehp-tah<u>n</u>-bruh
October	**octobre**	ohk-toh-bruh
November	**novembre**	noh-vah<u>n</u>-bruh
December	**décembre**	day-sah<u>n</u>-bruh
year	**année**	ah-nay
spring	**printemps**	pra<u>n</u>-tah<u>n</u>
summer	**été**	ay-tay
fall	**automne**	oh-tuhn
winter	**hiver**	ee-vehr

French holidays:

holiday	**jour férié**	zhoor fay-ree-ay
national holiday	**fête nationale**	feht nah-see-oh-nahl
Independence Day (July 14)	**le quatorze juillet**	luh kah-torz zhwee-yay
school holidays	**vacances scolaires**	vah-kah<u>n</u>s skoh-lehr
religious holiday	**fête religieuse**	feht ruh-lee-zhuhz
Is it a holiday today / tomorrow?	**C'est un jour férié aujourd'hui / demain?**	say tuh<u>n</u> zhoor fay-ree-ay oh-zhoor-dwee / duh-ma<u>n</u>
What is the holiday?	**C'est quel jour férié?**	say kehl zhoor fay-ree-ay
Easter	**Pâques**	pahk
Merry Christmas!	**Joyeux Noël!**	zhwah-yuh noh-ehl
Happy new year!	**Bonne année!**	buhn ah-nay

TIME

Transportation

Trains

Is this the line for...?	C'est la file pour...?	say lah feel poor
...tickets	...les billets	lay bee-yay
...reservations	...les réservations	lay ray-zehr-vah-see-ohn
How much is the fare to...?	C'est combien pour allez à...?	say kohn-bee-an poor ah-lay ah
A ticket to ___.	Un billet pour ___.	uhn bee-yay poor
When is the next train?	Le prochain train part á quelle heure?	luh proh-shan tran par ah kehl ur
I'd like to leave...	Je voudrais partir...	zhuh voo-dray par-teer
I'd like to arrive...	Je voudrais arriver...	zhuh voo-dray ah-ree-vay
...by ___.	...à ___.	ah
...in the morning.	...le matin.	luh mah-tan
...in the afternoon.	...l'après-midi.	lah-preh-mee-dee
...in the evening.	...le soir.	luh swahr
Is there a...?	Y a-t-il un...?	ee ah-teel uhn
...earlier train	...train plus tôt	tran plew toh
...later train	...train plus tard	tran plew tar
...overnight train	...train de nuit	tran duh nwee

...supplement	...supplément	sew-play-mahn
Does my railpass cover the supplement?	Le supplément est inclus dans mon railpass?	luh sew-play-mahn ay an-klew dahn mohn rayl-pahs
Is there a discount for...?	Y a-t-il une réduction pour les...?	ee ah-teel ewn ray-dewk-see-ohn poor lay
...youth	...jeunes	zhuhn
...seniors	...gens âgée	zhahn ah-zhay
Is a reservation required?	Une réservation est-elle nécessaire?	ewn ray-zehr-vah-see-ohn ay-tehl nay-suh-sair
I'd like to reserve...	Je voudrais réserver...	zhuh voo-dray ray-zehr-vay
...a seat.	...une place.	ewn plahs
...a berth.	...une couchette.	ewn koo-sheht
...a sleeper.	...un compartiment privé.	uhn kohn-par-tuh-mahn pree-vay
Where does (the train) leave from?	Il part d'où?	eel par doo
What track?	Quelle voie?	kehl vwah
On time? Late?	A l'heure? En retard?	ah lur / ahn ruh-tar
When will it arrive?	Il va arriver à quelle heure?	eel vah ah-ree-vay ah kehl ur
Is it direct?	C'est direct?	say dee-rehkt
Must I transfer?	Faut-il prendre une correspondance?	foh-teel prahn-druh ewn kor-rehs-pohn-dahns
When? / Where?	À quelle heure? / Où?	ah kehl ur / oo
Which train to...?	Quel train pour...?	kehl tran poor
Which train car to...?	Quelle voiture pour...?	kehl vwah-tewr poor
Where is first class?	Où se trouve la première classe?	oo suh troov lah pruhm-yehr klahs
...front	...à l'avant	ah lah-vahn

...middle	**...au milieu**	oh meel-yuh
...back	**...au fond**	oh foh<u>n</u>
Is (the seat) free?	**C'est libre?**	say lee-bruh
That's my seat.	**C'est ma place.**	say mah plahs
Save my place?	**Gardez ma place?**	gar-day mah plahs
Where are you going?	**Où allez-vous?**	oo ah-lay-voo
I'm going to...	**Je vais à...**	zhuh vay ah
Tell me when to get off?	**Dites-moi quand je descends?**	deet-mwah kah<u>n</u> zhuh day-sah<u>n</u>
Is there a train to / from the airport?	**Est-ce qu'il y a un train à / de l'aéroport?**	ehs keel yah uhn tra<u>n</u> ah / duh lah-ay-roh-por

Ticket talk:

ticket window	**guichet**	gee-shay
reservations window	**comptoir des réservations**	koh<u>n</u>-twahr day ray-zehr-vah-see-oh<u>n</u>
national / international	**en France / internationaux**	ah<u>n</u> frah<u>n</u>s / een-tehr-nah-see-oh<u>n</u>-oh
ticket	**billet**	bee-yay
one way	**aller simple**	ah-lay sa<u>n</u>-pluh
roundtrip	**aller-retour**	ah-lay-ruh-toor
first class	**première classe**	pruhm-yehr klahs
second class	**deuxième classe**	duhz-yehm klahs
non-smoking	**non fumeur**	noh<u>n</u> few-mur
reduced fare	**tarif réduit**	tah-reef ray-dwee
validate	**composter**	koh<u>n</u>-poh-stay
schedule	**horaire**	oh-rair
departure	**départ**	day-par
direct	**direct**	dee-rehkt

transfer	**correspondance**	kor-rehs-pohn-dahns
with supplement	**avec supplément**	ah-vehk sew-play-mahn
reservation	**réservation**	ray-zehr-vah-see-ohn
seat...	**place...**	plahs
...by the window	**...à la fenêtre**	ah lah fuh-neh-truh
...on the aisle	**...au couloir**	oh kool-wahr
berth...	**couchette...**	koo-sheht
...upper	**...supérieure**	sew-pay-ree-ur
...middle	**...milieu**	meel-yuh
...lower	**...inférieure**	an-fay-ree-ur
refund	**remboursement**	rahn-boor-suh-mahn

TRANSPORTATION

At the train station:

French State Railways	**SNCF**	S N say F
train station	**gare**	gar
train information	**renseignements**	rahn-sehn-yuh-mahn
	SCNF	S N say F
train	**train**	tran
high-speed train	**TGV**	tay zhay vay
arrival	**arrivée**	ah-ree-vay
departure	**départ**	day-par
delay	**retard**	ruh-tar
toilet	**toilette**	twah-leht
waiting room	**salle d'attente**	sahl dah-tahnt
lockers	**consigne automatique**	kohn-seen-yuh oh-toh-mah-teek
baggage check room	**consigne de bagages**	kohn-seen-yuh duh bah-gahzh
lost and found office	**bureau des objets trouvés**	bew-roh dayz ohb-zhay troo-vay
tourist information	**office du tourisme**	oh-fees dew too-reez-muh

to the platforms	**accès aux quais**	ahk-seh oh kay
platform	**quai**	kay
track	**voie**	vwah
train car	**voiture**	vwah-tewr
dining car	**voiture restaurant**	vwah-tewr rehs-toh-rah<u>n</u>
sleeper car	**wagon-lit**	vah-goh<u>n</u>-lee
conductor	**conducteur**	koh<u>n</u>-dewk-tur

Reading train and bus schedules:

à, pour	to
arrivée	arrival
de	from
départ	departure
dimanche	Sunday
en retard	late
en semaine	workdays (Monday-Saturday)
et	and
heure	hour
horaire	timetable
jour férié	holiday
jours	days
jusqu'à	until
la semaine	weekdays
par	via
pas	not
samedi	Saturday
sauf	except
seulement	only
tous	every
tous les jours	daily
vacances	holidays
voie	track
1-5	Monday-Friday
6, 7	Saturday, Sunday

Buses and subways:

How do I get to...?	Comment aller à...?	koh-mahn tah-lay ah
Which bus to...?	Quel bus pour...?	kehl bews poor
Does it stop at...?	Est-ce qu'il s'arrête à...?	ehs keel sah-reht ah
Which stop for...?	Quel arrêt pour...?	kehl ah-reh poor
Which direction for...?	Quelle direction pour...?	kehl dee-rehk-see-ohn poor
Must I transfer?	Faut-il prendre une correspondance?	foh-teel prahn-druh ewn kor-rehs-pohn-dahns
How much is a ticket?	Combien le ticket?	kohn-bee-an luh tee-kay
Where can I buy a ticket?	Où puis-je acheter un ticket?	oo pwee-zhuh ah-shuh-tay uhn tee-kay
When does the... leave?	Quand est-ce que le... part?	kahn ehs kuh luh... par
...first / next / last	...premier / prochain / dernier	pruhm-yay / proh-shan / dehrn-yay
...bus / subway	...bus / métro	bews / may-troh
What's the frequency per hour / day?	Combien de fois par heure / jour?	kohn-bee-an duh fwah par ur / zhoor
I'm going to...	Je vais à...	zhuh vay ah
Tell me when to get off?	Dites-moi quand je descends?	deet-mwah kahn zhuh day-sahn

Key bus and subway words:

ticket	ticket	tee-kay
city bus	bus	bews
long-distance bus	car	kar
bus stop	arrêt de bus	ah-reh duh bews
bus station	gare routière	gar root-yehr

subway	**métro**	may-troh
subway map	**plan du métro**	plahn dew may-troh
subway entrance	**l'entrée du métro**	lahn-tray dew may-troh
subway stop	**station de métro**	stah-see-ohn duh may-troh
subway exit	**sortie**	sor-tee
direct	**direct**	dee-rehkt
connection	**correspondance**	kor-rehs-pohn-dahns
pick-pocket	**voleur**	voh-loor
10 tickets	**carnet**	kar-nay

Taxis:

Taxi!	**Taxi!**	tahk-see
Can you call a taxi?	**Pouvez-vous appeler un taxi?**	poo-vay-vooz ah-puh-lay uhn tahk-see
Where is a taxi stand?	**Où est une station de taxi?**	oo ay ewn stah-see-ohn duh tahk-see
Are you free?	**Libre?**	lee-bruh
Occupied.	**Occupé.**	oh-kew-pay
How much will it cost to go to...?	**C'est combien pour aller à...?**	say kohn-bee-an poor ah-lay ah
...the airport	**...l'aéroport**	lah-ay-roh-por
...the train station	**...la gare**	lah gar
...this address	**...cette adresse**	seht ah-drehs
I'll only pay what's on the meter.	**Je paie seulement ce qui est indiqué.**	zhuh pay suhl-mahn suh kee ayt an-dee-kay
My change, please.	**La monnaie, s'il vous plaît.**	lah moh-nay see voo play
Keep the change.	**Gardez la monnaie.**	gar-day lah moh-nay

Rental wheels:

I'd like to rent...	Je voudrais louer...	zhuh voo-dray loo-ay
...a car.	...une voiture.	ewn vwah-tewr
...a station wagon.	...un break.	uhn brayk
...a van.	...un van.	uhn vahn
...a motorcycle.	...une motocyclette.	ewn moh-toh-see-kleht
...a motor scooter.	...un vélomoteur.	uhn vay-loh-moh-tur
...a bicycle.	...un vélo.	uhn vay-loh
...a mountain bike.	...un VTT.	uhn vay-tay-tay
...the Concorde.	...le Concorde.	luh kohn-kord
How much per...?	Combien par...?	kohn-bee-an par
...hour	...heure	ur
...day	...jour	zhoor
...week	...semaine	suh-mehn
Unlimited mileage?	Kilométrage illimité?	kee-loh-may-trazh eel-lee-mee-tay
I brake for bakeries.	Je m'arrête à chaque boulangerie.	zhuh mah-reht ah shahk boo-lahn-zhuh-ree
Is there...?	Est-ce qu'il ya...?	ehs keel yah
...a helmet	...un casque	uhn kahsk
...a discount	...une réduction	ewn ray-dewk-see-ohn
...a deposit	...une caution	ewn koh-see-ohn
...insurance	...une assurance	ewn ah-sewr-rahns
When do I bring it back?	A quelle heure faut-il le ramener?	ah kehl ur foh-teel luh rah-muh-nay

Driving:

gas station	**station service**	stah-see-ohn sehr-vees
The nearest gas station?	**La plus proche station service?**	lah plew prohsh stah-see-ohn sehr-vees
Is it self-service?	**C'est libre service?**	say lee-bruh sehr-vees
Fill the tank.	**Faites le plein.**	feht luh plan
I need...	**Il me faut...**	eel muh foh
...gas.	**...de l'essence.**	duh leh-sahns
...unleaded.	**...sans plomb.**	sahn plohn
...regular.	**...normale.**	nor-mahl
...super.	**...du super.**	dew sew-pehr
...diesel.	**...gazoil.**	gah-zoyl
Check...	**Vérifiez...**	vay-ree-fee-ay
...the oil.	**...l'huile.**	lweel
...the air in the tires.	**...la pression dans les pneus.**	lah pruh-see-ohn dahn lay puh-nuh
...the radiator.	**...le radiateur.**	lah rahd-yah-tur
...the battery.	**...la batterie.**	lah bah-tuh-ree
...the fuses.	**...les fusibles.**	lay few-zee-bluh
...the sparkplugs.	**...les bougies.**	lay boo-zhee
...headlights.	**...les phares.**	lay fahr
...tail lights.	**...les feux arrières.**	lay fuh ah-ree-ehr
...directional signal.	**...le clignotant.**	luh klee-noh-tahn
...car mirror.	**...la rétroviseur.**	lah ray-troh-vee-zur
...the fanbelt.	**...la courroie du ventilateur.**	lah koor-wah dew vahn-tee-lah-tur
...the brakes.	**...les freins.**	lay fran
...my pulse.	**...mon poul.**	mohn pool

Car trouble:

accident	**accident**	ahk-see-dah<u>n</u>
breakdown	**en panne**	ah<u>n</u> pahn
funny noise	**bruit curieux**	brwee kew-ree-uh
electrical problem	**problème d'électricité**	proh-blehm day-lehk-tree-see-tay
flat tire	**pneu crevé**	puh-nuh kruh-vay
The battery is dead.	**La batterie est foutu.**	lah bah-tuh-ree ay foo-tew
It won't start.	**Elle ne démarre pas.**	ehl nuh day-mar pah
This doesn't work.	**Ça ne marche pas.**	sah nuh marsh pah
It's overheating.	**Le moteur surchauffe.**	luh moh-tur sewr-shohf
I need a...	**Il me faut un...**	eel muh foh uh<u>n</u>
...tow truck.	**...dépanneur.**	day-pah-nur
...mechanic.	**...mécanicien.**	may-kah-nee-see-a<u>n</u>
...stiff drink.	**...bon coup.**	boh<u>n</u> koo

For help with repair, look up "Repair" under Shopping.

Finding your way:

I am going to...	**Je vais à...**	zhuh vay ah
How do I get to...?	**Comment aller à...?**	koh-mah<u>n</u> tah-lay ah
Do you have...?	**Avez-vous...?**	ah-vay-voo
...a city map	**...un plan de la ville**	uh<u>n</u> plah<u>n</u> duh lah veel
...a road map	**...une carte routière**	ewn kart root-yehr
How many minutes...?	**Combien de minutes...?**	koh<u>n</u>-bee-a<u>n</u> duh mee-newt
How many hours...?	**Combien d'heures...?**	koh<u>n</u>-bee-a<u>n</u> dur

TRANSPORTATION

...on foot	**...à pied**	ah pee-yay
...by bicycle	**...à bicyclette**	ah bee-see-kleht
...by car	**...en voiture**	ah<u>n</u> vwah-tewr
How many kilometers to...?	**Combien de kilomètres à...?**	koh<u>n</u>-bee-a<u>n</u> duh kee-loh-meh-truh ah
What's the... route to Paris?	**Quelle est la... route pour Paris?**	kehl eh lah... root poor pah-ree
...best	**...meilleure**	meh-yur
...fastest	**...plus directe**	plew dee-rehkt
...most interesting	**...plus intéressante**	plewz a<u>n</u>-tay-reh-sah<u>n</u>t
Point it out?	**Montrez-moi?**	moh<u>n</u>-tray mwah
I'm lost.	**Je suis perdu.**	zhuh swee pehr-dew
Where am I?	**Où suis-je?**	oo swee-zhuh
Who am I?	**Qui suis-je?**	kee swee-zhuh
Where is...?	**Où est...?**	oo ay
The nearest...?	**Le plus proche...?**	luh plew prohsh
Where is this address?	**Où se trouve cette adresse?**	oo suh troov seht ah-drehs

Key route-finding words:

city map	**plan de la ville**	plah<u>n</u> duh lah veel
road map	**carte routière**	kart root-yehr
downtown	**centre-ville**	sah<u>n</u>-truh-veel
straight ahead	**tout droit**	too dwah
left / right	**à gauche / à droite**	ah gohsh / ah dwaht
first / next	**premier / prochain**	pruhm-yay / proh-sha<u>n</u>
intersection	**carrefour**	kar-foor
roundabout	**rondpoint**	roh<u>n</u>-pwa<u>n</u>
ring road	**rocade**	roh-kahd
stoplight	**feu**	fuh

square	**place**	plahs
street	**rue**	rew
bridge	**pont**	poh<u>n</u>
tunnel	**tunnel**	tew-nehl
highway	**grande route**	grah<u>n</u>d root
national highway	**route nationale**	root nah-see-oh-nahl
freeway	**autoroute**	oh-toh-root
north / south	**nord / sud**	nor / sewd
east / west	**est / ouest**	ehs / wehs

Reading road signs:

attention travaux	workers ahead
autres directions	other directions (follow when leaving a town)
céder le passage	yield
centre ville	to the center of town
déviation	detour
entrée	entrance
péage	toll
prochaine sortie	next exit
ralentir	slow down
réservé aux piétons	pedestrians only
sans issue	dead end
sauf riverains	local access only
sens unique	one-way street
sortie	exit
stationnement interdit	no parking
stop	stop

Sleeping

Places to stay:

hotel	**hôtel**	oh-tehl
small hotel	**pension**	pah<u>n</u>-see-oh<u>n</u>
room in private home	**chambre d'hôte**	shah<u>n</u>-bruh doht
youth hostel	**auberge de jeunesse**	oh-behrzh duh zhuh-nehs
country home rental	**gîte**	zheet
vacancy	**chambre libre**	shah<u>n</u>-bruh lee-bruh
no vacancy	**complet**	koh<u>n</u>-play

Reserving a room:

Hello.	**Bonjour.**	boh<u>n</u>-zhoor
Do you speak English?	**Parlez-vous anglais?**	par-lay-voo ah<u>n</u>-glay
Do you have a room...?	**Avez-vous une chambre...?**	ah-vay-voo ewn shah<u>n</u>-bruh
...for one person	**...pour une personne**	poor ewn pehr-suhn
...for two people	**...pour deux personnes**	poor duh pehr-suhn
...for tonight	**...pour ce soir**	poor suh swahr
...for two nights	**...pour deux nuits**	poor duh nwee
...for this Friday	**...pour ce vendredi**	poor suh vah<u>n</u>-druh-dee
...for June 21	**...pour le vingt et un juin**	poor luh va<u>n</u>t ay uh<u>n</u> zhwa<u>n</u>
Yes or no?	**Oui ou non?**	wee oo noh<u>n</u>
I'd like...	**Je voudrais...**	zhuh voo-dray
...a private bathroom.	**...une salle de bains.**	ewn sahl duh ba<u>n</u>
...your cheapest room.	**...la chambre la moins chère.**	lah shah<u>n</u>-bruh lah mwa<u>n</u> shehr

...___ beds for	...___ lits par	___ lee par
___ people in	___ personnes dans	___ pehr-suhn dahn
___ rooms.	___ chambres.	___ shahn-bruh
How much is it?	Combien?	kohn-bee-an
Anything cheaper?	Rien de moins cher?	ree-an duh mwan shehr
I'll take it.	Je la prends.	zhuh lah prahn
My name is...	Je m'appelle...	zhuh mah-pehl
I'll stay...	Je reste...	zhuh rehst
We'll stay...	Nous restons...	noo rehs-tohn
...___ nights.	...___ nuits.	___ nwee
I'll come...	J'arrive...	zhah-reev
We'll come...	Nous arrivons...	nooz ah-ree-vohn
...in one hour.	...dans une heure.	dahnz ewn ur
...before 16:00.	...avant seize heures.	ah-vahn sehz ur
...Friday before 6 p.m.	...vendredi avant six heures du soir.	vahn-druh-dee ah-vahn seez ur dew swahr
Thank you.	Merci.	mehr-see

SLEEPING

Getting specific:

I'd like a room...	Je voudrais une chambre...	zhuh voo-dray ewn shahn-bruh
...with / without / and	...avec / sans / et	ah-vehk / sahn / ay
...toilet	...WC	vay say
...sink and toilet	...cabinet de toilette	kah-bee-nay duh twah-leht
...shower	...douche	doosh
...shower and toilet	...salle d'eau	sahl doh
...shower down the hall	...douche sur le palier	doosh sewr luh pahl-yay
...bathtub and toilet	...salle de bain	sahl duh ban

...double bed	**...grand lit**	grahn lee
...twin beds	**...deux petits lits, lits jumeaux**	duh puh-tee lee, lee zhew-moh
...balcony	**...balcon**	bahl-kohn
...view	**...vue**	vew
...only a sink	**...lavabo seulement**	lah-vah-boh suhl-mahn
...on the ground floor	**...au rez-de-chaussée**	oh ray-duh-shoh-say
...television	**...télévision**	tay-lay-vee-zee-ohn
...telephone	**...téléphone**	tay-lay-fohn
Is there an elevator?	**Y a-til un ascenseur?**	ee ah-teel uhn ah-sahn-sur
We arrive Monday, depart Wednesday.	**Nous arrivons lundi, nous partons mercredi.**	nooz ah-ree-vohn luhn-dee, noo par-tohn mehr-kruh-dee
I'll sleep anywhere. I'm desperate.	**Je vais dormir n'importe où. Je suis désespéré.**	zhuh vay dor-meer nan-port oo. zhuh swee day-zuh-spay-ray
I have a sleeping bag.	**J'ai un sac de couchage.**	zhay uhn sahk duh koo-shahzh
Will you call another hotel?	**Pouvez-vous contacter un autre hôtel?**	poo-vay-voo kohn-tahk-tay uhn oh-truh oh-tehl

Confirming, changing, and canceling reservations:
You can use this template for your telephone call.

I have a reservation.	**J'ai une réservation.**	zhay ewn ray-zehr-vah-see-ohn
My name is...	**Je m'appelle...**	zhuh mah-pehl
I'd like to... my reservation.	**Je voudrais... ma réservation.**	zhuh voo-dray... mah ray-zehr-vah-see-ohn
...confirm	**...confirmer**	kohn-feer-may
...reconfirm	**...réconfirmer**	ray-kohn-feer-may

...cancel	...annuler	ah-noo-lay
...change	...modifier	moh-dee-fee-ay
The reservation is / was for...	La réservation est / était pour...	lah ray-zehr-vah-see-ohn ay / ay-tay poor
...one person / two persons	...une personne / deux personnes	ewn pehr-suhn / duh pehr-suhn
...today / tomorrow	...aujourd'hui / demain	oh-zhoor-dwee / duh-man
...August 13	...le treize août	luh trehz oot
...one night / two nights	...une nuit / deux nuits	ewn nwee / duh nwee
Did you find my reservation?	Avez-vous trouvé ma réservation?	ah-vay-voo troo-vay mah ray-zehr-vah-see-ohn
I'd like to arrive instead on...	Je préfère arriver le...	zhuh pray-fehr ah-ree-vay luh
Is everything O.K.?	Ça va marcher?	sah vah mar-shay
Thank you. I'll see you then.	Merci. À bientôt.	mehr-see ah bee-an-toh
I'm sorry I need to cancel.	Je suis désolé, car il faut que j'annule.	zhuh swee day-zoh-lay kar eel foh kuh zhah-nool

SLEEPING

Nailing down the price:

How much is...?	Combien...?	kohn-bee-an
...a room for ___ people	...une chambre pour ___ personnes	ewn shahn-bruh poor ___ pehr-suhn
...your cheapest room	...la chambre la moins chère	lah shahn-bruh lah mwan shehr
Is breakfast included?	Petit déjeuner compris?	puh-tee day-zhuh-nay kohn-pree
Is breakfast required?	Le petit déjeuner est obligatoire?	luh puh-tee day-shuh-nay ayt oh-blee-gah-twahr

How much without breakfast?	**Combien sans le petit déjeuner?**	kohn-bee-an sahn luh puh-tee day-zhuh-nay
Complete price?	**Tout compris?**	too kohn-pree
Is it cheaper if I stay ___ nights?	**C'est moins cher si je reste ___ nuits?**	say mwan shehr see zhuh rehst ___ nwee
I'll stay ___ nights.	**Je vais rester ___ nuits.**	zhuh vay rehs-tay ___ nwee

Choosing a room:

Can I see the room?	**Puis-je voir la chambre?**	pwee-zhuh vwahr lah shahn-bruh
Show me another room?	**Montrez-moi une autre chambre?**	mohn-tray-mwah ewn oh-truh shahn-bruh
Do you have something...?	**Avez-vous quelque chose de...?**	ah-vay-voo kehl-kuh shohz duh
...larger / smaller	**...plus grand / moins grand**	plew grahn / mwan grahn
...better / cheaper	**...meilleur / moins cher**	meh-yur / mwan shehr
...brighter	**...plus clair**	ploo klair
...in the back	**...derrière**	dehr-yehr
...quieter	**...plus tranquille**	plew trahn-keel
I'll take it.	**Je la prends.**	zhuh lah prahn
My key, please.	**La clé, s'il vous plaît.**	lah klay see voo play
Sleep well.	**Dormez bien.**	dor-may bee-an
Good night.	**Bonne nuit.**	buhn nwee

Hotel help.

I'd like...	Je voudrais...	zhuh voo-dray
...a / another	...un / un autre	uhn / uhn oh-truh
...towel.	...serviette de bain.	sehrv-yeht duh ban
...pillow.	...oreiller.	oh-reh-yay
...fluffy pilllow.	...coussin.	koo-san
...clean sheets.	...draps propres.	drah proh-pruh
...blanket.	...couverture.	koo-vehr-tewr
...glass.	...verre.	vehr
...sink stopper.	...bouchon pour le lavabo.	boo-shohn poor luh lah-vah-boh
...soap.	...savon.	sah-vohn
...toilet paper.	...papier hygiénique.	pahp-yay ee-zhay-neek
...crib.	...berceau.	behr-soh
...cot.	...lit de camp.	lee duh kahn
...roll-away bed.	...lit pliant.	lee plee-ahn
...different room.	...autre chambre.	oh-truh shahn-bruh
...silence.	...silence.	see-lahns
Where can I wash / hang my laundry?	Où puis-je faire / étendre ma lessive?	oo pwee-zhuh fair / ay-tahn-druh mah luh-seev
I'd like to stay another night.	Je voudrais rester encore une nuit.	zhuh voo-dray rehs-tay ahn-kor ewn nwee
Where can I park?	Je me gare où?	zhuh muh gar oo
What time do you lock up?	Vous fermez à quelle heure?	voo fehr-may ah kehl ur
What time is breakfast?	Le petit déjeuner est servi à quelle heure?	luh puh-tee day-zhuh-nay ay sehr-vee ah kehl ur
Please wake me at 7:00.	Réveillez-moi à sept heures, si'l vous plaît.	ray-veh-yay-mwah ah seht ur see voo play

SLEEPING

Hotel hassles:

Come with me.	**Venez avec moi.**	vuh-nay ah-vehk mwah
I have a problem in my room.	**J'ai un problème dans ma chambre.**	zhay uhn proh-blehm dahn mah shahn-bruh
bad odor	**mauvaise odeur**	moh-vehz oh-dur
bugs	**insectes**	an-sehkt
mice	**souris**	soo-ree
prostitutes	**prostituées**	proh-stee-tew-ay
The bed is too soft / hard.	**Le lit est trop mou / dur.**	luh lee eh troh moo / dewr
I'm covered with bug bites.	**Je suis couvert de piqures d'insectes.**	zhuh swee koo-vehr duh pee-kewr dan-sehkt
Lamp...	**Lampe...**	lahmp
Lightbulb...	**Ampoule...**	ahn-pool
Electrical outlet...	**Prise...**	preez
Key...	**Clé...**	klay
Lock...	**Serrure...**	suh-roor
Window...	**Fenêtre...**	fuh-neh-truh
Faucet...	**Robinet...**	roh-bee-nay
Sink...	**Lavabo...**	lah-vah-boh
Toilet...	**Toilette...**	twah-leht
Shower...	**Douche...**	doosh
...doesn't work.	**...ne marche pas.**	nuh marsh pah
There is no hot water.	**Il n'y a plus d'eau chaude.**	eel nee yah plew doh shohd
When is the water hot?	**L'eau sera chaude à quelle heure?**	loh suh-rah shohd ah kehl ur

Checking out:

I leave...	**Je pars...**	zhuh par
We leave...	**Nous partons...**	noo par-tohn
...today / tomorrow.	**...aujourd'hui / demain.**	oh-zhoor-dwee / duh-man
...very early.	**...très tôt.**	treh toh
When is check-out time?	**Quelle est l'heure limite d'occupation?**	kehl ay lur lee-meet doh-kew-pah-see-ohn
Can I pay now?	**Puis-je régler la note?**	pwee-zhuh ray-glay lah noht
The bill, please.	**La note, s'il vous plaît.**	lah noht see voo play
Credit card O.K.?	**Carte de crédit O.K.?**	kart duh kray-dee "O.K."
I slept like a baby.	**J'ai dormi comme un enfant.**	zhay dor-mee kohm uhn ahn-fahn
Everything was great.	**C'était super.**	say-tay sew-pehr
Will you call my next hotel for me?	**Pouvez-vous contacter mon prochain hôtel pour moi?**	poo-vay-voo kohn-tahk-tay mohn proh-shan oh-tehl poor mwah
Can I...?	**Puis-je...?**	pwee-zhuh
Can we...?	**Pouvons-nous...?**	poo-vohn-noo
...leave baggage here until ___	**...laisser les baggages ici jusqu'à ___**	lay-say lay bah-gahzh ee-see zhews-kah

Laundry:

self-service laundry	**lavarie automatique**	lah-vah-ree oh-toh-mah-teek
wash / dry	**laver / sécher**	lah-vay / say-shay

SLEEPING

washer / dryer	**machine à laver / machine à sécher**	mah-sheen ah lah-vay / mah-sheen ah say-shay
detergent	**détergent**	day-tehr-zhan
token	**jeton**	zhuh-tohn
whites / colors	**blancs / coleurs**	blahn / koh-lur
delicates	**délicats**	day-lee-kah
handwash	**laver à la main**	lah-vay a lah man
How does this work?	**Ça march comment?**	sah marsh koh-mahn
Where is the soap?	**Où se trouve la lessive?**	oo suh troov lah luh-seev
I need change.	**Il me faut de la monnaie.**	eel muh foh duh lah moh-nay
full-service laundry	**blanchisserie**	blahn-shee-suh-ree
Same-day service?	**Service la même jour?**	sehr-vees lah mehm zhoor
By when do I need to drop off my clothes?	**Quand est-ce que je dois déposer mon linge?**	kahn ehs kuh zhuh dwah day-poh-zay mohn lanzh
When will my clothes be ready?	**Quand est-ce que mon linge sera prêt?**	kahn ehs kuh mohn lanzh suh-rah preh
Dried?	**Séché?**	say-shay
Folded?	**Plie?**	plee-ay

Eating

EATING

Finding a restaurant:

Where's a good...restaurant?	Où se trouve un bon restaurant...?	oo suh troov uhn bohn rehs-toh-rahn
...cheap	...bon marché	bohn mar-shay
...local-style	...cuisine régionale	kwee-zeen ray-zhee-oh-nahl
...untouristy	...pas touristique	pah too-ree-steek
...Chinese	...chinois	sheen-wah
...fast food	...fast food	fahst food
...self-service	...libre service	lee-bruh sehr-vees
with terrace	avec terrace	ah-vehk tehr-rahs
with candles	avec bougies	ah-vehk boo-zhee
romantic	romantique	roh-mahn-teek
moderately-priced	prix modéré	pree moh-day-ray
to splurge	faire une folie	fehr ewn foh-lee

Getting a table and menu:

Waiter.	Monsieur.	muhs-yur
Waitress.	Mademoiselle, Madame.	mahd-mwah-zehl, mah-dahm
I'd like...	Je voudrais...	zhuh voo-dray
...a table for one / two.	...une table pour un / deux.	ewn tah-bluh poor uhn / duh
...non-smoking.	...non fumeur.	nohn few-mur
...just a drink.	...une consomma-tion seulement.	ewn kohn-soh-mah-see-ohn suhl-mahn
...a snack.	...un snack.	uhn snahk
...just a salad.	...qu'une salade.	kewn sah-lahd
...to see the menu.	...voir la carte.	vwahr lah kart

...to order.	...commander.	koh-mahn-day
...to eat.	...manger.	mahn-zhay
...to pay.	...payer.	pay-yay
...to throw up.	...vomir.	voh-meer
What do you recommend?	Qu'est-ce que vous recommandez?	kehs kuh voo ruh-koh-mahn-day
What's your favorite?	Quel est votre plat favori?	kehl eh voh-truh plah fah-voh-ree
Is it...?	C'est...?	say
...good	...bon	bohn
...expensive	...cher	shehr
...light	...léger	lay-zhay
...filling	...copieux	kohp-yuh
What's cheap and filling?	Qu'est-ce qu'il y a de bon marché et de copieux?	kehs keel yah duh bohn mar-shay ay duh kohp-yuh
What is fast?	Qu'est-ce qui est déjà préparé?	kehs kee ay day-zhah pray-pah-ray
What is local?	Qu'est-ce que vous avez de la région?	kehs kuh vooz ah-vay duh lah ray-zhee-ohn
What is that?	Qu'est-ce que c'est?	kehs kuh say
Do you have...?	Avez-vous...?	ah-vay-vooz
...an English menu	...une carte en anglais	ewn kart ahn ahn-glay
...a children's portion	...une assiette d'enfant	ewn ahs-yeht dahn-fahn

While the slick self-service restaurants are easy to use, you'll often eat better for the same money in a good little family bistro.

The menu:

menu	**carte**	kart
special of the day	**plat du jour**	plah dew zhoor
fast service special	**formule rapide**	for-mewl rah-peed
fixed-price meal	**menu, prix fixe**	muh-new, pree feeks
breakfast	**petit déjeuner**	puh-tee day-zhuh-nay
lunch	**déjeuner**	day-zhuh-nay
dinner	**dîner**	dee-nay
specialty of the house	**spécialité de la maison**	spay-see-ah-lee-tay duh lah may-zohn
appetizers	**hors-d'oeuvre**	or-duh-vruh
bread	**pain**	pan
salad	**salade**	sah-lahd
soup	**soupe**	soop
first course	**entrée**	ahn-tray
main course	**plat principal**	plah pran-see-pahl
meat	**viande**	vee-ahnd
poultry	**volaille**	voh-ligh
seafood	**fruits de mer**	frwee duh mehr
vegetables	**légumes**	lay-gewm
cheese	**fromage**	froh-mahzh
dessert	**dessert**	duh-sehr
beverages	**boissons**	bwah-sohn
beer	**bière**	bee-ehr
wine	**vin**	van
service included	**service compris**	sehr-vees kohn-pree
service not included	**service non compris**	sehr-vees nohn kohn-pree
with / and / or / without	**avec / et / ou / sans**	ah-vehk / ay / oo / sahn

Dietary restrictions:

I'm allergic to...	**Je suis allergique à...**	zhuh sweez ah-lehr-zheek ah
I cannot eat...	**Je ne mange pas de...**	zhuh nuh mahnzh pah duh
...dairy products.	**...produits laitiers.**	proh-dwee lay-tee-yay
...meat / pork.	**...viande / porc.**	vee-ahnd / por
...salt / sugar.	**...sel / sucre.**	sehl / sew-kruh
I'm a diabetic.	**Je suis diabétique.**	zhuh swee dee-ah-bay-teek
No fat.	**Sans matières grasses.**	sahn maht-yehr grahs
Low-fat meal.	**La cuisine minceur.**	lah kwee-zeen man-sur
Low cholesterol?	**Maigre? Light?**	may-gruh / "light"
No caffeine.	**Décaféiné.**	day-kah-fay-nay
No alcohol.	**Sans alcool.**	sahnz ahl-kohl
I'm a...	**Je suis...**	zhuh swee
...male vegetarian.	**...végétarien.**	vay-zhay-tah-ree-an
...female vegetarian.	**...végétarienne.**	vay-zhay-tah-ree-ehn
...strict vegetarian.	**...végétarien rigoureux.**	vay-zhay-tah-ree-an ree-goo-ruh
...carnivore.	**...carnivore.**	kar-nee-vor
...big eater.	**...gourmand.**	goor-mahn

Tableware and condiments:

plate	**assiette**	ahs-yeht
extra plate	**une assiette de plus**	ewn ahs-yeht duh plew
napkin	**serviette**	sehrv-yeht
silverware	**couverts**	koo-vehr
knife	**couteau**	koo-toh
fork	**fourchette**	foor-sheht

spoon	**cuillère**	kwee-yehr
cup	**tasse**	tahs
glass	**verre**	vehr
carafe	**carafe**	kah-rahf
water	**l'eau**	loh
bread	**pain**	pa<u>n</u>
butter	**beurre**	bur
margarine	**margarine**	mar-gah-reen
salt / pepper	**sel / poivre**	sehl / pwah-vruh
sugar	**sucre**	sew-kruh
artificial sweetener	**édulcorant**	ay-dewl-koh-rah<u>n</u>
honey	**miel**	mee-ehl
mustard	**moutarde**	moo-tard
mayonnaise	**mayonnaise**	mah-yuh-nehz
ketchup	**ketchup**	"ketchup"

Restaurant requests and regrets:

A little.	**Un peu.**	uh<u>n</u> puh
More.	**Encore.**	ah<u>n</u>-kor
Another.	**Un autre.**	uh<u>n</u> oh-truh
The same.	**La même chose.**	lah mehm shohz
I did not order this.	**Ce n'est pas ce que j'ai commandé.**	suh nay pah suh kuh zhay koh-mah<u>n</u>-day
Is it included with the meal?	**C'est inclus avec le repas?**	say a<u>n</u>-kloo ah-vehk luh ruh-pah
I'm in a hurry.	**Je suis pressé.**	zhuh swee preh-say
I must leave at...	**Je dois partir a...**	zhuh dwah par-teer ah
Will the food be ready soon?	**Ce sera prêt bientôt?**	suh suh-rah preh bee-a<u>n</u>-toh
I've changed my mind.	**J'ai changé d'avis.**	zhay shah<u>n</u>-zhay dah-vee
Can I get it "to go?"	**Pour emporter?**	poor ah<u>n</u>-por-tay
This is...	**C'est...**	say

...dirty.	...sale.	sahl
...greasy.	...graisseux.	gray-suh
...too salty.	...trop salé.	troh sah-lay
...undercooked.	...pas assez cuit.	pah ah-say kwee
...overcooked.	...trop cuit.	troh kwee
...inedible.	...immangeable.	an-mahn-zhah-bluh
...cold.	...froid.	frwah
Heat this up?	Le chauffage marche?	luh shoh-fahzh marsh
Enjoy your meal!	Bon appétit!	bohn ah-pay-tee
Enough.	Assez.	ah-say
Finished.	Terminé.	tehr-mee-nay
Do any of your customers return?	Avez-vous des clients qui reviennent?	ah-vay-voo day klee-ahn kee ruh-vee-an
Yuck!	Pouah!	pwah
Delicious!	Délicieux!	day-lee-see-uh
Magnificent!	Magnifique!	mahn-yee-feek
My compliments to the chef!	Mes compliments au chef!	may kohn-plee-mahn oh shehf

EATING

Paying for your meal:

The bill, please.	L'addition, s'il vous plaît.	lah-dee-see-ohn see voo play
Together.	Ensemble.	ahn-sahn-bluh
Separate checks.	Notes séparées.	noht say-pah-ray
Credit card O.K.?	Carte de crédit O.K.?	kart duh kray-dee "O.K."
Is service included?	Le service est compris?	luh sehr-vees ay kohn-pree
This is not correct.	Ce n'est pas exact.	suh nay pah ehg-zahkt

English	French	Pronunciation
Explain this?	**Expliquez ça?**	ehk-splee-kay sah
What if I wash the dishes?	**Si je lave la vaisselle moi-même?**	see zhuh lahv lah vay-sehl mwah-mehm
Keep the change.	**Gardez la monnaie.**	gar-day lah moh-nay
This is for you.	**C'est pour vous.**	say poor voo

What's for breakfast?:

breakfast	**petit déjeuner**	puh-tee day-zhuh-nay
bread	**pain**	pan
roll	**petit pain**	puh-tee pan
little loaf of bread	**baguette**	bah-geht
toast	**toast**	tohst
butter	**beurre**	bur
jelly	**confiture**	kohn-fee-tewr
pastry	**pâtisserie**	pah-tee-suh-ree
croissant	**croissant**	kwah-sahn
cheese	**fromage**	froh-mahzh
yogurt	**yaourt**	yah-oort
cereal	**céréale**	say-ray-ahl
milk	**lait**	lay
hot cocoa	**chocolat chaud**	shoh-koh-lah shoh
fruit juice	**jus de fruit**	zhew duh frwee
orange juice (fresh)	**jus d'orange (frais)**	zhew doh-rahnzh (fray)
coffee / tea (see Drinking)	**café / thé**	kah-fay / tay
Is breakfast included in the room cost?	**Est-ce que le petit déjeuner est compris?**	ehs kuh luh puh-tee day-zhuh-nay ay kohn-pree

Snacks and sandwiches:

crepe	**crêpe**	krehp
buckwheat crepe	**galette**	gah-leht
omelet	**omelette**	oh-muh-leht
quiche...	**quiche...**	keesh
...with cheese	**...au fromage**	oh froh-mahzh
...with ham	**...au jambon**	oh zhahn-bohn
...with mushrooms	**...aux champignons**	oh shahn-peen-yohn
...with bacon, cheese and onions	**...lorraine**	lor-rehn
paté	**pâté**	pah-tay
onion tart	**tarte à l'oignon**	tart ah loh-yohn
cheese tart	**tarte au fromage**	tart oh froh-mahzh
I'd like a sandwich.	**Je voudrais un sandwich.**	zhuh voo-dray uhn sahnd-weech
toasted ham and cheese sandwich	**croque monsieur**	krohk muhs-yur
cheese	**fromage**	froh-mahzh
tuna	**thon**	tohn
chicken	**poulet**	poo-lay
turkey	**dinde, dindon**	dand, dan-dohn
ham	**jambon**	zhahn-bohn
salami	**salami**	sah-lah-mee
boiled egg	**oeuf à la coque**	uhf ah lah kohk
garnished with veggies	**crudités**	krew-dee-tay
lettuce	**laitue**	lay-too
tomato	**tomates**	toh-maht
onions	**oignons**	oh-yohn
mustard	**moutarde**	moo-tard
mayonnaise	**mayonnaise**	mah-yuh-nehz

EATING

Soups and salads:

soup (of the day)	**soupe (du jour)**	soop (dew zhoor)
broth	**bouillon...**	boo-yoh<u>n</u>
...chicken	**...de poulet**	duh poo-lay
...beef	**...de boeuf**	duh buhf
...with noodles	**...aux nouilles**	oh noo-ee
...with rice	**...au riz**	oh ree
thick vegetable soup	**potage de légumes**	poh-tahzh duh lay-gewm
onion soup	**soupe à l'oignon**	soop ah lohn-yoh<u>n</u>
shellfish chowder	**bisque**	beesk
seafood stew	**bouillabaisse**	boo-yah-behs
salad...	**salade...**	sah-lahd
...green / mixed	**...verte / mixte**	vehrt / meekst
...of goat cheese	**...au chevre chaud**	oh sheh-vruh shoh
...chef's	**...composée**	koh<u>n</u>-poh-zay
...seafood	**...oceane**	oh-shee-ahn
...veggie	**...crudités**	krew-dee-tay
...with ham / cheese / egg	**...avec jambon / fromage / oeuf**	ah-vehk zhah<u>n</u>-boh<u>n</u> / froh-mahzh / uh
lettuce	**laitue**	lay-too
tomatoes	**tomates**	toh-maht
cucumber	**concombre**	koh<u>n</u>-koh<u>n</u>-bruh
oil / vinegar	**huile / vinaigre**	weel / vee-nay-gruh
dressing on the side	**la sauce à part**	lah sohs ah par
What is in this salad?	**Qu'est-ce qu'il y a dans cette salade?**	kehs keel yah dah<u>n</u> seht sah-lahd

Seafood:

seafood	**fruits de mer**	frwee duh mehr
assorted sea-food	**assiette de fruits de mer**	ahs-yeht duh frwee duh mehr
fish	**poisson**	pwah-soh<u>n</u>
cod	**cabillaud**	kah-bee-yoh
salty cod	**morue**	moh-rew
salmon	**saumon**	soh-moh<u>n</u>
trout	**truite**	trweet
tuna	**thon**	toh<u>n</u>
herring	**hareng**	ah-rah<u>n</u>
sardines	**sardines**	sar-deen
anchovies	**anchois**	ah<u>n</u>-shwah
clams	**palourdes**	pah-loord
mussels	**moules**	mool
oysters	**huîtres**	wee-truh
scallops	**coquilles**	koh-keel
shrimp	**crevettes**	kruh-veht
prawns	**scampi**	skah<u>n</u>-pee
crab	**crabe**	krahb
lobster	**homard**	oh-mar
squid	**calmar**	kahl-mar
Where did this live?	**D'où est-ce que ça vient?**	doo ehs kuh sah vee-a<u>n</u>
Just the head, please.	**Seulement la tête, s'il vous plaît.**	suhl-mah<u>n</u> lah teht see voo play

Poultry and meat:

poultry	**volaille**	voh-ligh
chicken	**poulet**	poo-lay
turkey	**dinde, dindon**	da<u>n</u>d, da<u>n</u>-doh<u>n</u>

duck	**canard**	kah-nar
meat	**viande**	vee-ah<u>n</u>d
beef	**boeuf**	buhf
roast beef	**rosbif**	rohs-beef
beef steak	**bifteck**	beef-tehk
flank steak	**faux-filet**	foh-fee-lay
ribsteak	**entrecôte**	ah<u>n</u>-truh-koht
mixed grill	**grillades**	gree-yahd
meat stew	**ragoût**	rah-goo
veal	**veau**	voh
cutlet	**côtelette**	koh-tuh-leht
pork	**porc**	por
ham	**jambon**	zhah<u>n</u>-boh<u>n</u>
sausage	**saucisse**	soh-sees
lamb	**agneau**	ahn-yoh
bunny	**lapin**	lah-pa<u>n</u>
snails	**escargots**	ehs-kar-goh
frog legs	**cuisses de grenouilles**	kwees duh greh-noo-ee
How long has this been dead?	**Il est mort depuis longtemps?**	eel ay mor duh-pwee loh<u>n</u>-tah<u>n</u>

How food is prepared:

hot / cold	**chaud / froid**	shoh / frwah
raw / cooked	**cru / cuit**	krew / kwee
assorted	**assiette, variés**	ahs-yeht, vah-ree-ay
baked	**cuit au four**	kweet oh foor
boiled	**bouilli**	boo-yee
fillet	**filet**	fee-lay
fresh	**frais**	fray
fried	**frit**	free
grilled	**grillé**	gree-yay
homemade	**fait à la maison**	fay ah lah may-zoh<u>n</u>
microwave	**four à micro-ondes**	foor ah mee-kroh-oh<u>n</u>d
mild	**doux**	doo

mixed	**mixte**	meekst
poached	**poché**	poh-shay
roasted	**rôti**	roh-tee
sautéed	**sauté**	soh-tay
smoked	**fumé**	few-may
spicy hot	**piquant**	pee-kah<u>n</u>
steamed	**à la vapeur**	ah lah vah-pur
stuffed	**farci**	far-see
sweet	**doux**	doo
topped with cheese	**gratinée**	grah-tee-nay

Avoiding mis-steaks:

raw	**cru**	krew
very rare	**bleu**	bluh
rare	**saignant**	sayn-yah<u>n</u>
medium	**à point**	ah pwa<u>n</u>
well-done	**bien cuit**	bee-a<u>n</u> kwee
very well-done	**très bien cuit**	treh bee-a<u>n</u> kwee

By American standards, the French undercook meats.

Veggies, beans, rice, and pasta:

vegetables	**légumes**	lay-gewm
mixed vegetables	**légumes variés**	lay-gewm vah-ree-ay
with vegetables	**garni**	gar-nee
raw veggie salad	**crudités**	krew-dee-tay
artichoke	**artichaut**	ar-tee-shoh
asparagus	**aspèrges**	ah-spehrzh
beans	**haricots**	ah-ree-koh
beets	**betterave**	beh-teh-rahv
broccoli	**brocoli**	broh-koh-lee
cabbage	**chou**	shoo
carrots	**carottes**	kah-roht

EATING

cauliflower	**chou-fleur**	shoo-flur
corn	**maïs**	mah-ees
cucumber	**concombre**	koh<u>n</u>-koh<u>n</u>-bruh
eggplant	**aubergine**	oh-behr-zheen
French fries	**pommes frites**	pohm freet
garlic	**ail**	ah-ee
green beans	**haricots verts**	ah-ree-koh vehr
leeks	**poireaux**	pwah-roh
lentils	**lentilles**	lah<u>n</u>-teel
mushrooms	**champignons**	shah<u>n</u>-peen-yoh<u>n</u>
olives	**olives**	oh-leev
onions	**oignons**	ohn-yoh<u>n</u>
pasta	**pâtes**	paht
peas	**pois**	pwah
pepper...	**poivron...**	pwah-vroh<u>n</u>
...green / red / hot	**...vert / rouge / épicé**	vehr / roozh / ay-pee-say
pickles	**cornichons**	kor-nee-shoh<u>n</u>
potato	**pomme de terre**	pohm duh tehr
rice	**riz**	ree
spaghetti	**spaghetti**	spah-geh-tee
spinach	**épinards**	ay-pee-nar
tomatoes	**tomates**	toh-maht
zucchini	**courgette**	koor-zheht

Say cheese:

cheese...	**fromage...**	froh-mahzh
...mild	**...doux**	doo
...sharp	**...fort**	for
...goat	**...chèvre**	sheh-vruh
...bleu	**...bleu**	bluh

...herbs	...aux herbes	oh ehrb
...cream	...à la crème	ah lah krehm
...of the region	...de la région	duh lah ray-zhee-oh<u>n</u>
Swiss cheese	gruyère, emmenthal	grew-yehr, eh-mehn-tahl
Laughing Cow	La vache qui rit	lah vahsh kee ree
cheese platter	le plâteau de fromages	luh plah-toh duh froh-mahzh
May I taste a little?	Je peux goûter un peu?	zhuh puh goo-tay uh<u>n</u> puh

Fruits and nuts:

almond	amande	ah-mah<u>n</u>d
apple	pomme	pohm
apricot	abricot	ah-bree-koh
banana	banane	bah-nahn
berries	baies	bay
melon	melon	muh-loh<u>n</u>
cherry	cerise	suh-reez
chestnut	marron, chataîgne	mah-roh<u>n</u>, shah-tayn
coconut	noix de coco	nwah duh koh-koh
date	datte	daht
fig	figue	feeg
fruit	fruit	frwee
grapefruit	pamplemousse	pah<u>n</u>-pluh-moos
grapes	raisins	ray-za<u>n</u>
hazelnut	noisette	nwah-zeht
lemon	citron	see-troh<u>n</u>
orange	orange	oh-rah<u>n</u>zh
peach	pêche	pehsh
peanut	cacahuete	kah-kah-weet
pear	poire	pwahr
pineapple	ananas	ah-nah-nah
pistachio	pistache	pee-stahsh

plum	**prune**	prewn
prune	**pruneau**	prew-noh
raspberry	**framboise**	frahn-bwahz
strawberry	**fraise**	frehz
tangerine	**mandarine**	mahn-dah-reen
walnut	**noix**	nwah
watermelon	**pastèque**	pah-stehk

Just desserts:

dessert	**dessert**	duh-sehr
cake	**gâteau**	gah-toh
ice cream	**glace**	glahs
scoop of ice cream	**coupe de glace**	koop du glahs
sherbet	**sorbet**	sor-bay
fruit cup	**salade de fruits**	sah-lahd duh frwee
tart	**tartelette**	tar-tuh-leht
pie	**tarte**	tart
whipped cream	**crème chantilly**	krehm shahn-tee-yee
pastry	**pâtisserie**	pah-tee-suh-ree
fruit pastry	**chausson**	shoh-sohn
chocolate-filled pastry	**pain au chocolat**	pan oh shoh-koh-lah
buttery cake	**madeleine**	mah-duh-lehn
crepes	**crêpes**	krehp
sweet crepes	**crêpes sucres**	krehp sew-kruh
cookies	**petits gâteaux**	puh-tee gah-toh
candy	**bonbons**	bohn-bohn
low calorie	**bas en calories**	bah ahn kah-loh-ree
homemade	**fait à la maison**	fay ah lah may-zohn
Exquisite!	**Exquis!**	ehk-skee

Drinking

Water, milk and juice:

mineral water...	eau minérale...	oh mee-nay-rahl
...carbonated	...gazeuse	gah-zuhz
...not carbonated	...non gazeuse	noh<u>n</u> gah-zuhz
tap water	l'eau du robinet	loh dew roh-bee-nay
whole milk	lait entier	lay ah<u>nt</u>-yay
skim milk	lait écrémé	lay ay-kray-may
fresh milk	lait frais	lay fray
chocolate milk	lait au chocolat	lay oh shoh-koh-lah
hot chocolate	chocolat chaud	shoh-koh-lah shoh
fruit juice	jus de fruit	zhew duh frwee
orange juice	jus d'orange	zhew doh-rah<u>n</u>zh
apple juice	jus de pomme	zhew duh pohm
hard apple cider	cidre	see-druh
with / without...	avec / sans...	ah-vehk / sah<u>n</u>
...ice / sugar	...glaçons / sucre	glah-soh<u>n</u> / sew-kruh
glass / cup	verre / tasse	vehr / tahs
small bottle	petite bouteille	puh-teet boo-teh-ee
large bottle	grande bouteille	grah<u>n</u>d boo-teh-ee
Is the water safe to drink?	L'eau est potable?	loh ay poh-tah-bluh

Coffee and tea:

coffee...	café...	kah-fay
...black	...noir	nwahr
...with milk	...crème	krehm
...with lots of milk	...au lait	oh lay

...American-style	...**américain**	ah-may-ree-ka<u>n</u>
espresso	**express**	"express"
instant coffee	**Nescafé**	"Nescafé"
decaffeinated, decaf	**décaféiné, déca**	day-kah-fay-nay, day-kah
sugar	**sucre**	sew-kruh
hot water	**l'eau chaude**	loh shohd
tea / lemon	**thé / citron**	tay / see-troh<u>n</u>
tea bag	**sachet de thé**	sah-shay duh tay
herbal tea	**tisane**	tee-zahn
lemon tea, orange tea	**thé au citron,**	tay oh see-troh<u>n</u>,
	thé à l'orange	tay ah loh-rah<u>n</u>zh
small / big	**petit / grand**	puh-tee / grah<u>n</u>
Another cup.	**Encore une tasse.**	ah<u>n</u>-kor ewn tahs
Is it the same price	**C'est le même prix**	say luh mehm pree
if I sit or stand?	**au bar ou dans la salle?**	oh bar oo dah<u>n</u> lah sahl

Wine:

I would like...	**Je voudrais...**	zhuh voo-dray
...a glass	...**un verre**	uh<u>n</u> vehr
...a carafe	...**une carafe**	ewn kah-rahf
...a half bottle	...**une demi-bouteille**	ewn duh-mee-boo-teh-ee
...a bottle	...**une bouteille**	ewn boo-teh-ee
...of red wine	...**de vin rouge**	duh va<u>n</u> roozh
...of white wine	...**de vin blanc**	duh va<u>n</u> blah<u>n</u>
...of the region	...**de la région**	duh lah ray-zhee-oh<u>n</u>
...the wine list	...**la carte des vins**	lah kart day va<u>n</u>

Wine words:

wine	**vin**	va<u>n</u>
table wine	**vin de table**	va<u>n</u> duh tah-bluh
cheapest house wine	**vin ordinaire**	va<u>n</u> or-dee-nair
local	**régional**	ray-zhee-oh-nahl
red	**rouge**	roozh
white	**blanc**	blah<u>n</u>
rosé	**rosé**	roh-zay
sparkling	**mousseux**	moo-suh
sweet	**doux**	doo
medium	**demi-sec**	duh-mee-sehk
dry	**sec**	sehk
very dry	**brut**	brewt
cork	**bouchon**	boo-shoh<u>n</u>

Beer:

beer	**bière**	bee-ehr
from the tap	**a là pression**	ah lah preh-see-oh<u>n</u>
bottle	**bouteille**	boo-teh-ee
light / dark	**blonde / brune**	blohnd / brewn
local / imported	**régionale / importée**	ray-zhee-oh-nahl / a<u>n</u>-por-tay
a small beer	**un demi**	uh<u>n</u> duh-mee
a large beer	**une chope**	ewn shohp
low calorie beer (hard to find)	**biere "light"**	bee-ehr "light"
alcohol-free	**sans alcool**	sah<u>n</u>z ahl-kohl
cold / colder	**fraîche / plus fraîche**	fraysh / plew fraysh

EATING

Picnicking

At the market:

Is it self-service?	**C'est libre service?**	say lee-bruh sehr-vees
Ripe for today?	**Pour manger aujourd'hui?**	poor mah<u>n</u>-zhay oh-joord-wee
Does it need to be cooked?	**Est'ce qu'il faut le faire cuire?**	ehs keel foh luh fehr kweer
May I taste a little?	**Je peux goûter un peu?**	zhuh puh goo-tay uh<u>n</u> puh
Fifty grams.	**Cinquante grammes.**	sa<u>n</u>-kah<u>n</u>t grahm
One hundred grams.	**Cent grammes.**	sah<u>n</u> grahm
More. / Less.	**Plus. / Moins.**	plew / mwa<u>n</u>
A piece.	**Un morceau.**	uh<u>n</u> mor-soh
A slice.	**Une tranche.**	ewn trah<u>n</u>sh
Sliced (fine).	**Tranché (fine).**	trah<u>n</u>-shay (feen)
A small bag.	**Un petit sachet.**	uh<u>n</u> puh-tee sah-shay
A bag, please.	**Un sachet, s'il vous plaît.**	uh<u>n</u> sah-shay see voo play
Can you make me a sandwich?	**Pouvez-vous me faire un sandwich?**	poo-vay-voo muh fehr uh<u>n</u> sah<u>n</u>d-weech
To take out.	**Pour emporter.**	poor ah<u>n</u>-por-tay
Is there a park nearby?	**Il y a un parc près d'ici?**	eel yah uh<u>n</u> park preh dee-see
Is it O.K. to picnic here?	**Est-ce qu'on peut pique-niquer ici?**	ehs koh<u>n</u> puh peek-nee-kay ee-see
Enjoy your meal!	**Bon appétit!**	boh<u>n</u> ah-pay-tee

Ask if there's a *marché* (open air market) nearby. These lively markets offer the best selection and ambience.

Picnic prose:

open air market	**marché**	mar-shay
grocery store	**épicerie**	ay-pee-suh-ree
supermarket	**supermarché**	sew-pehr-mar-shay
super-duper market	**hypermarché**	ee-pehr-mar-shay
picnic	**pique-nique**	peek-neek
sandwich	**sandwich**	sahnd-weech
(whole wheat) bread	**pain (complet)**	pan (kohn-play)
roll	**petit pain**	puh-tee pan
ham	**jambon**	zhahn-bohn
sausage	**saucisse**	soh-sees
cheese	**fromage**	froh-mahzh
mustard in a tube	**moutarde in tube**	moo-tard een tewb
mayonnaise in a tube	**mayonnaise in tube**	mah-yuh-nehz een tewb
yogurt	**yaourt**	yah-oort
fruit	**fruit**	frwee
box of juice	**boîte de jus**	bwaht duh zhew
cold drinks	**boissons fraîches**	bwah-sohn fraysh
spoon / fork...	**cuillère / fourchette...**	kwee-yehr / foor-sheht
...made of plastic	**...en plastique**	ahn plah-steek
cup / plate...	**gobelet / assiette...**	gob-leh / ahs-yeht
...made of plastic	**...en plastique**	ahn plahs-teek

EATING

French-English Menu Decoder

This handy decoder won't list every word on the menu, but it'll help you get *riz et veau* (rice and veal) instead of *ris de veau* (calf pancreas).

à la carte side dishes
abricot apricot
agneau lamb
ail garlic
aïoli garlic mayonnaise
alcool alcohol
amande almond
ananas pineapple
anchois anchovies
Anglaise boiled
artichaut artichoke
aspèrges asparagus
assiette plate
aubergine eggplant
avec with
baguette bread
baies berries
banane banana
Béarnaise sauce of egg and wine
betterave beets
beurre butter
bière beer
bifteck beef steak
bisque shellfish chowder
blanc white
blonde light
boeuf beef
boissons beverages
bon good
bonbons candy

bouillabaisse seafood stew
bouilli boiled
bouillon broth
Bourguignon cooked in red wine
bouteille bottle
brocoli broccoli
brouillés scrambled
brune dark
brut very dry
cabillaud cod
cacahuete peanut
café coffee
calmar squid
canard duck
carafe carafe
carottes carrots
carte des vins wine list
carte menu
cassoulet bean and meat stew
cerise cherry
cervelle brains
champignons mushrooms
chataîgne chestnut
chaud hot
chausson fruit pastry
cheval horse
chèvre goat
chinois Chinese
chocolat chocolate
chope large beer

chou cabbage
chou-fleur cauliflower
cidre hard apple cider
citron lemon
complet whole, full
compris included
concombre cucumber
confiture jelly
consommé broth
copieux filling
coq rooster
cornichon pickle
côtelette cutlet
coupe scoop
courgette zucchini
couvert cover charge
crabe crab
crème cream
crème chantilly whipped cream
crêpe crepe
crêpes froment buckwheat crepes
crevettes shrimp
croque madame ham, cheese, &
  egg sandwich
croque monsieur ham & cheese
  sandwich
cru raw
crudités raw vegetables
cuisses de grenouilles frog legs
cuit cooked
cuit au four baked
datte date
déjeuner lunch
demi half, small beer
demi-bouteille half bottle
demi-sec medium dry
dinde turkey

dîner dinner
doux mild, sweet
eau water
entier whole
entrecôte rib steak
entrée first course
épinards spinach
escargots snails
et and
express espresso
farci stuffed
faux-filet flank steak
figue fig
filet fillet
flambée flaming
foie liver
forestière with mushrooms
frais fresh
fraise strawberry
framboise raspberry
frit fried
froid cold
fromage cheese
fruit fruit
fruits de mer seafood
fumé smoked
galette buckwheat crepe
garni with vegetables
gâteau cake
gazeuse carbonated
glace ice cream
glaçons ice
grand large
gras fat
gratinée topped with cheese
grenouille frog
grillades mixed grill

grillé grilled
gruyère Swiss cheese
hareng herring
haricots beans
hollandaise sauce of egg and
  butter
homard lobster
hors-d'oeuvre appetizers
huile oil
huîtres oysters
importée imported
jambon ham
jardinière with vegetables
jus juice
lait milk
laitue lettuce
langue tongue
lapin bunny
léger light
légumes vegetables
light light
madeleine buttery cake
maïs corn
maison house
mandarine tangerine
marron chestnut
melon canteloupe
menu du jour menu of the day
meunière fried in butter
micro-ondes microwave
miel honey
mixte mixed
morceau piece
morue salty cod
moules mussels
mousseux sparkling
moutarde mustard

noir black
noisette hazelnut
noix walnut
noix de coco coconut
non not
nouvelle new
oeufs eggs
oignon onion
olives olives
onglet steak
orange orange
ou or
pain bread
pamplemousse grapefruit
pastèque watermelon
pâté paté
pâtes pasta
pâtisserie pastry
pêche peach
petit small
petit déjeuner breakfast
petits gâteaux cookies
piquant spicy hot
plat principal main course
plat du jour special of the day
plâteau platter
poché poached
poire pear
poireaux leeks
pois peas
poisson fish
poivre pepper
poivron bell pepper
pomme apple
pomme de terre potato
pommes frites French fries
porc pork

potage soup
poulet chicken
pour emporter "to go"
pression draft (beer)
prix fixe fixed price
provençale with garlic and
   tomatoes
prune plum
pruneau prune
ragoût meat stew
raisins grapes
ratatouille eggplant casserole
régionale local
ris de veau sweetbreads
riz rice
rosbif roast beef
rosé rosé
rôti roasted
rouge red
saignant rare
salade salad
sans without
saucisse sausage
saumon salmon
scampi prawns
sec dry
sel salt
service compris service included
service non compris service not
   included
sliced tranché
sorbet sherbet
soupe soup
spécialité specialty
steak tartare raw hamburger
sucre sugar
tartare raw

tarte pie
tartelette tart
tasse cup
terrine paté
thè tea
thon tuna
tisane herbal tea
tournedos prime cut steak
tranche slice
tripes tripe
truffes truffles (earthy mushrooms)
truite trout
vapeur steamed
variés assorted
veau veal
végétarien vegetarian
verre glass
vert green
viande meat
vin wine
vinaigre vinegar
volaille poultry
yaourt yogurt

Sightseeing

Where is...?	**Où est...?**	oo ay
...the best view	**...la meilleure vue**	lah meh-yur vew
...the main square	**...la place principale**	lah plahs pran-see-pahl
...the old town center	**...la vieille ville**	lah vee-yay-ee veel
...the museum	**...le musée**	luh mew-zay
...the castle	**...le château**	luh shah-toh
...the palace	**...le palais**	luh pah-lay
...the ruins	**...les ruines**	lay rween
...the tourist information office	**...l'office du tourisme**	loh-fees dew too-reez-muh
...toilet	**...les toilettes**	lay twah-leht
...the entrance / exit	**...l'entrée / la sortie**	lah<u>n</u>-tray / lah sor-tee
Is there a festival nearby?	**Y a-t-il un festival dans la région?**	eh ah-teel uh<u>n</u> fehs-tee-vahl dah<u>n</u> lah ray-zhee-oh<u>n</u>
Do you have...?	**Avez-vous...?**	ah-vay-voo
...a map	**...une plan**	ewn plahn
...information	**...des renseigne-ments**	day rah<u>n</u>-sehn-yuh-mah<u>n</u>
...a guidebook	**...une guide**	ewn geed
...a tour	**...une visite guidée**	ewn vee-zeet gee-day
...in English	**...en anglais**	ah<u>n</u> ah<u>n</u>-glay
When is the next tour in English?	**La prochaine visite en anglais sera à quelle heure?**	lah proh-shehn vee-zeet ah<u>n</u> ah<u>n</u>-glay suh-rah ah kehl ur
Is it free?	**Est-ce gratuit?**	ehs grah-twee
How much is it?	**Combien?**	koh<u>n</u>-bee-a<u>n</u>
Is the ticket good all day?	**Le billet est valable toute la journée?**	luh bee-yay ay vah-lah-bluh toot lah zhoor-nay

Shopping

Names of French shops:

Where is a...?	**Où est un...?**	oo ay uhn
antique shop	**antiquités**	ahn-tee-kee-tay
art gallery	**gallerie d'art**	gah-luh-ree dar
bakery	**boulangerie**	boo-lahn-zhuh-ree
barber shop	**coiffeur**	kwah-fur
beauty salon	**coiffeur pour dames**	kwah-fur poor dahm
book shop	**librairie**	lee-bray-ree
camera shop	**magasin de photo**	mah-gah-zan duh foh-toh
cheese shop	**fromagerie**	froh-mah-zhay-ree
department store	**grand magasin**	grahn mah-gah-zan
flea market	**marché aux puces**	mar-shay oh pews
flower market	**marché aux fleurs**	mar-shay oh flur
grocery store	**épicerie**	ay-pee-suh-ree
hardware store	**quincaillerie**	kan-kay-yay-ree
jewelry shop	**bijouterie**	bee-zhoo-tuh-ree
laundromat	**laverie**	lah-vuh-ree
newsstand	**maison de la presse**	meh-zohn duh lah prehs
office supplies	**papeterie**	pah-pay-tuh-ree
open air market	**marché en plein air**	mar-shay ahn plan air
optician	**opticien**	ohp-tee-see-an
pharmacy	**pharmacie**	far-mah-see
photocopy shop	**magasin de photocopie**	mah-gah-zan duh foh-toh-koh-pee
shopping mall	**centre commercial**	sahn-truh koh-mehr-see-ahl

SHOPPING

souvenir shop	**boutique de souvenirs**	boo-teek duh soo-vuh-neer
supermarket	**supermarché**	sew-pehr-mar-shay
toy store	**magasin de jouets**	mah-gah-za<u>n</u> duh zhway
travel agency	**agence de voyages**	ah-zhah<u>n</u>s duh voy-yahzh
used bookstore	**boutique de livres d'occasion**	boo-teek duh lee-vruh doh-kah-zee-oh<u>n</u>
wine shop	**marchand de vin**	mar-shah<u>n</u> duh va<u>n</u>

Shop till you drop:

sale	**solde**	sohld
How much is it?	**Combien?**	koh<u>n</u>-bee-a<u>n</u>
I'm just browsing.	**Je regarde.**	zhuh ruh-gard
We're just browsing.	**Nous regardons.**	noo ruh-gar-doh<u>n</u>
I'd like...	**Je voudrais...**	zhuh voo-dray
Do you have...?	**Avez-vous...?**	ah-vay-voo
...something cheaper	**...quelque chose de moins cher**	kehl-kuh shohz duh mwa<u>n</u> shehr
Can I see more?	**Puis-je en voir d'autres?**	pwee zhuh ah<u>n</u> vwahr doh-truh
This one.	**Ceci.**	suh-see
Can I try it on?	**Je peux l'essayer?**	zhuh puh leh-say-yay
A mirror?	**Un miroir?**	uh<u>n</u> meer-wahr
Too...	**Trop...**	troh
...big.	**...grand.**	grah<u>n</u>
...small.	**...petit.**	puh-tee
...expensive.	**...cher.**	shehr
Did you make this?	**C'est vous qui l'avez fait?**	say voo kee lah-vay fay

What is it made out of?	De quoi est-ce que c'est fait?	duh kwah ehs kuh say fay
Machine washable?	Lavable en machine?	lah-vah-bluh ah<u>n</u> mah-sheen
Will it shrink?	Ça va rétrécir?	sah vah ray-tray-seer
Can you ship this?	Pouvez-vous l'expédier?	poo-vay-voo lehk-spay-dee-ay
Credit card O.K.?	Carte de crédit O.K.?	kart duh kray-dee "O.K."
Tax-free?	Detaxé?	day-tahks-ay
I'll think about it.	Je vais y penser.	zhuh vay ee pah<u>n</u>-say
What time do you close?	Vous fermez à quelle heure?	voo fehr-may ah kehl ur
What time do you open tomorrow?	À quelle heure allez-vous ouvrir demain?	ah kehl ur ah-lay-vooz oo-vreer duh-ma<u>n</u>
Is that your lowest price?	C'est votre prix le plus bas?	say voh-truh pree luh plew bah
My last offer.	Ma dernière offre.	mah dehrn-yehr oh-fruh
I'm nearly broke.	Je suis presque fauché.	zhuh swee prehsk foh-shay
My friend has the money.	Mon ami a l'argent.	moh<u>n</u> ah-mee ah lar-zhah<u>n</u>
My husband...	Mon mari...	moh<u>n</u> mah-ree
My wife...	Ma femme...	mah fahm
...has the money.	...a l'argent.	ah lar-zhah<u>n</u>

You can look up colors and fabrics in the dictionary near the end of this book.

SHOPPING

Repair:

These handy lines can apply to any repair, whether it's a stuck zipper, broken leg, or dying car.

This is broken.	**C'est cassé.**	say kah-say
Can you fix it?	**Pouvez-vous le réparer?**	poo-vay-voo luh ray-pah-ray
Just do the essentials.	**Ne faites que le minimum.**	nuh fayt kuh luh mee-nee-muhm
How much will it cost?	**C'est combien?**	say koh<u>n</u>-bee-a<u>n</u>
When will it be ready?	**Quand sera-t-il prêt?**	kah<u>n</u> suh-rah-teel preh
I need it by ___.	**Il me le faut pour ___.**	eel muh luh foh poor

Entertainment

What's happening tonight?	**Qu'est-ce qui ce passe ce soir?**	kehs kee suh pahs suh swahr
What do you recommend?	**Qu'est-ce que vous recommandez?**	kehs kuh voo ruh-koh-mah<u>n</u>-day
Is it free?	**C'est gratuit?**	say grah-twee
Where can I buy a ticket?	**Où puis-je acheter un billet?**	oo pwee-zhuh ah-shuh-tay uh<u>n</u> bee-yay
When does it start?	**Ça commence à quelle heure?**	sah koh-mah<u>n</u>s ah kehl ur
When does it end?	**Ça se termine à quelle heure?**	sah suh tehr-meen ah kehl ur
Will you go out with me?	**Voulez-vous sortir avec moi?**	voo-lay-voo sor-teer ah-vehk mwah

The best place to dance nearby?	**Le meilleur dancing dans le coin?**	luh meh-yur dah<u>n</u>-seeng dah<u>n</u> luh kwa<u>n</u>
Do you want to dance?	**Voulez-vous danser?**	voo-lay-voo dah<u>n</u>-say
Again?	**De nouveau?**	duh noo-voh
Let's celebrate!	**Faisons la fête!**	fay-zoh<u>n</u> lah feht

Entertaining words:

movie...	**film...**	feelm
...original version	**...version originale (V.O.)**	vehr-see-oh<u>n</u> oh-ree-zhee-nahl
...in English	**...en anglais**	ah<u>n</u> ah<u>n</u>-glay
...with subtitles	**...avec sous-titres**	ah-vehk soo-tee-truh
...dubbed	**...doublé**	doo-blay
music...	**musique...**	mew-zeek
...live	**...en directe**	ah<u>n</u> dee-rehkt
...classical	**...classique**	klahs-seek
...folk	**...folklorique**	fohk-loh-reek
old rock	**rock classique**	rohk klah-seek
jazz	**jazz**	zhazz
blues	**blues**	"blues"
male singer	**chanteur**	shah<u>n</u>-tur
female singer	**chanteuse**	shah<u>n</u>-tuhz
nightclub	**boite**	bwaht
concert	**concert**	koh<u>n</u>-sehr
show	**spectacle**	spehk-tahk-luh
sound and light show	**son et lumière**	soh<u>n</u> ay lew-mee-ehr
dancing	**danse**	dah<u>n</u>s
folk dancing	**danse folklorique**	dah<u>n</u>s fohk-loh-reek
disco	**disco**	dee-skoh
cover charge	**couvert**	koo-vehr

ENTERTAINMENT

Phoning

The nearest phone?	**Le plus proche téléphone?**	luh plew prohsh tay-lay-fohn
Where's the post office?	**Où est la Poste?**	oo ay lah pohst
I'd like to telephone...	**Je voudrais téléphoner...**	zhuh voo-dray tay-lay-foh-nay
...the U.S.A.	**...aux U.S.A.**	ohz ew ehs ah
What is the cost per minute?	**C'est combien par minute?**	say kohn-bee-an par mee-newt
I'd like to make a... call.	**Je voudrais faire un appel...**	zhuh voo-dray fair uhn ah-pehl
...local	**...local.**	loh-kahl
...collect	**...en P.C.V.**	ahn pay say vay
...credit card	**...avec une carte de crédit.**	ah-vehk ewn kart duh kray-dee
...long distance (within France)	**...interurbain.**	an-tehr-ewr-ban
...international	**...international.**	an-tehr-nah-see-oh-nahl
It doesn't work.	**Ca ne marche pas.**	sah nuh marsh pah
May I use your phone?	**Puis-je téléphoner?**	pwee-zhuh tay-lay-foh-nay
Can you dial for me?	**Pouvez-vous composer le numéro?**	poo-vay-voo kohn-poh-zay luh new-may-roh
Can you talk for me?	**Pouvez-vous parler pour moi?**	poo-vay-voo par-lay poor mwah
It's busy.	**C'est occupé.**	say oh-kew-pay
Will you try again?	**Essayez de nouveau?**	eh-say-yay duh noo-voh
Hello. (on the phone)	**Âllo.**	ah-loh
My name is...	**Je m'appelle...**	zhuh mah-pehl

My number is...	**Mon numéro est...**	mohn new-may-roh ay
Speak slowly and clearly.	**Parlez lentement et clairement.**	par-lay lahn-tuh-mahn ay klair-mahn
Wait a moment.	**Un moment.**	uhn moh-mahn
Don't hang up.	**Ne racrochez pas.**	nuh rah-kroh-shay pah

Key telephone words:

telephone	**téléphone**	tay-lay-fohn
telephone card	**télécarte**	tay-lay-kart
operator	**standardiste**	stahn-dar-deest
international assistance	**renseignements internationaux**	rahn-sehn-yuh-mahn an-tehr-nah-see-oh-noh
country code	**code international**	kohd an-tehr-nah-see-oh-nahl
area code	**code régional**	kohd ray-zhee-oh-nahl
telephone book	**bottin, annuaire**	boh-tan, ahn-new-air
yellow pages	**pages jaunes**	pahzh zhohn
toll-free	**gratuit**	grah-twee
out of service	**hors service**	or sehr-vees

E-mail

e-mail	**e-mail**	ee-mayl
internet	**internet**	an-tehr-neht
May I check my e-mail?	**Puis-je vérifier mon e-mail?**	pwee-zhuh vay-ree-fee-ay mohn ee-mayl
Where can I get access to the internet?	**Où est-ce que je peux accéder à l'internet?**	oo ehs kuh zhuh puh ahk-say-day ah lan-tehr-neht
Where is the nearest cybercafé?	**Où se trouve le cybercafé le plus prôche?**	oo suh troov luh see-behr-kah-fay luh plew prohsh

On the computer screen:

annuler	delete	**message**	message
envoyer	send	**sauver**	save
fichier	file	**ouvrir**	open
imprimer	print		

Post Office

Where is the post office?	**Où est la Poste?**	oo ay luh pohst
Which window for...?	**Quel guichet pour...?**	kehl gee-shay poor
...stamps	**...les timbres**	lay tan-bruh
...packages	**...les colis**	lay koh-lee
To the United States...	**Aux Etats-Unis...**	ohz ay-tah-zew-nee
...by air mail.	**...par avion.**	par ah-vee-ohn
...by surface mail.	**...par surface.**	par sewr-fahs
How much is it?	**Combien?**	kohn-bee-an
How many days will it take?	**Ça va prendre combien de jours?**	sah vah prahn-druh kohn-bee-an duh zhoor

Licking the postal code:

stamp	**timbre**	tan-bruh
postcard	**carte postale**	kart poh-stahl
letter	**lettre**	leht-ruh
aerogram	**aérogramme**	ay-roh-grahm
envelope	**enveloppe**	ahn-vuh-lohp
package	**colis**	koh-lee
box	**boîte en carton**	bwaht ahn kar-tohn

Help!

Help!	**Au secours!**	oh suh-koor
Help me!	**A l'aide!**	ah layd
Call a doctor!	**Appelez un docteur!**	ah-play uhn dohk-tur
ambulance	**ambulance**	ahn-bew-lahns
accident	**accident**	ahk-see-dahn
injured	**blessé**	bleh-say
emergency	**urgence**	ewr-zhahns
fire	**feu**	fuh
police	**police**	poh-lees
thief	**voleur**	voh-lur
pick-pocket	**pickpocket**	peek-poh-keht
I've been ripped off.	**On m'a volé.**	ohn mah voh-lay
I've lost...	**J'ai perdu...**	zhay pehr-dew
...my passport.	**...mon passeport.**	mohn pah-spor
...my ticket.	**...mon billet.**	mohn bee-yay
...my baggage.	**...mes bagages.**	may bah-gahzh
...my purse.	**...mon sac.**	mohn sahk
...my wallet.	**...mon portefeuille.**	mohn por-tuh-fuh-ee
...my faith in humankind.	**...ma foi en l'humanité.**	mah fwah ahn lew-mah-nee-tay
I'm lost.	**Je suis perdu.**	zhuh swee pehr-dew

France's medical emergency phone number is 15. *SOS médecins* are doctors who make emergency house-calls. If you need help, someone will call an *SOS médicin* for you.

HELP!

Help for women:

Leave me alone.	**Laissez-moi tranquille.**	lay-say-mwah trah<u>n</u>-keel
I *vant* to be alone.	**Je veux être seule.**	zhuh vuh eh-truh suhl
I'm not interested.	**Ça ne m'intéresse pas.**	sah nuh ma<u>n</u>-tay-rehs pah
I'm married.	**Je suis mariée.**	zhuh swee mah-ree-ay
I'm a lesbian.	**Je suis lesbienne.**	zhuh swee lehz-bee-ehn
I have a contagious disease.	**J'ai une maladie contagieuse.**	zhay ewn mah-lah-dee koh<u>n</u>-tah-zhuhz
Don't touch me.	**Ne me touchez pas.**	nuh muh too-shay pah
You're disgusting.	**Vous êtes dégoutant.**	vooz eht day-goo-tah<u>n</u>
Stop following me.	**Arrêtez de me suivre.**	ah-reh-tay duh muh swee-vruh
This man is bothering me.	**Cet homme m'embête.**	seht ohm mah<u>n</u>-beht
Enough!	**Ça suffit!**	sah sew-fee
Get lost!	**Dégagez!**	day-gah-zhay
Drop dead!	**Fous-moi la paix!**	foo-mwah lah pay
I'll call the police.	**J'appelle la police.**	zhah-pehl lah poh-lees

Health

I feel sick.	**Je me sens malade.**	zhuh muh sah<u>n</u> mah-lahd
I need a doctor...	**Il me faut un docteur...**	eel muh foh uh<u>n</u> dohk-tur
...who speaks English.	**...qui parle anglais.**	kee parl ah<u>n</u>-glay
It hurts here.	**Ça me fait mal ici.**	sah muh fay mahl ee-see
I'm allergic to...	**Je suis allergique à...**	zhuh sweez ah-lehr-zheek ah
...penicillin.	**...la pénicilline.**	lah pay-nee-see-leen
I am diabetic.	**Je suis diabétique.**	zhuh swee dee-ah-bay-teek
I've missed a period.	**J'ai du retard dans mes règles.**	zhay dew ruh-tar dah<u>n</u> may reh-gluh
My friend has...	**Mon ami a...**	moh<u>n</u> ah-mee ah
I have...	**J'ai...**	zhay
...asthma.	**...asthme.**	ahz-muh
...a burn.	**...une brûlure.**	ewn brew-lewr
...chest pains.	**...mal à la poitrine.**	mahl ah lah pwah-treen
...a cold.	**...un rhume.**	uh<u>n</u> rewm
...constipation.	**...la constipation.**	lah koh<u>n</u>-stee-pah-see-oh<u>n</u>
...a cough.	**...une toux.**	ewn too
...diarrhea.	**...la diarrhée.**	lah dee-ah-ray
...dizziness.	**...le vertige.**	luh vehr-teezh
...a fever.	**...une fièvre.**	ewn fee-eh-vruh
...the flu.	**...la grippe.**	lah greep
...the giggles.	**...le fou rire.**	luh foo reer
...hay fever.	**...le rhume des foins.**	luh rewm day fwa<u>n</u>
...a headache.	**...mal à la tête.**	mahl ah lah teht
...hemorrhoids.	**...hémorroïdes.**	ay-mor-wahd

...high blood pressure.	**...de l'hypertension.**	duh lee-pehr-tah<u>n</u>-see-oh<u>n</u>
...indigestion.	**...une indigestion.**	ewn a<u>n</u>-dee-zhuh-stee-oh<u>n</u>
...an infection.	**...une infection.**	ewn a<u>n</u>-fehk-see-oh<u>n</u>
...a migraine.	**...une migraine.**	ewn mee-grayn
...nausea.	**...la nausée.**	lah noh-zay
...a rash.	**...des boutons.**	day boo-toh<u>n</u>
...a sore throat.	**...mal à la gorge.**	mahl ah lah gorzh
...a stomach ache.	**...mal à l'estomac.**	mahl ah luh-stoh-mah
...a swelling.	**...une enflure.**	ewn ah<u>n</u>-flewr
...a toothache.	**...mal aux dents.**	mahl oh dah<u>n</u>
...a urinary infection.	**...une infection urinarire.**	ewn a<u>n</u>-fehk-see-oh<u>n</u> ew-ree-nehr
...a venereal disease.	**...une maladie vénérienne.**	ewn mah-lah-dee vay-nay-ree-ehn
...worms.	**...des vers.**	day vehr
I have body odor.	**Je sens mauvais.**	zhuh sah<u>n</u> moh-vay
Is it serious?	**C'est sérieux?**	say say-ree-uh

Handy health words:

pain	**douleur**	doo-lur
dentist	**dentiste**	dah<u>n</u>-teest
doctor	**docteur**	dohk-tur
nurse	**garde-malade**	gard-mah-lahd
health insurance	**assurance maladie**	ah-sew-rah<u>n</u>s mah-lah-dee
hospital	**hôpital**	oh-pee-tahl
bandage	**bandage**	bah<u>n</u>-dahzh
medicine	**médicaments**	may-dee-kah-mah<u>n</u>
pharmacy	**pharmacie**	far-mah-see
prescription	**ordonnance**	or-duh-nah<u>n</u>s
pill	**pilule**	pee-lewl

aspirin	**aspirine**	ah-spee-reen
non-aspirin substitute	**Tylenol**	tee-luh-nohl
antibiotic	**antibiotique**	ah<u>n</u>-tee-bee-oh-teek
cold medicine	**remède contre le rhume**	ruh-mehd koh<u>n</u>-truh luh rewm
cough drops	**pastilles pour la toux**	pah-steel poor lah too
pain killer	**calmant**	kahl-mah<u>n</u>
vitamins	**vitamines**	vee-tah-meen

Contacts and glasses:

glasses	**lunettes**	lew-neht
sunglasses	**lunettes de soleil**	lew-neht duh soh-lay
prescription	**ordonnance**	or-duh-nah<u>n</u>s
lenses...	**verres de...**	vehr duh
...soft / hard	**...souples / durs**	soop-luh / dewr
cleaning solution	**solution nettoyante**	soh-lew-see-oh<u>n</u> neh-toy-yah<u>n</u>t
soaking solution	**solution à trempage**	soh-lew-see-oh<u>n</u> ah trah<u>n</u>-pahzh
I've... a contact lens.	**J'ai... un de mes verres de contact.**	zhay... uh<u>n</u> duh may vehr duh koh<u>n</u>-tahkt
...lost	**...perdu**	pehr-dew
...swallowed	**...avalé**	ah-vah-lay

Chatting

My name is...	**Je m'appelle...**	zhuh mah-pehl
What's your name?	**Quel est votre nom?**	kehl ay voh-truh noh<u>n</u>
How are you?	**Comment allez-vous?**	koh-mah<u>n</u>t ah-lay-voo
Very well, thank you.	**Très bien, merci.**	treh bee-a<u>n</u> mehr-see
Where are you from?	**D'où venez-vous?**	doo vuh-nay-voo
What city?	**Quelle ville?**	kehl veel
What country?	**Quel pays?**	kehl pay-ee
What planet?	**Quelle planète?**	kehl plah-neht
I am...	**Je suis...**	zhuh swee
...a male American.	**...américain.**	zah-may-ree-ka<u>n</u>
...a female American.	**...américaine.**	zah-may-ree-kehn
...a male Canadian.	**...canadien.**	kah-nah-dee-a<u>n</u>
...a female Canadian.	**...canadienne.**	kah-nah-dee-ehn

Who's who:

This is my friend.	**C'est mon ami.**	say moh<u>n</u> ah-mee
This is my... (m / f)	**C'est mon / ma...**	say moh<u>n</u> / mah
...boyfriend / girlfriend.	**...petit ami / petite amie.**	puh-teet ah-mee / puh-teet ah-mee
...husband / wife.	**...mari / femme.**	mah-ree / fahm
...son / daughter.	**...fils / fille.**	fees / fee-ee
...brother / sister.	**...frère / soeur.**	frehr / sur
...father / mother.	**...père / mère.**	pehr / mehr
...uncle / aunt.	**...oncle / tante.**	oh<u>n</u>-kluh / tah<u>n</u>t
...nephew / niece.	**...neveu / nièce.**	nuh-vuh / nees
...male / female cousin.	**...cousin / cousine.**	koo-za<u>n</u> / koo-zeen
...grandfather / grandmother.	**...grand-père / grand-mère.**	grah<u>n</u>-pehr / grah<u>n</u>-mehr

| ...grandson /
granddaughter. | ...petit-fils /
petite-fille. | puh-tee-fees /
puh-teet-feel |

Family and work:

Are you married?	Êtes-vous marié?	eht voo mah-ree-ay
Do you have children?	Avez-vous des enfants?	ah-vay-voo dayz ah<u>n</u>-fah<u>n</u>
How many boys / girls?	Combien de garçons / filles?	koh<u>n</u>-bee-a<u>n</u> duh gar-soh<u>n</u> / feel
Do you have photos?	Avez-vous des photos?	ah-vay-voo day foh-toh
How old is your child?	Quel âge à votre enfant?	kehl ahzh ah voh-truh ah<u>n</u>-fah<u>n</u>
Beautiful child!	Bel enfant!	behl ah<u>n</u>-fah<u>n</u>
Beautiful children!	Beaux enfants!	bohz ah<u>n</u>-fah<u>n</u>
What is your occupation?	Quelle est votre metier?	kehl eh voh-truh may-tee-yay
Do you like your work?	Aimez-vous votre metier?	eh-may-voo voh-truh may-tee-yay
I'm a...	Je suis...	zhuh swee
...male student.	...étudiant.	zay-tew-dee-ah<u>n</u>
...female student.	...étudiante.	zay-tew-dee-ah<u>n</u>t
...teacher.	...professeur.	proh-feh-sur
...worker.	...ouvrier.	zoo-vree-ay
...bureaucrat.	...fonctionnaire.	foh<u>n</u>-see-oh<u>n</u>-nair
...professional traveler.	...voyageur professionnel.	voy-yah-zhur proh-feh-see-oh-nehl
Can I take a photo of you?	Puis-je prendre une photo de vous?	pwee-zhuh prah<u>n</u>-druh ewn foh-toh duh voo

CHATTING

Travel talk:

I am / Are you...?	**Je suis / Êtes-vous...?**	zhuh sweez / eht-vooz
...on vacation	**...en vacances**	ahn vah-kahns
...on business	**...en voyage d'affaires**	ahn voy-yahzh dah-fair
How long have you been traveling?	**Il y a longtemps que vous voyagez?**	eel yah lohn-tahn kuh voo voy-yah-zhay
day / week	**jour / semaine**	zhoor / suh-mehn
month / year	**mois / année**	mwah / ah-nay
When are you going home?	**Quand allez-vous rentrer?**	kahn ah-lay-voo rahn-tray
This is my first time in...	**C'est la première fois que je visite...**	say lah pruhm-yehr fwah kuh zhuh vee-zeet
It's / It's not a tourist trap.	**C'est / Ce n'est pas un piège à touristes.**	say / suh nay pah uhn pee-ehzh ah too-reest
Today / Tomorrow I go to...	**Aujourd'hui / Demain je vais à...**	oh-zhoor-dwee / duh-man zhuh vay ah
I'm happy here.	**Je suis content / contente ici.**	zhuh swee kohn-tahn / kohn-tahnt ee-see
The French are very friendly.	**Les Français sont très gentils.**	lay frahn-say sohn treh zhahn-tee
France is wonderful.	**La France est magnifique.**	lah frahns ay mahn-yee-feek
To travel is to live.	**Voyager c'est vivre.**	voy-yah-zhay say vee-vruh
Have a good trip!	**Bon voyage!**	bohn voy-yahzh

Weather:

What's the weather tomorrow?	**Quel temps fera-t-il demain?**	kehl tahn fuh-rah-teel duh-man

sunny / cloudy	**ensoleillé / nuageux**	ahn-soh-lay-yay / ı
hot / cold	**chaud / froid**	shoh / frwah
muggy / windy	**humide / venteux**	oo-meed / vahn-tuh
rain / snow	**pluie / neige**	ploo-ee / nehzh
It's raining like a cow's piss. (French saying)	**Ça pleut comme vâche qui pisse.**	sah pluh kohm vahsh kee pees

Thanks a million:

Thank you very much.	**Merci beaucoup.**	mehr-see boh-koo
You are...	**Vous êtes...**	vooz eht
...helpful.	**...serviable.**	sehr-vee-ah-bluh
...generous.	**...généreux / généreuse.**	zhay-nay-ruh / zhay-nay-ruhz
It's / You are...	**C'est / Vous êtes...**	say / vooz eht
...wonderful.	**...magnifique.**	mahn-yee-feek
...great fun.	**...très amusant.**	trehz ah-mew-zahn
You've gone to much trouble.	**Vous avez trop fait pour moi.**	vooz ah-vay troh fay poor mwah
You are an angel from God.	**Vous êtes un ange de Dieu.**	vooz eht uhn ahnzh duh dee-uh
You spoil me / us.	**Vous me / nous gâtez.**	voo muh / noo gah-tay
I will remember you...	**Je me souviendrai...**	zhuh muh soov-yan-dreh
...always.	**...toujours.**	too-zhoor
...till Tuesday.	**...jusqu'à mardi.**	zhews-kah mar-dee

ITALIAN

Getting Started

User-friendly Italian

...is easy to get the hang of. Some Italian words are so familiar, you'd think they were English. If you can say *pizza, lasagna,* and *spaghetti,* you can speak Italian.

There are a few unusual twists to its pronunciation:

C usually sounds like C in cat.
    But *C* followed by *E* or *I* sounds like CH in chance.
CH sounds like C in cat.
E often sounds like AY in play.
G usually sounds like G in get.
    But *G* followed by *E* or *I* sounds like G in gentle.
GH sounds like G in *spaghetti.*
GLI sounds like LI in million. The G is silent.
GN sounds like GN in *lasagna.*
H is never pronounced.
I sounds like EE in seed.
R is rolled as in *brrravo!*
SC usually sounds like SK in skip.
    But *SC* followed by *E* or *I* sounds like SH in shape.
Z usually sounds like TS in hits, and sometimes like the
    sound of DZ in kids.

Have you ever noticed that most Italian words end in a vowel? It's *o* if the word is masculine and *a* if it's feminine. So a *bambino* gets blue and a *bambina* gets pink. A man is *generoso* (generous), a woman is *generosa.* A man will say, *"Sono sposato"* (I am married). A woman will say, *"Sono sposata.*" In this book, we show gender-bender words like this: *generoso[a]*. If you are speaking of a woman (which includes women speaking about themselves), use the *a* ending. It's always pronounced "ah." If a noun or adjective ends in *e*, such as *cantante* (singer) or *gentile* (kind), the same word applies to either sex.

Adjective endings agree with the noun. It's *cara amica* (a dear female friend) and *caro amico* (a dear male friend). Sometimes the adjective comes after the noun, as in *vino rosso* (red wine).

Plurals are formed by changing the final letter of the noun: *a* becomes *e*, and *o* becomes *i*. So it's one *pizza* and two *pizze*, and one cup of *cappuccino* and two cups of *cappuccini*.

Italians usually pronounce every letter in a word, so *due* (two) is doo-ay. Sometimes two vowels share one syllable. *Piano* sounds like peeah-noh. The "peeah" is one syllable. When one vowel in a pair should be emphasized, it will appear in bold letters: *italiano* is ee-tah-lee**ah**-noh.

The key to Italian inflection is to remember this simple rule: most Italian words have their accent on the second-to-last syllable. To override this rule, Italians sometimes insert an accent: *città* (city) is pronounced chee-**tah**.

Italians are animated. You may think two Italians are arguing when in reality they're agreeing enthusiastically. When they do argue, it's fast and furious! Body language is a very important part of communicating in Italy—especially hand gestures (see Gestures for details). Watch and imitate. Be confident, and have fun communicating in Italian. The Italians really do want to understand you, and are forgiving of a yankee-fied version of their language.

Here's a quick guide to the phonetics we've used in this book:

ah	like A in father.
ay	like AY in play.
eh	like E in let.
ee	like EE in seed.
ehr	sounds like "air."
g	like G in go.
o	like O in cost.
oh	like O in note.
oo	like OO in too.
or	like OR in core.
ow	like OW in cow.
s	like S in sun.
ts	like TS in hits. It's a small explosive sound. Think of *pizza* (pee-tsah).

Italian Basics

Greeting and meeting Italians:

Good day.	Buon giorno.	bwohn **jor**-noh
Good morning.	Buon giorno.	bwohn **jor**-noh
Good evening.	Buona sera.	**bwoh**-nah **say**-rah
Good night.	Buona notte.	**bwoh**-nah **not**-tay
Hi / Bye. (informal)	Ciao.	chow
Mr.	Signore	seen-**yor**-ay
Mrs.	Signora	seen-**yoh**-rah
Miss	Signorina	seen-yoh-**ree**-nah
How are you?	Come sta?	**koh**-may stah
Very well, thanks.	Molto bene,	**mohl**-toh **behn**-ay
	grazie.	**graht**-seeay
And you?	E lei?	ay **lehee**
My name is...	Mi chiamo...	mee keeah-moh
What's your name?	Come si chiama?	**koh**-may see keeah-mah
Pleased to meet you.	Piacere.	peeah-**chay**-ray
Where are you from?	Di dove è?	dee **doh**-vay eh
I am / Are you...?	Sono / È...?	**soh**-noh / eh
...on vacation	...in vacanza	een vah-**kahnt**-sah
...on business	...qui per lavoro	kwee pehr lah-**voh**-roh
See you later.	A più tardi.	ah pew **tar**-dee
Goodbye.	Arrivederci.	ah-ree-vay-**dehr**-chee
Good luck!	Buona fortuna!	**bwoh**-nah for-**too**-nah
Have a good trip!	Buon viaggio!	bwohn veeah-joh

The greeting *"Buon giorno"* (Good day) turns to *"Buona sera"* (Good evening) in the late afternoon.

Survival phrases

In 800, Charlemagne traveled to Rome and became the Holy Roman Emperor using only these phrases. They are repeated on your tear-out cheat sheet later in this book.

The essentials:

Good day.	**Buon giorno.**	bwohn **jor**-noh
Do you speak English?	**Parla inglese?**	**par**-lah een-**glay**-zay
Yes. / No.	**Sì. / No.**	see / noh
I don't speak Italian.	**Non parlo l'italiano.**	nohn **par**-loh lee-tah-leeah-noh
I'm sorry.	**Mi dispiace.**	mee dee-speeah-chay
Please.	**Per favore.**	pehr fah-**voh**-ray
Thank you.	**Grazie.**	**graht**-seeay
It's (not) a problem.	**(Non) c'è un problema.**	(nohn) cheh oon proh-**blay**-mah
It's good.	**Va bene.**	vah **behn**-ay
You are very kind.	**Lei è molto gentile.**	**leh**ee eh **mohl**-toh jehn-**tee**-lay
Goodbye!	**Arrivederci!**	ah-ree-vay-**dehr**-chee

Where?

Where is...?	**Dov'è...?**	doh-**veh**
...a hotel	**...un hotel**	oon oh-**tehl**
...a youth hostel	**...un ostello della gioventù**	oon oh-**stehl**-loh **dehl**-lah joh-vehn-**too**
...a restaurant	**...un ristorante**	oon ree-stoh-**rahn**-tay
...a supermarket	**...un supermercato**	oon soo-pehr-mehr-**kah**-toh
...a pharmacy	**...una farmacia**	**oo**-nah far-mah-**chee**-ah
...a bank	**...una banca**	**oo**-nah **bahn**-kah
...the train station	**...la stazione**	lah staht-seeoh-nay
...tourist information	**...ufficio informazioni**	oo-fee-choh een-for-maht-seeoh-nee
...the toilet	**...la toilette**	lah twah-**leht**-tay

| men | uomini, signori | woh-mee-nee, seen-yoh-ree |
| women | donne, signore | don-nay, seen-yoh-ray |

How much?

How much is it?	Quanto costa?	kwahn-toh kos-tah
Write it?	Me lo scrive?	may loh skree-vay
Cheap(er).	(Più) economico.	(pew) ay-koh-noh-mee-koh
Cheapest.	Il più economico.	eel pew ay-koh-noh-mee-koh
Is it free?	È gratis?	eh grah-tees
Is it included?	È incluso?	eh een-kloo-zoh
Do you have...?	Ha...?	ah
Where can I buy...?	Dove posso comprare...?	doh-vay pos-soh kohm-prah-ray
I would like...	Vorrei....	vor-rehee
We would like...	Vorremo...	vor-ray-moh
...this.	...questo.	kweh-stoh
...just a little.	...un pochino.	oon poh-kee-noh
...more.	...di più.	dee pew
...a ticket.	...un biglietto.	oon beel-yay-toh
...a room.	...una camera.	oo-nah kah-may-rah
...the bill.	...il conto.	eel kohn-toh

How many?

one	uno	oo-noh
two	due	doo-ay
three	tre	tray
four	quattro	kwah-troh
five	cinque	cheeng-kway
six	sei	sehee
seven	sette	seht-tay
eight	otto	ot-toh
nine	nove	nov-ay
ten	dieci	deeay-chee
hundred	cento	chehn-toh
thousand	mille	mee-lay

When?

At what time?	**A che ora?**	ah kay **oh**-rah
Just a moment.	**Un momento.**	oon moh-**mayn**-toh
Now.	**Adesso.**	ah-**dehs**-soh
soon / later	**presto / tardi**	**prehs**-toh / **tar**-dee
today / tomorrow	**oggi / domani**	**oh**-jee / doh-**mah**-nee

Struggling with Italian:

Do you speak English?	**Parla inglese?**	**par**-lah een-**glay**-zay
Even a teeny weeny bit?	**Nemmeno un pochino?**	nehm-**may**-noh oon poh-**kee**-noh
Please speak English.	**Parli inglese, per favore.**	**par**-lee een-**glay**-zay pehr fah-**voh**-ray
You speak English well.	**Lei parla bene l'inglese.**	lehee **par**-lah **behn**-ay leen-**glay**-zay
I don't speak Italian.	**Non parlo l'italiano.**	nohn **par**-loh lee-tah-leeah-noh
I speak a little Italian.	**Parlo un po' d'italiano.**	**par**-loh oon poh dee-tah-leeah-noh
What is this in Italian?	**Come si dice questo in italiano?**	**koh**-may see **dee**-chay **kweh**-stoh een ee-tah-leeah-noh
Repeat?	**Ripeta?**	ree-**pay**-tah
Speak slowly.	**Parli lentamente.**	**par**-lee layn-tah-**mayn**-tay
Slower.	**Più lentamente.**	pew layn-tah-**mayn**-tay
I understand.	**Capito.**	kah-**pee**-toh
I don't understand.	**Non capito.**	nohn kah-**pee**-toh
Do you understand?	**Capisce?**	kah-**pee**-shay
What does this mean?	**Cosa significa?**	**koh**-zah seen-**yee**-fee-kah
Write it?	**Me lo scrive?**	may loh **skree**-vay
Does someone there speak English?	**Qualcuno parla inglese?**	kwahl-**koo**-noh **par**-lah een-**glay**-zay
Who speaks English?	**Chi parla l'inglese?**	kee **par**-lah leen-**glay**-zay

Common questions:

How much?	**Quanto?**	**kwahn**-toh
How many?	**Quanti?**	**kwahn**-tee
How long...?	**Quanto tempo...?**	**kwahn**-toh **tehm**-poh
How long is the trip?	**Quanto dura il viaggio?**	**kwahn**-toh **doo**-rah eel veeah-joh
How many minutes?	**Quanti minuti?**	**kwahn**-tee mee-**noo**-tee
How many hours?	**Quante ore?**	**kwahn**-tay oh-ray
How far?	**Quanto dista?**	**kwahn**-toh **dee**-stah
How?	**Come?**	**koh**-may
Is it possible?	**È possibile?**	eh poh-**see**-bee-lay
Is it necessary?	**È necessario?**	eh nay-say-**sah**-reeoh
Can you help me?	**Può aiutarmi?**	pwoh ah-yoo-**tar**-mee
What? (didn't hear)	**Che cosa?**	kay **koh**-zah
What is that?	**Che cos'è quello?**	kay koh-**zeh kway**-loh
What is better?	**Quale è meglio?**	**kwah**-lay eh **mehl**-yoh
What's going on?	**Cosa succede?**	**koh**-zah soo-**chay**-day
When?	**Quando?**	**kwahn**-doh
What time is it?	**Che ora è?**	kay **oh**-rah eh
At what time?	**A che ora?**	ah kay **oh**-rah
On time?	**Puntuale?**	poon-tooah-lay
Late?	**In ritardo?**	een ree-**tar**-doh
When does this...?	**A che ora...?**	ah kay **oh**-rah
...open	**...aprite**	ah-**pree**-tay
...close	**...chiudete**	keeoo-**day**-tay
Do you have...?	**Ha...?**	ah
Can I / Can we...?	**Posso / Possiamo...?**	**pos**-soh / pos-seeah-moh
...have one	**...averne uno**	ah-**vehr**-nay oo-noh
...go free	**...andare senza pagare**	ahn-**dah**-ray **sehn**-sah pah-**gah**-ray
Where is...?	**Dov'è...?**	doh-**veh**
Where are...?	**Dove sono...?**	**doh**-vay **soh**-noh
Where can I find...?	**Dove posso trovare...?**	**doh**-vay **pos**-soh troh-**vah**-ray
Who?	**Chi?**	kee
Why?	**Perchè?**	pehr-**keh**

Why not?	**Perchè no?**	pehr-**keh** noh
Yes or no?	**Si o no?**	see oh noh

Yin and yang:

cheap / expensive	**economico / caro**	ay-koh-**noh**-mee-koh /**kah**-roh
big / small	**grande / piccolo**	**grahn**-day / **pee**-koh-loh
hot / cold	**caldo / freddo**	**kahl**-doh / **fray**-doh
open / closed	**aperto / chiuso**	ah-**pehr**-toh / kee**oo**-zoh
entrance / exit	**entrata / uscita**	ehn-**trah**-tah / oo-**shee**-tah
push / pull	**spingere / tirare**	speen-**gay**-ray / tee-**rah**-ray
arrive / depart	**arrivare / partire**	ah-ree-**vah**-ray / par-**tee**-ray
early / late	**presto / tardi**	**prehs**-toh / **tar**-dee
soon / later	**presto / più tardi**	prehs-toh / pew **tar**-dee
fast / slow	**veloce / lento**	vay-**loh**-chay / **lehn**-toh
here / there	**qui / lì**	kwee / lee
near / far	**vicino / lontano**	vee-**chee**-noh / lohn-**tah**-noh
indoors / outdoors	**dentro / fuori**	**dehn**-troh / foo-**oh**-ree
good / bad	**buono / cattivo**	**bwoh**-noh / kah-**tee**-voh
best / worst	**il migliore /** **il peggiore**	eel meel-**yoh**-ray / eel pay-**joh**-ray
a little / lots	**poco / tanto**	**poh**-koh / **tahn**-toh
more / less	**più / meno**	pew / **may**-noh
mine / yours	**mio / suo**	mee-oh / **soo**-oh
everybody / nobody	**tutti / nessuno**	**too**-tee / nehs-**soo**-noh
easy / difficult	**facile / difficile**	**fah**-chee-lay / dee-**fee**-chee-lay
left / right	**sinistra / destra**	see-**nee**-strah / **dehs**-trah
up / down	**su / giú**	soo / joo
above / below	**sopra / sotto**	**soh**-prah / **soh**-toh
young / old	**giovane / anziano**	joh-**vah**-nay / ahnt-see-**ah**-noh
new / old	**nuovo / vecchio**	**nwoh**-voh / **vehk**-eeoh

heavy / light	pesante / leggero	pay-zahn-tay / lay-jay-roh
light / dark	chiaro / scuro	keeah-roh / skoo-roh
happy / sad	felice / triste	fee-lee-chay / tree-stay
beautiful / ugly	bello[a] / brutto[a]	behl-loh / broo-toh
nice / mean	carino[a] / cattivo[a]	kah-ree-noh / kah-tee-voh
intelligent / stupid	intelligente / stupido[a]	een-tehl-ee-jayn-tay / stoo-pee-doh
vacant / occupied	libero / occupato	lee-bay-roh / oh-koo-pah-toh
with / without	con / senza	kohn / sehn-sah

Big little words:

I	io	eeoh
you (formal)	Lei	lehee
you (informal)	tu	too
we	noi	nohee
he	lui	lwee
she	lei	lehee
they	loro	loh-roh
and	e	ay
at	a	ah
because	perchè	pehr-keh
but	ma	mah
by (via)	in	een
for	per	pehr
from	da	dah
here	qui	kwee
if	se	say
in	in	een
not	non	nohn
now	adesso	ah-dehs-soh
only	solo	soh-loh
or	o	oh
this / that	questo / quello	kweh-stoh / kweh-loh
to	a	ah
very	molto	mohl-toh

L'Alphabet:

In case you need to spell your name out loud or participate in a spelling bee...

a	ah	j	ee **loon**-goh	s	**ehs**-ay
b	bee	k	**kahp**-ah	t	tee
c	chee	l	**ehl**-ay	u	oo
d	dee	m	**ehm**-ay	v	vee
e	ay	n	**ehn**-ay	w	**dohp**-yah vee
f	**ehf**-ay	o	oh	x	eeks
g	jee	p	pee	y	**eep**-see-lohn
h	**ahk**-ah	q	koo	z	**tseht**-ah
i	ee	r	**ehr**-ay		

Handy Italian expressions:

Prego.	**pray**-goh	You're welcome. / Please. / All right. / Can I help you?
Pronto.	**pron**-toh	Hello. (answering phone) / Ready. (other situations)
Ecco.	**ay**-koh	Here it is.
Dica.	**dee**-kah	Tell me.
Senta.	**sayn**-tah	Listen.
Tutto va bene.	**too**-toh vah **behn**-ay	Everything's fine.
È basta.	eh **bah**-stah	That's enough.
È tutto.	eh **too**-toh	That's all.
la dolce vita	lah **dohl**-chay **vee**-tah	the sweet life
il dolce far niente	eel **dohl**-chay far nee**ehn**-tay	the sweetness of doing nothing
...issimo[a]	...**ee**-see-moh	very ("bravo" means good, "bravissimo" means very good)

Italian names for places:

Italy	**Italia**	ee-**tahl**-yah
Germany	**Germania**	jehr-**mahn**-yah
France	**Francia**	**frahn**-chah
Paris	**Parigi**	pah-**ree**-jee
England	**Inghilterra**	een-geel-**tehr**-rah
Netherlands	**Paesi Bassi**	pah-**ay**-zee **bah**-see
Austria	**Austria**	**ow**-streeah
Switzerland	**Svizzera**	**sveet**-say-rah
Spain	**Spagna**	**spahn**-yah
United States	**Stati Uniti**	**stah**-tee oo-**nee**-tee
world	**mondo**	**mohn**-doh

Places in Italy:

Bologna	**Bologna**	boh-**lohn**-yah
Cinque Terre	**Cinque Terre**	**cheeng**-kway **tehr**-ray
Civita	**Civita**	chee-**vee**-tah
Florence	**Firenze**	fee-**rehn**-tsay
Italian Riviera	**Riviera Ligure**	reev-**yehr**-rah lee-**goo**-ray
Lake Como	**Lago di Como**	**lah**-goh dee **koh**-moh
Milan	**Milano**	mee-**lah**-noh
Naples	**Napoli**	**nah**-poh-lee
Orvieto	**Orvieto**	or-**veeay**-toh
Pisa	**Pisa**	**pee**-zah
Rome	**Roma**	**roh**-mah
San Gimingnano	**San Gimingnano**	sahn jee-meen-**yah**-noh
Sicily	**Sicilia**	see-**chee**-leeah
Siena	**Siena**	see-**ehn**-ah
Sorrento	**Sorrento**	sor-**rehn**-toh
Varenna	**Varenna**	vah-**rehn**-nah
Vatican City	**Città del Vaticano**	cheet-**tah** dayl vah-tee-**kah**-noh
Venice	**Venezia**	vay-**nayt**-seeah
Vernazza	**Vernazza**	vehr-**naht**-tsah

Numbers

0	**zero**	**zay**-roh
1	**uno**	**oo**-noh
2	**due**	**doo**-ay
3	**tre**	tray
4	**quattro**	**kwah**-troh
5	**cinque**	**cheeng**-kway
6	**sei**	**seh**ee
7	**sette**	**seht**-tay
8	**otto**	**ot**-toh
9	**nove**	**nov**-ay
10	**dieci**	**deeay**-chee
11	**undici**	**oon**-dee-chee
12	**dodici**	**doh**-dee-chee
13	**tredici**	**tray**-dee-chee
14	**quattordici**	kwah-**tor**-dee-chee
15	**quindici**	**kween**-dee-chee
16	**sedici**	**say**-dee-chee
17	**diciassette**	dee-chahs-**seht**-tay
18	**diciotto**	dee-**choh**-toh
19	**diciannove**	dee-chahn-**nov**-ay
20	**venti**	**vayn**-tee
21	**ventuno**	vayn-**too**-noh
22	**ventidue**	vayn-tee-**doo**-ay
23	**ventitrè**	vayn-tee-**tray**
30	**trenta**	**trayn**-tah
31	**trentuno**	trayn-**too**-noh
40	**quaranta**	kwah-**rahn**-tah
41	**quarantuno**	kwah-rahn-**too**-noh
50	**cinquanta**	cheeng-**kwahn**-tah
60	**sessanta**	say-**sahn**-tah
70	**settanta**	say-**tahn**-tah

80	**ottanta**	ot-**tahn**-tah
90	**novanta**	noh-**vahn**-tah
100	**cento**	**chehn**-toh
101	**centouno**	chehn-toh-**oo**-noh
102	**centodue**	chehn-toh-**doo**-ay
200	**duecento**	doo-ay-**chehn**-toh
1000	**mille**	**mee**-lay
2000	**duemila**	doo-ay-**mee**-lah
2001	**duemilauno**	doo-ay-mee-laïn-**oo**-noh
10,000	**diecimila**	deeay-chee-**mee**-lah
million	**milione**	mee-leeoh-nay
billion	**miliardo**	meel-**yar**-doh
first	**primo**	**pree**-moh
second	**secondo**	say-**kohn**-doh
third	**terzo**	**tehrt**-soh
half	**mezzo**	**mehd**-zoh
100%	**cento per cento**	**chehn**-toh pehr **chehn**-toh
number one	**numero uno**	**noo**-may-roh **oo**-noh

Money

Can you change dollars?	**Può cambiare dollari?**	pwoh kahm-bee**ah**-ray **dol**-lah-ree
What is your exchange rate for dollars...?	**Qual'è il cambio del dollari...?**	kwah-**leh** eel **kahm**-beeoh dayl **dol**-lah-ree
...in traveler's checks	**...per traveler's checks**	pehr "traveler's checks"
What is the commission?	**Quant'è la commissione?**	kwahn-**teh** lah koh-mee-see**oh**-nay
Any extra fee?	**C'è un sovrapprezzo?**	cheh oon soh-vrah-**preht**-soh
I would like...	**Vorrei....**	vor-**rehee**

...small bills.	**...banconote di piccolo taglio.**	bahn-koh-**noh**-tay dee **pee**-koh-loh **tahl**-yoh
...large bills.	**...banconote di grosso taglio.**	bahn-koh-**noh**-tay dee **groh**-soh **tahl**-yoh
...coins.	**...monete.**	moh-**nay**-tay
Is this a mistake?	**Questo è un errore?**	kweh-stoh eh oon eh-**roh**-ray
I'm rich.	**Sono ricco[a].**	**soh**-noh **ree**-koh
I'm poor.	**Sono povero[a].**	**soh**-noh **poh**-vay-roh
I'm broke.	**Sono al verde.**	**soh**-noh ahl **vehr**-day
L. 17,000	**diciassettemila lire**	dee-chahs-seht-tay-**mee**-lah **lee**-ray
L. 500	**cinquecento lire**	cheeng-kway-**chehn**-toh **lee**-ray
euro	**euro**	**yoo**-roh
Where is a cash machine?	**Dov'è un bancomat?**	doh-**veh** oon **bahnk**-oh-maht

Key money words:

bank	**banca**	**bahn**-kah
money	**soldi, denaro**	**sohl**-dee, day-**nah**-roh
change money	**cambiare dei soldi**	kahm-beeah-ray **dehee sohl**-dee
exchange	**cambio**	**kahm**-beeoh
buy / sell	**comprare / vendere**	kohm-**prah**-ray / vehn-**day**-ray
commission	**commissione**	koh-mee-seeoh-nay
traveler's check	**traveler's check**	"traveler's check"
check	**assegno**	ah-**sehn**-yoh
credit card	**carta di credito**	**kar**-tah dee **kray**-dee-toh
cash advance	**prelievo**	pray-leeay-voh

cash machine	**bancomat**	**bahnk**-oh-maht
cashier	**cassiere**	kah-seeay-ray
cash	**contante**	kohn-**tahn**-tay
bills	**banconote**	bahn-koh-**noh**-tay
coins	**monete**	moh-**nay**-tay
receipt	**ricevuta**	ree-chay-**voo**-tah

Time

What time is it?	**Che ore sono?**	kay **oh**-ray **soh**-noh
It's...	**Sono...**	**soh**-noh
...8:00.	**...le otto.**	lay **ot**-toh
...16:00.	**...le sedici.**	lay **say**-dee-chee
...4:00 in the afternoon.	**...le quattro del pomeriggio.**	lay **kwah**-troh dayl poh-may-**ree**-joh
...10:30 (in the evening).	**...le dieci e mezza (di sera).**	lay deeay-chee ay **mehd**-tsah (dee **say**-rah)
...a quarter past nine.	**...le nove e un quarto.**	lay **nov**-ay ay oon **kwar**-toh
...a quarter to eleven.	**...le undici meno un quarto.**	lay **oon**-dee-chee **may**-noh oon **kwar**-toh
It's...	**È...**	eh
...noon.	**...mezzogiorno.**	mehd-zoh-**jor**-noh
...midnight.	**...mezzanotte.**	mehd-zah-**not**-tay
...sunrise / sunset.	**...alba / tramonto.**	**ahl**-bah / trah-**mohn**-toh
...early / late.	**...presto / tardi.**	**prehs**-toh / **tar**-dee
...on time.	**...puntuale.**	poon-tooah-lay

In Italy, the 24-hour clock (or military time) is used by hotels, and for train, bus, and ferry schedules.

Timely words:

minute	**minuto**	mee-**noo**-toh
hour	**ora**	**oh**-rah
morning	**mattina**	mah-**tee**-nah
afternoon	**pomeriggio**	poh-may-**ree**-joh
evening	**sera**	**say**-rah
night	**notte**	**not**-tay
day	**giorno**	**jor**-noh
today	**oggi**	**oh**-jee
yesterday	**ieri**	**yay**-ree
tomorrow	**domani**	doh-**mah**-nee
tomorrow morning	**domani mattina**	doh-**mah**-nee mah-**tee**-nah
day after tomorrow	**dopodomani**	doh-poh-doh-**mah**-nee
anytime	**a qualsiasi ora**	ah kwahl-seeah-zee **oh**-rah
immediately	**immediatamente**	ee-may-deeah-tah-**mayn**-tay
in one hour	**tra un'ora**	trah oon-**oh**-rah
every hour	**ogni ora**	**ohn**-yee **oh**-rah
every day	**ogni giorno**	**ohn**-yee **jor**-noh
last	**passato**	pah-**sah**-toh
this	**questo**	**kweh**-stoh
next	**prossimo**	**pros**-see-moh
May 15	**il quindici di maggio**	eel **kween**-dee-chee dee **mah**-joh
high / low season	**alta / bassa stagione**	**ahl**-tah / **bah**-sah stah-jee**oh**-nee
in the future	**in futuro**	een foo-**too**-roh
in the past	**nel passato**	nehl pah-**sah**-toh

week	**settimana**	say-tee-**mah**-nah
Monday	**lunedì**	loo-nay-**dee**
Tuesday	**martedì**	mar-tay-**dee**
Wednesday	**mercoledì**	mehr-koh-lay-**dee**
Thursday	**giovedì**	joh-vay-**dee**
Friday	**venerdì**	vay-nehr-**dee**
Saturday	**sabato**	**sah**-bah-toh
Sunday	**domenica**	doh-**may**-nee-kah
month	**mese**	**may**-zay
January	**gennaio**	jay-**nah**-yoh
February	**febbraio**	fay-**brah**-yoh
March	**marzo**	**mart**-soh
April	**aprile**	ah-**pree**-lay
May	**maggio**	**mah**-joh
June	**giugno**	**joon**-yoh
July	**luglio**	**lool**-yoh
August	**agosto**	ah-**goh**-stoh
September	**settembre**	say-**tehm**-bray
October	**ottobre**	oh-**toh**-bray
November	**novembre**	noh-**vehm**-bray
December	**dicembre**	dee-**chehm**-bray
year	**anno**	**ahn**-noh
spring	**primavera**	pree-mah-**vay**-rah
summer	**estate**	ay-**stah**-tay
fall	**autunno**	ow-**too**-noh
winter	**inverno**	een-**vehr**-noh

Transportation

Trains:

Is this the line for...?	È questa la fila per...?	eh **kweh**-stah lah **fee**-lah pehr
...tickets	...biglietti	beel-**yay**-tee
...reservations	...prenotazioni	pray-noh-taht-see**oh**-nee
How much is the fare to...?	Quant'è la tariffa per...?	kwahn-**teh** lah tah-**ree**-fah pehr
A ticket to ___.	Un biglietto per ___.	oon beel-**yay**-toh pehr
When is the next train?	Quando è il prossimo treno?	**kwahn**-doh eh eel **pros**-see-moh **tray**-noh
I'd like to leave...	Vorrei partire...	vor-**rehee** par-**tee**-ray
I'd like to arrive...	Vorrei arrivare...	vor-**rehee** ah-ree-**vah**-ray
...by ___.	...per le ___.	pehr lay
...in the morning.	...la mattina.	lah mah-**tee**-nah
...in the afternoon.	...il pomeriggio.	eel poh-may-**ree**-joh
...in the evening.	...la sera.	lah **say**-rah
Is there a...?	C'è un...?	cheh oon
...earlier train	...treno prima	**tray**-noh **pree**-mah
...later train	...treno più tardi	**tray**-noh pew **tar**-dee

...overnight train	**...treno notturno**	**tray**-noh noh-**toor**-noh
...supplement	**...supplemenìo**	soo-play-**mehn**-toh
Does my railpass cover the supplement?	**Il mio railpass include il supplemento?**	eel **mee**-oh **rayl**-pahs een-**kloo**-day eel soo-play-**mehn**-toh
Is there a discount for...?	**Fate sconti per...?**	**fah**-tay **skohn**-tee pehr
...youths / seniors	**...giovani / anziani**	joh-**vah**-nee / ahnt-**seeah**-nee
Is a reservation required?	**Ci vuole la prenotazione?**	chee **vwoh**-lay lah pray-noh-taht-**seeoh**-nay
I'd like to reserve...	**Vorrei prenotare...**	vor-**rehee** pray-noh-**tah**-ray
...a seat.	**...un posto.**	oon **poh**-stoh
...a berth.	**...una cuccetta.**	**oo**-nah koo-**chay**-tah
...a sleeper.	**...un posto in vagone letto.**	oon **poh**-stoh een vah-**goh**-nay **leht**-toh
Where does (the train) leave from?	**Da dove parte?**	dah **doh**-vay **par**-tay
What track?	**Quale binario?**	**kwah**-lay bee-**nah**-reeoh
On time?	**È puntuale?**	eh poon-too**ah**-lay
Late?	**In ritardo?**	een ree-**tar**-doh
When will it arrive?	**Quando arriva?**	**kwahn**-doh ah-**ree**-vah
Is it direct?	**È diretto?**	eh dee-**reht**-toh
Must I transfer?	**Devo cambiare?**	**day**-voh kahm-beeah-ray
When? / Where?	**Quando? / Dove?**	**kwahn**-doh / **doh**-vay
Which train to...?	**Quale treno per....?**	**kwah**-lay **tray**-noh pehr
Which train car to...?	**Quale vagone per....?**	**kwah**-lay vah-**goh**-nay pehr
Where is first class?	**Dov'è la prima classe?**	doh-**veh** lah **pree**-mah **klah**-say
...front / middle / back	**In testa / in centro / in coda**	een **tehs**-tah / een **chehn**-troh / een **koh**-dah

Is this (seat) free?	**È libero?**	eh **lee**-bay-roh
It's my seat.	**È il mio posto.**	eh eel **mee**-oh **poh**-stoh
Save my place?	**Mi tenga il posto?**	mee **tayn**-gah eel **poh**-stoh
Where are you going?	**Dove va?**	**doh**-vay vah
I'm going to...	**Vado a...**	**vah**-doh ah
Tell me when to get off?	**Mi dica quando devo scendere?**	mee **dee**-kah **kwahn**-doh **day**-voh **shehn**-day-ray
Is there a train to the airport?	**C'è un treno che va all'aereoporto?**	cheh oon **tray**-noh kay vah ahl-ay-ray-oh-**por**-toh
Is there a train from the airport to...?	**C'è un treno che viene dall'aereoporto a...?**	cheh oon **tray**-noh kay vee-**ehn**-ay dahl-ay-ray-oh-**por**-toh ah

Ticket talk:

ticket window	**Biglietteria**	beel-yeht-ay-**ree**-ah
reservations window	**Prenotazioni**	pray-noh-taht-seeoh-nay
national	**nazionali**	naht-seeoh-**nah**-lee
international	**internazionali**	een-tehr-naht-seeoh-**nah**-lee
ticket	**biglietto**	beel-**yay**-toh
one way	**andata**	ahn-**dah**-tah
roundtrip	**andata e ritorno**	ahn-**dah**-tah ay ree-**tor**-noh
first class	**prima classe**	**pree**-mah **klah**-say
second class	**seconda classe**	say-**kohn**-dah **klah**-say
non-smoking	**non fumare**	nohn foo-**mah**-ray
reduced fare	**tariffa ridotta**	tah-**ree**-fah ree-**doh**-tah
validate	**obliterare**	oh-blee-tay-**rah**-ray
schedule	**orario**	oh-**rah**-reeoh
departure	**partenza**	par-**tehnt**-sah
direct	**diretto**	dee-**reht**-toh
transfer (verb)	**cambiare**	kahm-beeah-ray

connection	coincidenza	koh-een-chee-**dehnt**-sah
with supplement	con supplemento	kohn soo-play-**mehn**-toh
reservation	prenotazione	pray-noh-taht-seeoh-nay
seat	posto	**poh**-stoh
seat by...	posto vicino...	**poh**-stoh vee-**chee**-noh
...the window	...al finestrino	ahl fee-nay-**stree**-noh
...the aisle	...al corridoio	ahl kor-ree-**doh**-yoh
berth...	cuccetta...	koo-**chay**-tah
...upper	...di sopra	dee **soh**-prah
...middle	...in mezzo	een **mehd**-zoh
...lower	...di sotto	dee **soh**-toh
refund	rimborso	reem-**bor**-soh

At the train station:

Italian State Railways	Ferrovie dello Stato (FS)	fay-**roh**-veeay **dehl**-loh **stah**-toh
train station	stazione	staht-seeoh-nay
train information	informazioni sui treni	een-for-maht-seeoh-nee **sooee** **tray**-nee
train	treno	**tray**-noh
fast train	inter-city (IC, EC)	"inter-city"
fastest train	Eurostar (ES)	**yoo**-roh-star
arrival	arrivo	ah-**ree**-voh
departure	partenza	par-**tehnt**-sah
delay	ritardo	ree-**tar**-doh
toilet	toilette	twah-**leht**-tay
waiting room	sala di attesa, sala d'aspetto	**sah**-lah dee ah-**tay**-zah, **sah**-lah dah-**spay**-toh
lockers	armadietti	ar-mah-deeay-tee

baggage check room	**deposito bagagli, consegna**	day-**poh**-zee-toh bah-**gahl**-yee, kohn-**sayn**-yah
lost and found office	**ufficio oggetti smarriti**	oo-**fee**-choh oh-**jeht**-tee smah-**ree**-tee
tourist information	**informazioni per turisti**	een-for-maht-see**oh**-nee pehr too-**ree**-stee
to the trains	**ai treni**	ahee **tray**-nee
track or platform	**binario**	bee-**nah**-reeoh
train car	**vagone**	vah-**goh**-nay
dining car	**carrozza ristorante**	kar-**rot**-sah ree-stoh-**rahn**-tay
sleeper car	**carrozza letto**	kar-**rot**-sah **leht**-toh
conductor	**controllore**	kohn-troh-**loh**-ray

Strikes:

Is there a strike?	**C'è lo sciopero?**	cheh loh **shoh**-peh-roh
Only for today?	**È solo per oggi?**	eh **soh**-loh pehr **oh**-jee
Tomorrow, too?	**Anche domani?**	**ahn**-kay doh-**mah**-nee
Are there some trains today?	**Ci sono qualcuni treni oggi?**	chee **soh**-noh kwahl-**koo**-nee **tray**-nee **oh**-jee
I'm going to...	**Vado a...**	**vah**-doh ah

Reading train schedules:

a	to
arrivi	arrivals
arrivo	arrival (also abbreviated "a")
binario	track
da	from
destinazione	destination
domenica	Sunday

eccetto	except
feriali	weekdays including Saturday
ferma a tutte le stazioni	stops at all the stations
festivi	Sundays and holidays
fino	until
giorni	days
giornaliero	daily
in ritardo	late
non ferma a...	doesn't stop in...
ogni	every
partenza	departure (also abbreviated "p")
partenze	departures
per	for
sabato	Saturday
si effettua anche...	it also runs...
solo	only
tutti i giorni	daily
vacanza	holiday
1-5	Monday-Friday
6, 7	Saturday, Sunday

Buses and subways:

How do I get to...?	**Come si va a...?**	**koh**-may see vah ah
Which bus to...?	**Quale autobus per....?**	**kwah**-lay **ow**-toh-boos pehr
Does it stop at...?	**Si ferma a...?**	see **fehr**-mah ah
Which metro stop for...?	**A quale stazione scendo per...?**	ah **kway**-lay staht-see**oh**-nay **shehn**-doh pehr
Which direction for...?	**Da che parte è...?**	dah kay **par**-tay eh
Must I transfer?	**Devo cambiare?**	**day**-voh kahm-bee**ah**-ray
How much is a ticket?	**Quanto costa un biglietto?**	**kwahn**-toh **kos**-tah oon beel-**yay**-toh

English	Italian	Pronunciation
Where can I buy a ticket?	**Dove posso comprare un biglietto?**	**doh**-vay **pos**-soh kohm-**prah**-ray oon beel-**yay**-toh
Is there a one-day pass?	**C'è un biglietto giornaliero?**	cheh oon beel-**yay**-toh jor-nahl-**yay**-roh
When is the...?	**Quando parte...?**	**kwahn**-doh **par**-tay
...first / next / last	**...il primo / il prossimo / l'ultimo**	eel **pree**-moh / eel **pros**-see-moh / **lool**-tee-moh
...bus / subway	**...l'autobus / la metropolitana**	**low**-toh-boos / lah may-troh-poh-lee-**tah**-nah
What's the frequency per hour / day?	**Quante volte passa all'ora / al giorno?**	**kwahn**-tay **vohl**-tay **pah**-sah ahl-**loh**-rah / ahl **jor**-noh
I'm going to...	**Vado a...**	**vah**-doh ah
Tell me when to get off?	**Mi dica quando devo scendere?**	mee **dee**-kah **kwahn**-doh **day**-voh **shehn**-day-ray
Is there a bus to the airport?	**C'è un autobus che va all'aereoporto?**	cheh oon **ow**-toh-boos kay vah ahl-ay-ray-oh-**por**-toh
Is there a bus from the airport to...?	**C'è un autobus che viene dall'aereoporto a...?**	cheh oon **ow**-toh-boos kay vee-**ehn**-ay dahl-ay-ray-oh-**por**-toh ah

Key bus and subway words:

ticket	**biglietto**	beel-**yay**-toh
city bus	**autobus**	**ow**-toh-boos
long-distance bus	**pullman, corriera**	**pool**-mahn, koh-ree-**ehr**-ah
bus stop	**fermata**	fehr-**mah**-tah
bus station	**stazione degli autobus**	staht-see**oh**-nay **dayl**-yee **ow**-toh-boos
subway	**metropolitana**	may-troh-poh-lee-**tah**-nah
entrance	**entrata**	ayn-**trah**-tah

stop	**fermata**	fehr-**mah**-tah
exit	**uscita**	oo-**shee**-tah
direct	**diretto**	dee-**reht**-toh
connection	**coincidenza**	koh-een-chee-**dehnt**-sah
map	**cartina**	kar-**tee**-nah
pickpocket	**borsaiolo**	bor-sah-**yoh**-loh

TRANSPORTATION

Taxis:

Taxi!	**Taxi!**	**tahk**-see
Can you call a taxi?	**Può chiamare un taxi?**	pwoh kee-ah-**mah**-ray oon **tahk**-see
Where is a taxi stand?	**Dov'è una fermata dei taxi?**	doh-**veh** oo-nah fehr-**mah**-tah dehee **tahk**-see
Are you free?	**È libero?**	eh **lee**-bay-roh
Occupied.	**Occupato.**	oh-koo-**pah**-toh
How much is it...?	**Quanto costa fino...?**	**kwahn**-toh **kos**-tah **fee**-noh
...to the airport	**...all'aereoporto**	ah-lah-ay-ray-oh-**por**-toh
...to the train station	**...alla stazione ferroviaria**	**ah**-lah staht-seeoh-**nay** fay-roh-vee-**ah**-reeah
...to this address	**...a questo indirizzo**	ah **kweh**-stoh een-dee-**reet**-soh
I'll only pay what's on the meter.	**Pago solo la cifra sul tassametro.**	**pah**-goh **soh**-loh lah **chee**-frah sool tah-sah-**may**-troh
My change, please.	**Il resto, per favore.**	eel **rehs**-toh pehr fah-**voh**-ray
Keep the change.	**Tenga il resto.**	**tayn**-gah eel **rehs**-toh

Rental wheels:

I'd like to rent...	**Vorrei noleggiare...**	vor-**rehee** noh-leh-**jah**-ree
...a car.	**...una macchina.**	**oo**-nah **mah**-kee-nah

...a station wagon.	...una station wagon.	**oo**-nah **staht**-see-ohn **wah**-gohn
...a van.	...un monovolume.	oon moh-noh-voh-**loo**-may
...a motorcycle.	...una motocicletta.	**oo**-nah moh-toh-chee-**klay**-tah
...a motor scooter.	...un motorino.	oon moh-toh-**ree**-noh
...a bicycle.	...una bicicletta.	**oo**-nah bee-chee-**klay**-tah
How much...?	Quanto...?	**kwahn**-toh
...per hour	...all'ora	ah-**loh**-rah
...per day	...al giorno	ahl **jor**-noh
...per week	...alla settimana	**ah**-lah say-tee-**mah**-nah
Unlimited mileage?	Chilometraggio illimitato?	kee-loh-may-**trah**-joh eel-lee-mee-**tah**-toh
I brake for bakeries.	Mi fermo ad ogni pasticceria.	mee **fehr**-moh ahd **ohn**-yee pah-stee-chay-**ree**-ah
Is there...?	C'è...?	cheh
...a helmet	...un casco	oon **kah**-skoh
...a discount	...uno sconto	**oo**-noh **skohn**-toh
...a deposit	...una caparra	**oo**-nah kah-**pah**-rah
...insurance	...l'assicurazione	lah-see-koo-raht-see**oh**-nay
When do I bring it back?	Quando lo riporto indietro?	**kwahn**-doh loh ree-**por**-toh een-dee**eay**-troh

Driving:

gas station	benzinaio	baynd-zee-**nah**-yoh
The nearest gas station?	Il benzinaio più vicino?	eel baynd-zee-**nah**-yoh pew vee-**chee**-noh
Self-service?	Self-service?	"self service"
Fill the tank.	Il pieno.	eel pee**eay**-noh

I need...	Ho bisogno di...	oh bee-**zohn**-yoh dee
...gas.	...benzina.	baynd-**zee**-nah
...unleaded.	...benzina verde.	baynd-**zee**-nah **vehr**-day
...regular.	...normale.	nor-**mah**-lay
...super.	...super.	**soo**-pehr
...diesel.	...gasolio.	gah-**zoh**-leeoh
Check...	Controlli...	kohn-**troh**-lee
...the oil.	...l'olio.	**loh**-leeoh
...the tires.	...le gomme.	lay **goh**-may
...the radiator.	...il radiatore.	eel rah-deeah-**toh**-ray
...the battery.	...la batteria.	lah bah-tay-**ree**-ah
...the fuses.	...i fusibili.	ee foo-**zee**-bee-lee
...the sparkplugs.	...le candele.	lay kahn-**day**-lay
...the headlights.	...gli anabbaglianti.	lyee ah-nah-bahl-yee**ahn**-tee
...the tail lights.	...i luci posteriori.	ee **loo**-chee pos-tay-ree**oh**-ree
...the directional signal.	...la freccia.	lah **freh**-chah
...the car mirror.	...il specchietto della macchina.	eel speh-**cheht**-toh **dehl**-lah **mah**-kee-nah
...the fanbelt.	...la cinghia del ventilatore.	lah **cheen**-geeah dayl vehn-tee-lah-**toh**-ray
...the brakes.	...i freni.	ee **fray**-nee
...my pulse.	...il mio battito cardiaco.	eel **mee**-oh bah-**tee**-toh kar-dee**ah**-koh

Car trouble:

accident	incidente	een-chee-**dehn**-tay
breakdown	guasto	goo**ah**-stoh
funny noise	rumore strano	roo-**moh**-ray **strah**-noh

electrical problem	**problema elettrico**	proh-**blay**-mah ay-**leht**-ree-koh
flat tire	**gomma a terra**	**goh**-mah ah **tay**-rah
dead battery	**batteria scarica**	bah-tay-**ree**-ah skah-**ree**-kah
My car won't start.	**La mia macchina non parte.**	lah **mee**-ah **mah**-kee-nah nohn **par**-tay
It's a lemon (a swindle).	**È una fregatura.**	eh **oo**-nah fray-gah-**too**-rah
This doesn't work.	**Non funziona.**	nohn foont-seeoh-nah
It's overheating.	**Si sta surriscaldando.**	see stah soo-ree-skahl-**dahn**-doh
I need...	**Ho bisogno di...**	oh bee-**zohn**-yoh dee
...a tow truck.	**...un carro attrezzi.**	oon **kar**-roh ah-**trayt**-see
...a mechanic.	**...un meccanico.**	oon may-**kah**-nee-koh
...a stiff drink.	**...un whiskey.**	oon "whiskey"

For help with repair, look up "Repair" under Shopping.

Finding your way:

I am going to...	**Vado a...**	**vah**-doh ah
How do I get to...?	**Come si va a...?**	**koh**-may see vah ah
Is there a map?	**C'è una cartina?**	cheh **oo**-nah kar-**tee**-nah
How many minutes...?	**Quanti minuti...?**	**kwahn**-tee mee-**noo**-tee
How many hours...?	**Quante ore...?**	**kwahn**-tay oh-ray
...on foot	**...a piedi**	ah peeay-dee
...by bicycle	**...in bicicletta**	een bee-chee-**klay**-tah
...by car	**...in macchina**	een **mah**-kee-nah
How many kilometers to...?	**Quanti chilometri per...?**	**kwahn**-tee kee-**loh**-may-tree pehr

What is the...	**Qual'è la strada...**	kwah-**leh** lah **strah**-dah...
route to Rome?	**per andare a Roma?**	pehr ahn-**dah**-ray ah **roh**-mah
...best	**...migliore**	meel-**yoh**-ray
...fastest	**...più veloce**	pew vay-**loh**-chay
...most interesting	**...più interessante**	pew een-tay-ray-**sahn**-tay
Point it out?	**Me lo mostri?**	may loh **mohs**-tree
I'm lost.	**Mi sono perso[a].**	mee **soh**-noh **pehr**-soh
Where am I?	**Dove sono?**	**doh**-vay **soh**-noh
Who am I?	**Chi sono?**	kee **soh**-noh
Where is...?	**Dov'è...?**	doh-**veh**
The nearest...?	**Il più vicino...?**	eel pew vee-**chee**-noh
Where is this address?	**Dov'è questo indirizzo?**	doh-**veh kweh**-stoh een-dee-**reet**-soh

TRANSPORTATION

Key route-finding words:

map	**cartina**	kar-**tee**-nah
road map	**cartina stradale**	kar-**tee**-nah strah-**dah**-lay
downtown	**centro**	**chehn**-troh
straight ahead	**sempre diritto**	**sehm**-pray dee-**ree**-toh
left / right	**sinistra / destra**	see-**nee**-strah / **dehs**-trah
first / next	**prima / prossima**	**pree**-mah / **pros**-see-mah
intersection	**incrocio**	een-**kroh**-choh
stoplight	**semaforo**	say-mah-**foh**-roh
roundabout	**rotonda**	roh-**ton**-dah
(main) square	**piazza (principale)**	pee**aht**-sah (preen-chee-**pah**-lay)
street	**strada, via**	**strah**-dah, **vee**-ah

bridge	**ponte**	**pohn**-tay
tunnel	**tunnel**	**toon**-nel
highway	**autostrada**	ow-toh-**strah**-dah
freeway	**superstrada**	soo-pehr-**strah**-dah
north / south	**nord / sud**	nord / sood
east / west	**est / ovest**	ayst / **oh**-vehst

Reading road signs:

alt / stop	stop
carabinieri	police
centro, centrocittà	to the center of town
circonvallazione	ring road
dare la precedenza	yield
deviazione	detour
entrata	entrance
lavori in corso	road work ahead
prossima uscita	next exit
rallentare	slow down
senso unico	one-way street
tutti le (altre) destinazioni	to all (other) destinations
uscita	exit
zona pedonale	pedestrian zone

Sleeping

Places to stay:

hotel	**hotel, albergo**	**oh**-tehl, ahl-**behr**-goh
small hotel (usually family-run)	**pensione, locanda**	payn-seeoh-nay, loh-**kahn**-dah
rooms for rent	**affita camere**	ah-**fee**-tah kah-**may**-ray
youth hostel	**ostello della gioventù**	oh-**stehl**-loh **dehl**-lah joh-vehn-**too**
vacancy	**camere libere**	**kah**-may-rah **lee**-bay-ray
no vacancy	**completo**	kohm-**play**-toh

Reserving a room:

Hello.	**Buon giorno.**	bwohn **jor**-noh
Do you speak English?	**Parla inglese?**	**par**-lah een-**glay**-zay
Do you have a room for...?	**Avete una camera per...?**	ah-**vay**-tay **oo**-nah **kah**-may-rah pehr
...one person / two people	**...una persona / due persone**	**oo**-nah pehr-**soh**-nah / **doo**-ay pehr-**soh**-nay
...tonight	**...stanotte**	stah-**not**-tay
...two nights	**...due notti**	**doo**-ay **not**-tee
...this Friday	**...venerdì**	vay-nehr-**dee**
...June 21	**...il ventuno di giugno**	eel vayn-**too**-noh dee **joon**-yoh
Yes or no?	**Sì o no?**	see oh noh
I'd like...	**Vorrei...**	vor-**rehee**
...a private bathroom.	**...un bagno completo.**	oon **bahn**-yoh kohm-**play**-toh

SLEEPING

...your cheapest room.	...la camera più economica.	lah **kah**-may-rah pew ay-koh-**noh**-mee-kah
...___ bed (beds)	...___ letto (letti)	___ **leht**-toh (**leht**-tee)
for ___ people	per ___ persone	pehr ___ pehr-**soh**-nay
in ___ room (rooms).	nella ___ camera (camere).	**nay**-lah ___ **kah**-may-rah (**kah**-may-ray)
How much is it?	**Quanto costa?**	**kwahn**-toh **kos**-tah
Anything cheaper?	**Niente di più economico?**	nee-**ehn**-tay dee pew ay-koh-**noh**-mee-koh
I'll take it.	**La prendo.**	lah **prehn**-doh
My name is...	**Mi chiamo...**	mee keeah-moh
I'll stay / We'll stay...	**Starò / Staremo...**	stah-**roh** / stah-**ray**-moh
...for ___ night (nights).	...per ___ notte (notti).	pehr ___ **not**-tay (**not**-tee)
I'll come / We'll come...	**Arriverò / Arriveremo...**	ah-ree-vay-**roh** / ah-ree-vay-**ray**-moh
...in one hour.	...tra un'ora.	trah oon-**oh**-rah
...before 16:00.	...prima delle sedici.	**pree**-mah **dehl**-lay **say**-dee-chee
...Friday before 6 p.m.	...venerdí prima le sei di sera.	vay-nehr-**dee pree**-mah lay **seh**ee dee **say**-rah
Thank you.	**Grazie.**	**graht**-seeay

Getting specific:

I'd like a room...	**Vorrei una camera...**	vor-**rehee oo**-nah **kah**-may-rah
...with / without / and	...con / senza / e	kohn / **sehn**-sah / ay
...toilet	...toilette	twah-**leht**-tay
...shower	...doccia	**doh**-chah

...shower down the hall	...doccia in fondo al corridoio	doh-chah een fohn-doh ahl kor-ree-doh-yoh
...bathtub	...vasca da bagno	vah-skah dah bahn-yoh
...double bed	...letto matrimoniale	leht-toh mah-tree-moh-neeah-lay
...twin beds	...letti singoli	leht-tee seeng-goh-lee
...balcony	...balcone	bahl-koh-nay
...view	...vista	vee-stah
...only a sink	...solo un lavandino	soh-loh oon lah-vahn-dee-noh
...on the ground floor	...al piano terreno	ahl peeah-noh tay-ray-noh
...television	...televisione	tay-lay-vee-zeeoh-nay
...telephone	...telefono	tay-lay-foh-noh
Is there an elevator?	C'è un ascensore?	cheh oon ah-shayn-soh-ray
We arrive Monday, depart Wednesday.	Arriviamo lunedì, ripartiamo mercoledì.	ah-ree-veeah-moh loo-nay-dee, ree-par-teeah-moh mehr-koh-lay-dee
I'll sleep anywhere. I'm desperate.	Posso dormire ovunque. Sono disperato[a].	pos-soh dor-mee-ray oh-voon-kway. soh-noh dee-spay-rah-toh
I have a sleeping bag.	Ho un sacco a pelo.	oh oon sah-koh ah pay-loh
Will you call another hotel?	Chiamerebbe un altro albergo?	keeah-may-reh-bay oon ahl-troh ahl-behr-goh

Confirming, changing, and canceling reservations:

Use this template for your telephone call.

| I have a reservation. | Ho una prenotazione. | oh oo-nah pray-noh-taht-seeoh-nay |
| My name is... | Mi chiamo... | mee keeah-moh |

I'd like to... my reservation.	Vorrei fare... una prenotazione.	vor-**rehee** **fah**-ray... **oo**-nah pray-noh-taht-seeoh-nay
...confirm	...confermare	kohn-fehr-**mah**-ray
...reconfirm	...riconfermare	ree-kohn-fehr-**mah**-ray
...cancel	...annullare	ah-noo-**lah**-ray
...change	...cambiare	kahm-bee-**ah**-ray
The reservation is / was for...	La prenotazione è / era per...	lah pray-noh-taht-seeoh-nay eh / **ehr**-ah pehr
...one person / two people	...una persona / due persone	**oo**-nah pehr-**soh**-nah / **doo**-ay pehr-**soh**-nay
...today / tomorrow	...oggi / domani	**oh**-jee / doh-**mah**-nee
...August 13	...il tredice di agosto	eel **tray**-dee-chee dee ah-**goh**-stoh
...one night / two nights	...una notte / due notti	**oo**-nah **not**-tay / **doo**-ay **not**-tee
Can you find my reservation?	Può trovare la mia prenotazione?	pwoh troh-**vah**-ray lah **mee**-ah pray-noh-taht-seeoh-nay
I'd like to arrive instead on...	Invece vorrei arrivare...	een-**vay**-chay voh-**rehee** ah-ree-**vah**-ray
Is everything O.K.?	Va bene?	vah **behn**-ay
Thank you. I'll see you then.	Grazie. Ci vediamo al mio arrivo.	**graht**-seeay chee vay-deeah-moh ahl **mee**-oh ah-**ree**-voh
I'm sorry I need to cancel.	Mi displace ma devo annullare.	mee dee-speeah-chay mah **day**-voh ah-noo-**lah**-ray

Nailing down the price:

How much is...?	Quanto costa...?	kwahn-toh kos-tah
...a room for ___ people	...una camera per ___ persone	oo-nah kah-may-rah pehr ___ pehr-soh-nay
...your cheapest room	...la camera più economica	lah kah-may-rah pew ay-koh-noh-mee-kah
Is breakfast included?	La colazione è inclusa?	lah koh-laht-seeoh-nay eh een-kloo-zah
Is breakfast required?	È obbligatoria la colazione?	eh oh-blee-gah-toh-reeah lah koh-laht-seeoh-nay
How much without breakfast?	Quant'è senza la colazione?	kwahn-teh sehn-sah lah koh-laht-seeoh-nay
Complete price?	Prezzo completo?	preht-soh kohm-play-toh
Is it cheaper if I pay cash?	È più economico se pago in contanti?	eh pew ay-koh-noh-mee-koh pah-goh een kohn-tahn-tee
Is it cheaper if I stay ___ nights?	È più economico se mi fermo ___ notti?	eh pew ay-koh-noh-mee-koh say mee fehr-moh ___ not-tee
I will stay ___ nights.	Mi fermo ___ notti.	mee fehr-moh ___ not-tee

Choosing a room:

Can I see the room?	Posso vedere la camera?	pos-soh vay-day-ray lah kah-may-rah
Show me another room?	Mi mostri un'altra camera?	mee moh-stree oo-nahl-trah kah-may-rah
Do you have something...?	Avete qualcosa...?	ah-vay-tay kwahl-koh-zah
...larger / smaller	...di più grande / di più piccolo	dee pew grahn-day / dee pew pee-koh-loh

...better / cheaper	...di meglio / più economico	dee **mehl**-yoh / pew ay-koh-**noh**-mee-koh
...brighter	...più luminoso	pew loo-mee-**noh**-zoh
...in the back	...nella parte di dietro	**nay**-lah **par**-tay dee deeay-troh
...quieter	...di più tranquillo	dee pew trahn-**kwee**-loh
I'll take it.	La prendo.	lah **prehn**-doh
My key, please.	La mia chiave, per favore.	lah **mee**-ah keeah-vay pehr fah-**voh**-ray
Sleep well.	Sogni d'oro.	**sohn**-yee **doh**-roh
Good night.	Buona notte.	**bwoh**-nah **not**-tay

Hotel help:

I'd like...	Vorrei...	vor-**rehee**
...a / another	...un / un altro	oon / oon **ahl**-troh
...towel.	...asciugamano.	ah-shoo-gah-**mah**-noh
...pillow.	...cuscino.	koo-**shee**-noh
...clean sheets.	...lenzuola pulite.	lehnt-**soooh**-lah poo-**lee**-tay
...blanket.	...coperta.	koh-**pehr**-tah
...glass.	...bicchiere.	bee-keeay-ray
...sink stopper.	...tappo.	**tah**-poh
...soap.	...sapone.	sah-**poh**-nay
...toilet paper.	...carta igienica.	**kar**-tah ee-**jay**-nee-kah
...crib.	...culla.	**koo**-lah
...small extra bed.	...extra letto singolo.	**ehk**-strah **leht**-toh **seeng**-goh-loh
...different room.	...altra camera.	**ahl**-trah **kah**-may-rah
...silence.	...silenzio.	see-**lehnt**-seeoh

Where can I...?	**Dove posso...?**	**doh**-vay **pos**-soh
...wash my laundry	**...fare del bucato**	fah-ray dayl boo-**kah**-toh
...hang my laundry	**...stendere il bucato**	**stehn**-day-ray eel boo-**kah**-toh
I'd like to stay another night.	**Vorrei fermarmi un'altra notte.**	vor-**rehee** fehr-**mar**-mee oo-**nahl**-trah **not**-tay
Where can I park?	**Dove posso parcheggiare?**	**doh**-vay **pos**-soh par-kay-**jah**-ray
When do you lock up?	**A che ora chiude?**	ah kay **oh**-rah keeoo-day
What time is breakfast?	**A che ora è la colazione?**	ah kay **oh**-rah eh lah koh-laht-see**oh**-nay
Please wake me at 7:00.	**Mi svegli alle sette, per favore.**	mee **zvayl**-yee **ah**-lay **seht**-tay pehr fah-**voh**-ray

SLEEPING

Hotel hassles:

Come with me.	**Venga con me.**	**vayn**-gah kohn may
I have a problem in my room.	**Ho un problema con la mia camera.**	oh oon proh-**blay**-mah kohn lah **mee**-ah **kah**-may-rah
bad odor	**cattivo odore**	kah-**tee**-voh oh-**doh**-ray
bugs	**insetti**	een-**seht**-tee
mice	**topi**	**top**-ee
prostitutes	**prostitute**	proh-stee-**too**-tay
The bed is too soft / hard.	**Il letto è troppo morbido / duro.**	eel **leht**-toh eh **trop**-poh **mor**-bee-doh / **doo**-roh
I'm covered with bug bites.	**Sono pieno[a] di punture di insetti.**	**soh**-noh peeay-noh dee poon-**too**-ray dee een-**seht**-tee
Lamp...	**Lampada...**	lahm-**pah**-dah
Lightbulb...	**Lampadina...**	lahm-pah-**dee**-nah

English	Italian	Pronunciation
Electrical outlet...	**Presa...**	**pray**-zah
Key...	**Chiave...**	keeah-vay
Lock...	**Serratura...**	say-rah-**too**-rah
Window...	**Finestra...**	fee-**nay**-strah
Faucet...	**Rubinetto...**	roo-bee-**nay**-toh
Sink...	**Lavabo...**	**lah**-vah-boh
Toilet...	**Toilette...**	twah-**leht**-tay
Shower...	**Doccia...**	**doh**-chah
...doesn't work.	**...non funziona.**	nohn foont-seeoh-nah
There is no hot water.	**Non c'è acqua calda.**	nohn cheh **ah**-kwah **kahl**-dah
When is the water hot?	**A che ora è calda l'acqua?**	ah kay **oh**-rah eh **kahl**-dah **lah**-kwah

Checking out:

English	Italian	Pronunciation
I'll leave / We'll leave...	**Parto / Partiamo...**	**par**-toh / par-teeah-moh
...today / tomorrow.	**...oggi / domani.**	**oh**-jee / doh-**mah**-nee
...very early.	**...molto presto.**	**mohl**-toh **prehs**-toh
When is check-out time?	**A che ora devo lasciare la camera?**	ah kay **oh**-rah **day**-voh lah-**shah**-ray lah **kah**-may-rah
Can I pay now?	**Posso pagare subito?**	**pos**-soh pah-**gah**-ray **soo**-bee-toh
The bill, please.	**Il conto, per favore.**	eel **kohn**-toh pehr fah-**voh**-ray
Credit card O.K.?	**Carta di credito è O.K.?**	**kar**-tah dee **kray**-dee-toh eh "O.K."
I slept like a rock.	**Ho dormito come un sasso.**	oh dor-**mee**-toh **koh**-may oon **sah**-soh
Everything was great.	**Tutto magnifico.**	**too**-toh mahn-**yee**-fee-koh

Will you call my next hotel for me?	Può telefonare a questo altro albergo per me?	pwoh tay-lay-foh-**nah**-ray ah **kweh**-stoh ahl-troh ahl-**behr**-goh pehr may
Can I / Can we...?	Posso / Possiamo...?	**pos**-soh / pos-seeah-moh
...leave baggage here until ___	...lasciare il bagaglio qui fino a ___	lah-**shah**-ray eel bah-**gahl**-yoh kwee **fee**-noh ah

Laundry:

self-service laundry	lavanderia automatica	lah-vahn-day-**ree**-ah oh-toh-**mah**-tee-kah
wash	lavare	lah-**vah**-ray
dry	asciugare	ah-shoo-**gah**-ray
washer	lavatrice	lah-vah-**tree**-chay
dryer	asciugatrice	ah-shoo-gah-**tree**-chay
detergent	polvere da bucato	pohl-**vay**-ray dah boo-**kah**-toh
token	gettone	jeht-**toh**-nay
whites / colors	il bianco / il colore	eel bee-**ahn**-koh / eel koh-**loh**-ray
delicates	delicato	day-lee-**kah**-toh
handwash	lavare a mano	lah-**vah**-ray ah **mah**-noh
How does this work?	Come funziona?	**koh**-may foont-see-**oh**-nah
Where is the soap?	Dov'è il sapone?	doh-**veh** eel sah-**poh**-nay
I need change.	Ho bisogno di moneta.	oh bee-**zohn**-yoh dee moh-**nay**-tah
full-service laundry	lavanderia	lah-vahn-day-**ree**-ah
Same-day service?	Servizio in giornata?	sehr-**veet**-seeoh een jor-**nah**-tah

Eating

Finding a restaurant:

Where's a good... restaurant?	**Dov'è un buon ristorante...?**	doh-**veh** oon bwohn ree-stoh-**rahn**-tay
...cheap	**...economico**	ay-koh-**noh**-mee-koh
...local-style	**...con cucina casereccia**	kohn koo-**chee**-nah kah-zay-**ray**-chah
...untouristy	**...non per turisti**	nohn pehr too-**ree**-stee
...Chinese	**...cinese**	chee-**nay**-zay
...fast food (Italian-style)	**...tavola calda**	**tah**-voh-lah **kahl**-dah
...cafeteria	**...self-service**	"self-service"
with a salad bar	**con un banco delle insalate**	kohn oon **bahn**-koh **dehl**-lay een-sah-**lah**-tay
with terrace	**con terazza**	kohn tay-**raht**-sah
with candles	**con candele**	kohn kahn-**day**-lay
romantic	**romantico**	roh-**mahn**-tee-koh
moderate price	**a buon mercato**	ah bwohn mer-**kah**-toh
to splurge	**fare sfoggio**	**fah**-ray **sfoh**-joh

Getting a table and menu:

Waiter.	**Cameriere.**	kah-may-reeay-ray
Waitress.	**Cameriera.**	kah-may-reeay-rah
I'd like...	**Vorrei...**	vor-**rehee**
...a table for one / two.	**...un tavolo per uno[a] / due.**	oon **tah**-voh-loh pehr **oo**-noh / **doo**-ay
...non-smoking.	**...non fumatori.**	nohn foo-mah-**toh**-ree
...just a drink.	**...soltanto qualcosa da bere.**	sohl-**tahn**-toh kwahl-**koh**-zah dah **bay**-ray
...a snack.	**...un spuntino.**	oon spoon-**tee**-noh

EATING

...just a salad.	...solo un'insalata.	soh-loh oon-een-sah-lah-tah
...only a pasta dish.	...solo un primo piatto.	soh-loh oon **pree**-moh peeah-toh
...to see the menu.	...vedere il menù.	vay-**day**-ray eel may-**noo**
...to order.	...ordinare.	or-dee-**nah**-ray
...to eat.	...mangiare.	mahn-**jah**-ray
...to pay.	...pagare.	pah-**gah**-ray
...to throw up.	...vomitare.	voh-mee-**tah**-ray
What do you recommend?	Che cosa raccomanda?	kay **koh**-zah rah-koh-**mahn**-dah
What's your favorite?	Qual'è il suo piatto favorito?	kwah-**leh** eel **soo**-oh peeah-toh fah-voh-**ree**-toh
Is it ...?	È...?	eh
...good	...buono	**bwoh**-noh
...expensive	...caro	**kah**-roh
...light	...leggero	lay-**jay**-roh
...filling	...sostanzioso	soh-stahnt-see**oh**-zoh
What is that?	Che cosa è quello?	kay **koh**-zah eh **kway**-loh
What is...?	Che cosa c'è...?	kay **koh**-zah cheh
...local	...di locale	dee loh-**kah**-lay
...fast	...di veloce	dee vay-**loh**-chay
...cheap and filling	...di economico e sostanzioso	dee ay-koh-**noh**-mee-koh ay soh-stahnt-see**oh**-zoh
Do you have...?	Avete...?	ah-**vay**-tay
...an English menu	...un menù in inglese	oon may-**noo** een een-**glay**-zay
...children's portions	...le porzioni per bambini	lay port-see**oh**-nee pehr bahm-**bee**-nee

The menu:

menu	**menù**	may-**noo**
menu of the day	**menù del giorno**	may-**noo** dayl **jor**-noh
tourist menu	**menù turistico**	may-**noo** too-**ree**-stee-koh
specialty of the house	**specialità della casa**	spay-chah-lee-**tah dehl**-lah **kah**-zah
breakfast	**colazione**	koh-laht-**seeoh**-nay
lunch	**pranzo**	**prahnt**-soh
dinner	**cena**	**chay**-nah
appetizers	**antipasti**	ahn-tee-**pah**-stee
bread	**pane**	**pah**-nay
salad	**insalata**	een-sah-**lah**-tah
soup	**minestra, zuppa**	mee-**nehs**-trah, **tsoo**-pah
first course (pasta, soup)	**primo piatto**	**pree**-moh peeah-toh
main course (meat, fish)	**secondo piatto**	say-**kohn**-doh peeah-toh
meat	**carni**	**kar**-nee
poultry	**pollame**	poh-**lah**-may
seafood	**frutti di mare**	**froo**-tee dee **mah**-ray
side dishes	**contorni**	kohn-**tor**-nee
vegetables	**legumi**	lay-**goo**-mee
cheeses	**formaggi**	for-**mah**-jee
desserts	**dolci**	**dohl**-chee
beverages	**bevande, bibite**	bay-**vahn**-day, **bee**-bee-tay
beer	**birra**	**beer**-rah
wines	**vini**	**vee**-nee
cover charge	**coperto**	koh-**pehr**-toh

EATING

service (not) included	**servizio (non) incluso**	sehr-**veet**-seeoh (nohn) een-**kloo**-zoh
with / and / or / without	**con / e / o / senza**	kohn / ay / oh / **sehn**-sah

Dietary restrictions:

I'm allergic to...	**Sono allergico[a] al...**	**soh**-noh ahl-**lehr**-jee-koh ahl
I cannot eat...	**Non posso mangiare...**	nohn **pos**-soh mahn-**jah**-ray
...dairy products.	**...latticini.**	lah-tee-**chee**-nee
...meat / pork.	**...carne / maiale.**	**car**-nay / mah-**yah**-lay
...salt / sugar.	**...sale / zucchero.**	**sah**-lay / **tsoo**-kay-roh
I am diabetic.	**Ho il diabete.**	oh eel deeah-**bay**-tay
No fat.	**Senza grassi.**	**sehn**-sah **grah**-see
Minimal fat.	**Pochi grassi.**	**poh**-kee **grah**-see
Low cholesterol.	**Basso colesterolo.**	**bah**-soh koh-lay-stay-**roh**-loh
No caffeine.	**Senza caffeina.**	**sehn**-sah kah-fay**ee**-nah
No alcohol.	**Niente alcool.**	nee**ehn**-tay **ahl**-kohl
I am a...	**Sono un...**	**soh**-noh oon
...vegetarian.	**...vegetariano[a].**	vay-jay-tah-ree**ah**-noh
...strict vegetarian.	**...strettamente vegetariano[a].**	stray-tah-**mayn**-tay vay-jay-tah-ree**ah**-noh
...carnivore.	**...carnivoro[a].**	kar-**nee**-voh-roh
...big eater.	**...mangione.**	mahn-jee**oh**-nay

Tableware and condiments:

plate	**piatto**	pee**ah**-toh
extra plate	**un altro piatto**	oon **ahl**-troh pee**ah**-toh

napkin	**tovagliolo**	toh-vahl-**yoh**-loh
silverware	**posate**	poh-**zah**-tay
knife	**coltello**	kohl-**tehl**-loh
fork	**forchetta**	for-**kay**-tah
spoon	**cucchiaio**	koo-kee**ah**-yoh
cup	**tazza**	**taht**-sah
glass	**bicchiere**	bee-kee**ay**-ray
carafe	**caraffa**	kah-**rah**-fah
water	**acqua**	**ah**-kwah
bread	**pane**	**pah**-nay
breadsticks	**grissini**	gree-**see**-nee
butter	**burro**	**boo**-roh
margarine	**margarina**	mar-gah-**ree**-nah
toothpick	**stuzzicadente**	stoot-see-kah-**dehn**-tay
salt / pepper	**sale / pepe**	**sah**-lay / **pay**-pay
sugar	**zucchero**	**tsoo**-kay-roh
artificial sweetener	**dolcificante**	dohl-chee-fee-**kahn**-tay
honey	**miele**	mee**ay**-lay
mustard	**senape**	**say**-nah-pay
mayonnaise	**maionese**	mah-yoh-**nay**-zay

EATING

Restaurant requests and regrets:

A little.	**Un po.'**	oon poh
More.	**Un altro po.'**	oon **ahl**-troh poh
Another.	**Un altro.**	oon **ahl**-troh
The same.	**Lo stesso.**	loh **stehs**-soh
I did not order this.	**Io questo non l'ho ordinato.**	**ee**oh **kweh**-stoh nohn loh or-dee-**nah**-toh
Is it included with the meal?	**È incluso nel pasto questo?**	eh een-**kloo**-zoh nayl **pah**-stoh **kweh**-stoh
I'm in a hurry.	**Sono di fretta.**	**soh**-noh dee **fray**-tah
I must leave by...	**Devo andare via alle...**	**day**-voh ah-**dah**-ray **vee**-ah **ah**-lay

When will the food be ready?	**Tra quanto è pronto il cibo?**	trah **kwahn**-toh eh **pron**-toh eel **chee**-boh
I've changed my mind.	**Ho cambiato idea.**	oh kahm-beeah-toh ee-**day**-ah
Can I get it "to go"?	**Posso averlo da portar via?**	**pos**-soh ah-**vehr**-loh dah por-tar **vee**-ah
This is...	**Questo è...**	**kweh**-stoh eh
...dirty.	**...sporco.**	**spor**-koh
...greasy.	**...grasso.**	**grah**-soh
...too salty.	**...troppo salato.**	**trop**-poh sah-**lah**-toh
...undercooked.	**...troppo crudo.**	**trop**-poh **kroo**-doh
...overcooked.	**...troppo cotto.**	**trop**-poh **kot**-toh
...inedible.	**...immangiabile.**	eem-mahn-**jah**-bee-lay
...cold.	**...freddo.**	**fray**-doh
Heat it up?	**Lo può scaldare?**	loh pwoh skahl-**dah**-ray
Enjoy your meal!	**Buon appetito!**	bwohn ah-pay-**tee**-toh
Enough.	**Basta.**	**bah**-stah
Finished.	**Finito.**	fee-**nee**-toh
Do any of your customers return?	**Ritornano i vostri clienti?**	ree-**tor**-nah-noh ee **voh**-stree klee-**ehn**-tee
Yuck!	**Che schifo!**	kay **skee**-foh
Delicious!	**Delizioso!**	day-leet-seeoh-zoh
Divinely good!	**Una vera bontà!**	**oo**-nah **vay**-rah bohn-**tah**
My compliments to the chef!	**Complimenti al cuoco!**	kohm-plee-**mayn**-tee ahl koooh-koh

Paying for your meal:

| The bill, please. | **Il conto, per favore.** | eel **kohn**-toh pehr fah-**voh**-ray |

Together.	Conto unico.	**kohn**-toh **oo**-nee-koh
Separate checks.	Conto separato.	**kohn**-toh say-pah-**rah**-toh
Credit card O.K.?	Carta di credito è O.K.?	**kar**-tah dee **kray**-dee-toh eh "O.K."
Is there a cover charge?	Si paga per il coperto?	see **pah**-gah pehr eel koh-**pehr**-toh
Is service included?	È incluso il servizio?	eh een-**kloo**-zoh eel sehr-**veet**-seeoh
This is not correct.	Questo non è giusto.	**kweh**-stoh nohn eh **joo**-stoh
Explain it?	Lo può spiegare?	loh pwoh speeay-**gah**-ray
What if I wash the dishes?	E se lavassi i piatti?	ay say lah-**vah**-see ee peeah-tee
Keep the change.	Tenga il resto.	**tayn**-gah eel **rehs**-toh
This is for you.	Questo è per lei.	**kweh**-stoh eh pehr **lehee**

EATING

Breakfast:

breakfast	colazione	koh-laht-see**oh**-nay
bread	pane	**pah**-nay
roll	brioche	bree-**osh**
toast	toast	tost
butter	burro	**boo**-roh
jam	marmellata	mar-mehl-**lah**-tah
jelly	gelatina	jay-lah-**tee**-nah
pastry	pasticcini	pah-stee-**chee**-nee
croissant	cornetto	kor-**nay**-toh
omelet	omelette, frittata	oh-may-**leht**-tay, free-**tah**-tah
eggs...	uova...	**woh**-vah
...fried / scrambled	...fritte / strapazzate	**free**-tay / strah-paht-**sah**-tay
boiled egg...	uovo alla coque...	**woh**-voh ah-lah kok

...soft / hard	...molle / sodo	mol-lay / soh-doh
ham	prosciutto cotto	proh-shoo-toh kot-toh
cheese	formaggio	for-mah-joh
yogurt	yogurt	yoh-goort
cereal (any kind)	corn flex	korn flehx
milk	latte	lah-tay
hot chocolate	cioccolata calda	choh-koh-lah-tah kahl-dah
fruit juice	succo di frutta	soo-koh dee froo-tah
fresh orange juice	spremuta di arancia	spray-moo-tah dee ah-rahn-chah
coffee / tea (see Drinking)	caffè / tè	kah-feh / teh
Is breakfast included (in the room cost)?	La colazione è inclusa?	lah koh-laht-seeoh-nay eh een-kloo-zah

Appetizers and snacks:

antipasto misto	mixed appetizers (usually meat)
bruschetta	toast with tomatoes and garlic
crostini alla Fiorentina	toast with liver paté
crostini alla Napoletana	toast with cheese
formaggi misti	assorted cheeses
prosciutto e melone	cured ham with melon
salumi misti	assortment of meats
toast al prosciutto e formaggio	toast with ham and cheese

Pizza and quick meals:

| acciughe | anchovies |
| alla diavola | spicy |

calzone	folded pizza with various fillings
capricciosa	ham, mushrooms, olives, and artichokes
carciofini	artichokes
ciaccino	"white" pizza (no tomato sauce)
frutti di mare	seafood (shrimp, squid, mussels)
funghi	mushrooms
Maialona	ham, sausage and hot dogs
Margherita	cheese and tomato sauce
marinara	tomato, garlic and oregano
melanzane	eggplant
Napoletana	cheese, anchovies and tomato sauce
peperoni	green or red peppers (not sausage!)
porcini	porcini mushrooms
prosciutto	ham
Quattro Stagioni	4 toppings on separate quarters of a pizza
salamino piccante	pepperoni
salsiccia	sausage
wurstel	hot dogs

EATING

Sandwiches:

sandwiches	**panini**	pah-**nee**-nee
small sandwiches	**tramezzini**	trah-mehd-**zee**-nee
I'd like a sandwich.	**Vorrei un panino.**	vor-**reh**ee oon pah-**nee**-noh
cheese	**formaggio**	for-**mah**-joh
tuna	**tonno**	**toh**-noh
chicken	**pollo**	**poh**-loh
turkey	**tacchino**	tah-**kee**-noh
ham	**prosciutto**	proh-**shoo**-toh
salami	**salame**	sah-**lah**-may
egg salad	**insalata con uova**	een-sah-**lah**-tah kohn **woh**-vah

lettuce	**lattuga**	lah-**too**-gah
tomatoes	**pomodori**	poh-moh-**doh**-ree
onions	**cipolle**	chee-**poh**-lay
mustard	**senape**	say-**nah**-pay
mayonnaise	**maionese**	mah-yoh-**nay**-zay

Soups and salads:

soup	**minestra, zuppa**	mee-**nehs**-trah, **tsoo**-pah
soup of the day	**zuppa del giorno**	**tsoo**-pah dayl **jor**-noh
broth...	**brodo...**	**brod**-oh
...chicken	**...di pollo**	dee **poh**-loh
...beef	**...di carne**	dee **kar**-nay
...vegetable	**...di verdura**	dee vehr-**doo**-rah
...with noodles	**...con pastina**	kohn pah-**stee**-nah
...with rice	**...con riso**	kohn **ree**-zoh
vegetable soup	**minestrone**	mee-nay-**stroh**-nay
green salad	**insalata verde**	een-sah-**lah**-tah **vehr**-day
mixed salad	**insalata mista**	een-sah-**lah**-tah **mee**-stah
seafood salad	**insalata di mare**	een-sah-**lah**-tah dee **mah**-ray
chef's salad...	**insalata dello chef...**	een-sah-**lah**-tah **dehl**-loh shehf
...with ham and cheese	**...con prosciutto e formaggio**	kohn proh-**shoo**-toh ay for-**mah**-joh
...with egg	**...con uova**	kohn **woh**-vah
lettuce	**lattuga**	lah-**too**-gah
tomatoes	**pomodori**	poh-moh-**doh**-ree
cucumber	**cetrioli**	chay-treeoh-lee
oil / vinegar	**olio / aceto**	**oh**-leeoh / ah-**chay**-toh
tray with oil & vinegar	**oliera**	oh-lee-**ehr**-ah

Pasta:

Italy is the land of *pasta*. You can taste over 500 types! While there are a few differences in ingredients, the big deal is basically the shape. Watch for *rigatone* (little tubes), *canneloni* (big tubes), *fettucine* (thin, flat noodles), *farfalline* (butterfly-shaped pasta), *gnocchi* (shell-shaped noodles made from potatoes), *liguine* (flat noodles), *penne* (angle-cut tubes), *rotelline* (wheel-shaped pasta), *tagliatelle* (short, flat noodles), and *tortellini* (pasta "doughnuts" filled with meat or cheese), and surprise...*spaghetti*. Pasta can be stuffed *ravoli*-style with various meats, cheeses, herbs, and spices. Pasta sauces and styles include:

amatriciana	Roman-style with bacon, tomato, & spices
bolognese	meat & tomato sauce
carbonara	bacon, egg, cheese, & pepper
genovese	pesto
in brodo	in broth
marinara	tomato & garlic
panna	cream
pescatora	seafood
pesto	olive oil, garlic, pine nuts, & basil
pomodoro	tomato only
quattro formaggi	four cheeses
ragù	meaty tomato sauce
sugo	sauce, usually tomato
vongole	with clams & spices

Seafood:

seafood	frutti di mare	froo-tee dee mah-ray
assorted seafood	misto di frutti di mare	mee-stoh dee froo-tee dee mah-ray
assorted deep-fried seafood	fritto misto	free-toh mee-stoh
fish	pesce	peh-shay
cod	merluzzo	mehr-loot-soh
salmon	salmone	sahl-moh-nay
sole	sogliola	sohl-yoh-lah
trout	trota	trot-ah
tuna	tonno	toh-noh
herring	aringa	ah-reeng-gah
sardines	sardine	sar-dee-nay
anchovies	acciughe	ah-choo-gay
clams	vongole	vohn-goh-lay
mussels	cozze	kot-say
oysters	ostriche	os-tree-kay
shrimp	gamberetti	gahm-bay-ray-tee
prawns	scampi	skahm-pee
crab	granchio	grahn-keeoh
lobster	aragosta	ah-rah-goh-stah
squid	calamari	kah-lah-mah-ree
Where did this live?	Da dove viene questo?	dah doh-vay veeay-nay kweh-stoh
Just the head, please.	Solo la testa, per favore.	soh-loh lah tehs-tah pehr fah-voh-ray

Poultry and meat:

poultry	**pollame**	poh-**lah**-may
chicken	**pollo**	**poh**-loh
turkey	**tacchino**	tah-**kee**-noh
duck	**anatra**	**ah**-nah-trah
meat	**carne**	**kar**-nay
beef	**manzo**	**mahnd**-zoh
roast beef	**roast beef**	"roast beef"
beef steak	**bistecca di manzo**	bee-**stay**-kah dee **mahnd**-zoh
porterhouse steak (thick and rare)	**bistecca Fiorentina**	bee-**stay**-kah fee-oh-rehn-**tee**-nah
sirloin steak	**entrecote**	ayn-tray-**koh**-tay
meat stew	**stufato di carne**	stoo-**fah**-toh dee **kar**-nay
veal	**vitello**	vee-**tehl**-loh
thin-sliced veal	**scaloppine**	skah-loh-**pee**-nay
cutlet (veal)	**cotoletta**	koh-toh-**lay**-tah
pork	**maiale**	mah-**yah**-lay
cured ham	**prosciutto crudo**	proh-**shoo**-toh **kroo**-doh
cooked ham	**prosciutto cotto**	proh-**shoo**-toh **kot**-toh
sausage	**salsiccia**	sahl-**see**-chah
lamb	**agnello**	ahn-**yehl**-loh
bunny	**coniglio**	koh-**neel**-yoh
brains	**cervella**	chehr-**vehl**-lah
sweetbreads	**animelle di vitello**	ah-nee-**mehl**-lay dee vee-**tehl**-loh
tongue	**lingua**	**leeng**-gwah
liver	**fegato**	**fay**-gah-toh

EATING

tripe	**trippa**	**tree**-pah
How long has this been dead?	**Da quanto tempo è morto questo?**	dah **kwahn**-toh **tehm**-poh eh **mor**-toh **kweh**-stoh

Avoiding mis-steaks:

raw	**crudo**	**kroo**-doh
rare	**al sangue**	ahl **sahn**-gway
medium	**cotto**	**kot**-toh
well done	**ben cotto**	bayn **kot**-toh
almost burnt	**quasi bruciato**	**kwah**-zee broo-**chah**-toh

How it's prepared:

hot / cold	**caldo / freddo**	**kahl**-doh / **fray**-doh
raw / cooked	**crudo / cotto**	**kroo**-doh / **kot**-toh
assorted	**assortiti**	ah-sor-**tee**-tee
baked	**al forno**	ahl **for**-noh
boiled	**bollito**	boh-**lee**-toh
fillet	**filetto**	fee-**lay**-toh
fresh	**fresco**	**fray**-skoh
fried	**fritto**	**free**-toh
fried with breadcrumbs	**Milanese**	mee-lah-**nay**-zay
grilled	**alla griglia**	**ah**-lah **greel**-yah
homemade	**casalingo**	kah-zah-**leen**-goh
in cream sauce	**con panna**	kohn **pah**-nah
microwave	**forno a micro onde**	**for**-noh ah **mee**-kroh **ohn**-day
mild	**non piccante**	nohn pee-**kahn**-tay
mixed	**misto**	**mee**-stoh
poached	**affogato**	ah-foh-**gah**-toh
roasted	**arrosto**	ah-**roh**-stoh
sautéed	**saltato in padella**	sahl-**tah**-toh een pah-**dehl**-lah

smoked	affumicato	ah-foo-mee-**kah**-toh
spicy hot	piccante	pee-**kahn**-tay
steamed	al vapore	ahl vah-**poh**-ray
stuffed	ripieno	ree-peeay-noh
sweet	dolce	**dohl**-chay
with cheese and breadcrumbs	alla Parmigiana	**ah**-lah par-mee-**jah**-nah

Veggies, beans, and rice:

vegetables	legumi, verdure	lay-**goo**-mee, vehr-**doo**-ray
mixed vegetables	misto di verdure	**mee**-stoh dee vehr-**doo**-ray
artichoke	carciofo	kar-**choh**-foh
asparagus	asparagi	ah-spah-**rah**-jee
beans	fagioli	fah-**joh**-lee
beets	barbabietole	bar-bah-beeay-**toh**-lay
broccoli	broccoli	**brok**-koh-lee
cabbage	verza	**vehrt**-sah
carrots	carote	kah-**rot**-ay
cauliflower	cavolfiore	kah-vohl-feeoh-ray
corn	granturco	grahn-**toor**-koh
cucumber	cetrioli	chay-treeoh-lee
eggplant	melanzana	may-lahnt-**sah**-nah
French fries	patate fritte	pah-**tah**-tay **free**-tay
garlic	aglio	**ahl**-yoh
green beans	fagiolini	fah-joh-**lee**-nee
lentils	lenticchie	lehn-**tee**-keeay
mushrooms	funghi	**foong**-gee
olives	olive	oh-**lee**-vay
onions	cipolle	chee-**poh**-lay
peas	piselli	pee-**zehl**-lee

peppers...	**peperoni...**	pay-pay-**roh**-nee
...green / red	**...verdi / rossi**	**vehr**-dee / **roh**-see
pickles	**cetriolini**	chay-treeoh-**lee**-nee
potatoes	**patate**	pah-**tah**-tay
rice	**riso**	**ree**-zoh
spinach	**spinaci**	spee-**nah**-chee
tomatoes	**pomodori**	poh-moh-**doh**-ree
zucchini	**zucchine**	tsoo-**kee**-nay

Say cheese:

cheese	**formaggio**	for-**mah**-joh
mild and soft	**fresco**	**fray**-skoh
sharp and hard	**stagionato**	stah-joh-**nah**-toh
mozzarella	**mozzarella**	moht-sah-**ray**-lah
small mozzarella balls	**bocconcini de mozzarella**	boh-koh-**chee**-nee dee moht-sah-**ray**-lah
goat	**di capra**	dee **kah**-prah
sheep cheese	**pecorino**	pay-koh-**ree**-noh
bleu cheese	**gorgonzola**	gor-gohnd-**zoh**-lah
cream cheese	**formaggio philadelphia**	for-**mah**-joh fee-lah-**dehl**-feeah
Swiss cheese	**groviera, emmenthal**	groh-veeay-rah, ehm-mehn-**tahl**
parmesan	**parmigiano**	par-mee-**jah**-noh
a soft white cheese	**Bel Paese**	behl pah-**ay**-zay
a tasty spreadable cheese	**stracchino**	strah-**kee**-noh
A little taste?	**Un assaggio?**	oon ah-**sah**-joh

Fruits and nuts:

almond	**mandorle**	mahn-**dor**-lay
apple	**mela**	**may**-lah
apricot	**albicocca**	ahl-bee-**koh**-kah
banana	**banana**	bah-**nah**-nah
berries	**frutti di bosco**	**froo**-tee dee **bos**-koh
canteloupe	**melone**	may-**loh**-nay
cherry	**ciliegia**	chee-lee**ay**-jah
chestnut	**castagne**	kah-**stahn**-yay
coconut	**noce di cocco**	**noh**-chay dee **koh**-koh
dates	**datteri**	**dah**-tay-ree
fig	**fico**	**fee**-koh
fruit	**frutta**	**froo**-tah
grapefruit	**pompelmo**	pohm-**pehl**-moh
grapes	**uva**	**oo**-vah
hazelnut	**nocciola**	noh-**choh**-lah
lemon	**limone**	lee-**moh**-nay
orange	**arancia**	ah-**rahn**-chah
peach	**pesca**	**pehs**-kah
peanuts	**noccioline**	noh-choh-**lee**-nay
pear	**pera**	**pay**-rah
pineapple	**ananas**	**ah**-nah-nahs
pistachio	**pistacchio**	pee-**stah**-keeoh
plum	**susina**	soo-**zee**-nah
prune	**prugna**	**proon**-yah
raspberry	**lampone**	lahm-**poh**-nay
strawberry	**fragola**	**frah**-goh-lah
tangerine	**mandarino**	mahn-dah-**ree**-noh
walnut	**noce**	**noh**-chay
watermelon	**cocomero**	koh-koh-**may**-roh

Just desserts:

dessert	**dolci**	**dohl**-chee
cake	**torta**	**tor**-tah
ice cream	**gelato**	jay-**lah**-toh
sherbet	**sorbetto**	sor-**bay**-toh
fruit salad	**macedonia**	mah-chay-**doh**-neeah
fruit with ice cream	**coppa di frutta**	**kop**-pah dee **froo**-tah
tart	**tartina**	tar-**tee**-nah
pie	**crostada**	kroh-**stah**-dah
whipped cream	**panna**	**pah**-nah
chocolate mousse	**mousse**	moos
pudding	**budino**	boo-**dee**-noh
pastry	**pasta**	**pah**-stah
strudel	**strudel**	**stroo**-dehl
cookies	**biscotti**	bee-**skot**-tee
candies	**caramelle**	kah-rah-**mehl**-lay
low calorie	**poche calorie**	**poh**-kay kah-loh-**ree**-ay
homemade	**casalingo**	kah-zah-**leen**-goh
Exquisite.	**Squisito.**	skwee-**zee**-toh
Sinfully good. (a sin of the throat)	**Un peccato di gola.**	oon pay-**kah**-toh dee **goh**-lah
So good I even licked my moustache.	**Così buono che mi sono leccato[a] anche i baffi.**	koh-**zee bwoh**-noh kay mee **soh**-noh lay-**kah**-toh **ahn**-kay ee **bah**-fee

Gelati talk:

cone / cup	**cono / coppa**	**koh**-noh / **kop**-pah
one scoop	**una pallina**	**oo**-nah pah-**lee**-nah
two scoops	**due palline**	**doo**-ay pah-**lee**-nay
with whipped cream	**con panna**	kohn **pah**-nah
A little taste?	**Un assaggio?**	oon ah-**sah**-joh
apricot	**albicocca**	ahl-bee-**koh**-kah
berries	**frutti di bosco**	**froo**-tee dee **bos**-koh
blueberry	**mirtillo**	meer-**tee**-loh
cantaloupe	**melone**	may-**loh**-nay
chocolate	**cioccolato**	choh-koh-**lah**-toh
vanilla and chocolate chips	**stracciatella**	strah-chah-**tehl**-lah
chocolate hazelnut	**bacio**	**bah**-choh
coffee	**caffè**	kah-**feh**
hazelnut	**nocciola**	noh-**choh**-lah
lemon	**limone**	lee-**moh**-nay
mint	**menta**	**mayn**-tah
orange	**arancia**	ah-**rahn**-chah
peach	**pesca**	**pehs**-kah
pear	**pera**	**pay**-rah
pineapple	**ananas**	**ah**-nah-nahs
raspberry	**lampone**	lahm-**poh**-nay
rice	**riso**	**ree**-zoh
strawberry	**fragola**	**frah**-goh-lah
super chocolate	**tartufo**	tar-**too**-foh
vanilla	**crema**	**kray**-mah

Drinking

Water, milk, and juice:

mineral water...	**acqua minerale...**	**ah**-kwah mee-nay-**rah**-lay
...carbonated	**...gassata**	gah-**sah**-tah
...not carbonated	**...non gassata**	nohn gah-**sah**-tah
tap water	**acqua del rubinetto**	**ah**-kwah dayl roo-bee-**nay**-toh
milk...	**latte...**	**lah**-tay
...whole	**...intero**	een-**tay**-roh
...skim	**...magro**	**mah**-groh
...fresh	**...fresco**	**fray**-skoh
milk shake	**frappè**	frah-**peh**
hot chocolate...	**cioccolata calda...**	choh-koh-**lah**-tah **kahl**-dah
...with whipped cream	**...con panna**	kohn **pah**-nah
orange soda	**aranciata**	ah-rahn-**chah**-tah
lemon soda	**limonata**	lee-moh-**nah**-tah
juice...	**succo di...**	**soo**-koh dee
...fruit	**...frutta**	**froo**-tah
...apple	**...mela**	**may**-lah
...apricot	**...albicocca**	ah-bee-**koh**-kah
...grapefruit	**...pompelmo**	pohm-**pehl**-moh
...orange	**...arancia**	ah-**rahn**-chah
...peach	**...pesca**	**pehs**-kah
...pear	**...pera**	**pay**-rah
freshly-squeezed orange juice	**spremuta d'arancia**	spray-**moo**-tah dah-**rahn**-chah
with / without...	**con / senza...**	kohn / **sehn**-sah

...ice / sugar	**...ghiaccio / zucchero**	geeah-choh / **tsoo**-kay-roh
glass / cup	**bicchiere / tazza**	bee-keeay-ray / **taht**-sah
bottle...	**bottiglia...**	boh-**teel**-yah
...small / large	**...piccola / grande**	**pee**-koh-lah / **grahn**-day
Is this water safe	**È potabile**	eh poh-**tah**-bee-lay
to drink?	**quest'acqua?**	kweh-**stah**-kwah

Coffee and tea:

coffee...	**caffè...**	kah-**feh**
...with water	**...lungo**	**loon**-goh
...with a little milk	**...macchiato**	mah-keeah-toh
...with milk	**...latte**	**lah**-tay
...with whipped cream	**...con panna**	kohn **pah**-nah
...iced	**...freddo**	**fray**-doh
...instant	**...solubile**	soo-**loo**-bee-lay
...American-style	**...Americano**	ah-may-ree-**kah**-noh
coffee with foamy milk	**cappuccino**	kah-poo-**chee**-noh
decaffeinated	**decaffeinato, Hag**	day-kah-fay-**nah**-toh, hahg
black	**nero**	**nay**-roh
milk...	**latte...**	**lah**-tay
...with a little coffee	**...macchiato**	mah-keeah-toh
sugar	**zucchero**	**tsoo**-kay-roh
hot water	**acqua calda**	**ah**-kwah **kahl**-dah
tea / lemon	**tè / limone**	teh / lee-**moh**-nay
tea bag	**bustina di tè**	boo-**stee**-nah dee teh
herbal tea	**tè deteinato**	teh day-tay-een-**nah**-toh
iced tea	**tè freddo**	teh **fray**-doh
mint tea	**tè alla menta**	teh **ah**-lah **mehn**-tah

fruit tea	**tè alla frutta**	teh **ah**-lah **froo**-tah
small / large	**piccola / grande**	**pee**-koh-lah / **grahn**-day
Another cup.	**Un'altra tazza.**	oo-**nahl**-trah **taht**-sah
Same price if I sit	**Costa uguale al**	**kos**-tah oo-**gwah**-lay ahl
or stand?	**tavolo o al banco?**	**tah**-voh-loh oh ahl **bahn**-koh

Wine:

I would like...	**Vorrei....**	vor-**rehee**
We would like...	**Vorremo...**	vor-**ray**-moh
...a glass	**...un bicchiere**	oon bee-keeay-ray
...a quarter of a liter	**...un quarto litro**	oon kwar-toh lee-troh
...a half liter	**...un mezzo litro**	oon **mehd**-zoh lee-troh
...a carafe	**...una caraffa**	**oo**-nah kah-**rah**-fah
...a half bottle	**...una mezza bottiglia**	**oo**-nah **mehd**-zah boh-**teel**-yah
...a bottle	**...una bottiglia**	**oo**-nah boh-**teel**-yah
...of red wine	**...di rosso**	dee **roh**-soh
...of white wine	**...di bianco**	dee beeahn-koh
...the wine list	**...la lista dei vini**	lah **lee**-stah dehee **vee**-nee

Wine words:

wine / wines	**vino / vini**	**vee**-noh / **vee**-nee
house wine	**vino della casa**	**vee**-noh **dehl**-lah **kah**-zah
local	**locale**	loh-**kah**-lay
red	**rosso**	**roh**-soh
white	**bianco**	beeahn-koh
rosé	**rosato**	roh-**zah**-toh
sparkling	**frizzante**	freet-**sahn**-tay
sweet	**dolce, abboccato**	**dohl**-chay, ah-boh-**kah**-toh

medium	medio	**may**-deeoh
dry	secco	**say**-koh
very dry	molto secco	**mohl**-toh **say**-koh
cork	tappo	**tah**-poh

Beer:

beer	birra	**bee**-rah
from the tap	alla spina	ah-lah **spee**-nah
bottle	bottiglia	boh-**teel**-yah
light / dark	chiara / scura	keeah-rah / **skoo**-rah
local / imported	locale / importata	loh-**kah**-lay / eem-por-**tah**-tah
Italian beer	birra nazionale	**bee**-rah naht-seeoh-**nah**-lay
German beer	birra tedesca	**bee**-rah tay-**dehs**-kah
Irish beer	birra irlandese	**bee**-rah eer-lahn-**day**-zay
small	piccola	**pee**-koh-lah
medium	media	**may**-deeah
large	grande	**grahn**-day
alcohol-free	analcolica	ahn-ahl-**koh**-lee-kah
cold	fredda	**fray**-dah
colder	più fredda	pew **fray**-dah

EATING

Bar talk:

What would you like?	Che cosa prende?	kay **koh**-zah **prehn**-day
What is the local specialty?	Qual'è la specialità locale?	kwah-**leh** lah spay-chah-lee-**tah** loh-**kah**-lay
Straight.	Liscio.	**lee**-shoh
With / Without...	Con / Senza...	kohn / **sehn**-sah
...alcohol.	...alcool.	**ahl**-kohl
...ice.	...ghiaccio.	geeah-choh

One more.	**Un altro.**	oon **ahl**-troh
Cheers!	**Cin cin!**	cheen cheen
To your health!	**Salute!**	sah-**loo**-tay
Long life!	**Lunga vita!**	**loong**-gah **vee**-tah
Long live Italy!	**Viva l'Italia!**	**vee**-vah lee-**tahl**-yah
I'm feeling...	**Mi sento...**	mee **sehn**-toh
...a little drunk.	**...un po' ubriaco[a].**	oon poh oo-bree**ah**-koh
...blitzed. (colloq.)	**...ubriaco[a] fradicio[a].**	oo-bree**ah**-koh **frah**-dee-choh

Picnicking

At the market:

Is it self service?	**È self-service?**	eh "self-service"
Ripe for today?	**Per mangiare oggi?**	pehr mahn-**jah**-ray **oh**-jee
Does it need to be cooked?	**Bisogna cucinarlo prima di mangiarlo?**	bee-**zohn**-yah koo-chee-**nar**-loh **pree**-mah dee mahn-**jar**-loh
A little taste?	**Un assaggio?**	oon ah-**sah**-joh
Fifty grams.	**Cinquanta grammi.**	cheeng-**kwahn**-tah **grah**-mee
One hundred grams.	**Un etto.**	oon **eht**-toh
More. / Less.	**Più. / Meno.**	pew / **may**-noh
A piece.	**Un pezzo.**	oon **peht**-soh
A slice.	**Una fettina.**	**oo**-nah fay-**tee**-nah
Sliced.	**Tagliato a fettine.**	tahl-**yah**-toh ah fay-**tee**-nay
A small bag.	**Un sacchettino.**	oon sah-keht-**tee**-noh
A bag, please.	**Un sacchetto, per favore.**	oon sah-**keht**-toh pehr fah-**voh**-ray

Can you make me a sandwich?	**Mi può fare un panino?**	mee pwoh **fah**-ray oon pah-**nee**-noh
To take out.	**Da portar via.**	dah **por**-tar **vee**-ah
May we picnic here?	**Va bene fare un picnic qui?**	vah **behn**-nay **fah**-ray oon **peek**-neek kwee
Enjoy your meal!	**Buon appetito!**	bwohn ah-pay-**tee**-toh

Picnic prose:

open air market	**mercato**	mehr-**kah**-toh
grocery store	**alimentari**	ah-lee-mayn-**tah**-ree
supermarket	**supermercato**	soo-pehr-mehr-**kah**-toh
picnic	**picnic**	**peek**-neek
sandwich or roll	**panino**	pah-**nee**-noh
bread	**pane**	**pah**-nay
cured ham (pricey)	**prosciutto crudo**	proh-**shoo**-toh **kroo**-doh
cooked ham	**prosciutto cotto**	proh-**shoo**-toh **kot**-toh
sausage	**salsiccia**	sahl-**see**-chah
cheese	**formaggio**	for-**mah**-joh
mustard...	**senape...**	**say**-nah-pay
mayonnaise...	**maionese...**	mah-yoh-**nay**-zay
...in a tube	**...in tubetto**	een too-**bay**-toh
yogurt	**yogurt**	**yoh**-goort
fruit	**frutta**	**froo**-tah
box of juice	**cartoccio di succo di frutta**	kar-**toh**-choh dee **soo**-koh dee **froo**-tah
spoon / fork...	**cucchiaio / forchetta...**	koo-keeah-yoh / for-**kay**-tah
...made of plastic	**...di plastica**	dee **plah**-stee-kah
cup / plate...	**bicchiere / piatto...**	bee-keeay-ray / peeah-toh
...made of paper	**...di carta**	dee **kar**-tah

Italian-English Menu Decoder

This handy decoder won't list every word on the menu, but it'll help you get *trota* (trout) instead of *trippa* (tripe).

abbocato sweet (wine)
abbacchio lamb (Rome)
acciughe anchovies
aceto vinegar
acqua minerale mineral water
affogato poached
affumicato smoked
aglio garlic
agnello lamb
al dente not overcooked
al forno baked
albicocca apricot
alcool alcohol
all' arrabbiata with bacon, tomato—spicy hot
amatriciana with bacon, tomato, & spices
ananas pineapple
anatra duck
antipasti appetizers
aragosta lobster
arancia orange
aranciata orange soda
aringa herring
arrosto roasted
asparagi asparagus
assortiti assorted
astice male lobster
bacio chocolate hazelnut
barbabietole beets
basilico basil

bevande beverages
bianco white
bibite beverages
bicchiere glass
birra beer
biscotti cookies
bistecca beef steak
bistecca Fiorentina T-bone steak
bollente boiling hot
bollito boiled
bolognese meat & tomato sauce
bottiglia bottle
branzino bass
brioche roll
brodo broth
bruschetta toast with tomatoes
bucatini thick spaghetti
budino pudding
burro butter
caciucco Tuscan fish soup
caffè coffee
calamari squid
caldo hot
calzone folded pizza
cannelloni large tube-shaped noodles
cantucci Tuscan cookies
cappuccino coffee with foam
capra goat
caprese mozzarella & tomato salad

capricciosa   chef's specialty
caprino   goat cheese
capriolo   venison
caraffa   carafe
caramelle   candy
carbonara   with meat sauce
carciofo   artichoke
carne   meat
carote   carrots
carpaccio   raw meat
casa   house
casalingo   homemade
cassata siciliana   Sicilian cake
castagne   chestnut
cavolfiore   cauliflower
cavolo   cabbage
cavolini de Bruxelles   Brussels sprouts
ceci   chickpeas
cena   dinner
cervella   brains
cervo   venison
cetrioli   cucumber
cetriolini   pickles
cibo   food
ciliegia   cherry
cinese   Chinese
cinghiale   boar
cioccolata   chocolate
cipolle   onions
cocomero   watermelon
colazione   breakfast
con   with
con panna   with whipped cream
coniglio   rabbit
cono   cone
contorni   side dishes

coperto   cover charge
coppa   small bowl
coretto   coffee & firewater
cornetto   croissant
cotoletta   cutlet
cotto   cooked
cozze   mussels
crèm caramel   cream pudding
crema   vanilla
crescenza   mild cheese
crostata   pie with jam
crudo   raw
cucina   cuisine
cuoco   chef
da portar via   "to go"
datteri   dates
del giorno   of the day
della casa   of the house
di   of
digestivo   after-dinner drink
dolce   sweet
dolci   desserts
dragoncello   tarragon
e   and
emmenthal   Swiss cheese
entrecote   sirloin steak
etto   one hundred grams
fagiano   pheasant
fagioli   beans
fagiolini   green beans
farcito   stuffed
farfalline   butterfly-shaped pasta
farinata   porridge
fatto in casa   homemade
fegato   liver
fettina   slice
fettucine   flat noodles

fico fig
filetto fillet
focaccia flat bread
formaggio cheese
fragola strawberry
frappè milkshake
freddo cold
fresco fresh
frittata omelet
fritto fried
fritto misto fried seafood
frizzante sparkling
frutta fruit
frutti di mare seafood
frutti di bosco berries
funghi mushrooms
gamberetti small shrimp
gamberi shrimp
gamberoni big shrimp
gassata carbonated
gelatina jelly
gelato Italian ice cream
genovese with pesto sauce
ghiaccio ice
giorno day
gnocchi potato noodles
gorgonzola bleu cheese
granchione crab
grande large
granita snow-cone
granturco corn
grappa firewater
griglia grilled
grissini breadsticks
groviera Swiss cheese
gusti flavors
importata imported

incluso included
insalata salad
lampone raspberry
latte milk
latticini small mozzarella balls
lattuga lettuce
leggero light
legumi vegetables
lepre hare
limonata lemon soda
limone lemon
lingua tongue
locale local
maccheroni tube-shaped pasta
macedonia fresh fruit salad
maiale pork
maionese mayonnaise
mandarino tangerine
mandorle almond
manzo beef
margarina margarine
marmellata jam
mascarpone cheese used in desserts
mela apple
melanzana eggplant
melone canteloupe
menta mint
menù turistico fixed-price menu
menù del giorno menu of the day
mercato open air market
merluzzo cod
mezzo half
miele honey
Milanese fried in breadcrumbs
minerale, acqua mineral water
minestra soup

minestrone vegetable soup
mirtillo blueberry
misto mixed
molto very
nero black
nocciola hazelnut
noccioline peanut
noce walnut
noce di cocco coconut
non not
non fumatori non-smoking
o or
olio oil
olive olives
omelette omelet
orata type of fish
ossobuco bone marrow
ostriche oysters
pallina scoop
pancetta thick bacon
pane bread
panforte fruitcake
panino roll, sandwich
panna cream, whipped cream
pansotti pasta stuffed with veggies
parmigiano parmesan cheese
pasticcini pastry
pastina noodles
patate potatoes
patate fritte French fries
penne tube-shaped noodles
pepato with pepper
pepe pepper
peperonata peppers with tomato sauce
peperoncino paprika
peperoni bell peppers

pera pear
percorino sheep cheese
pesca peach
pesce fish
pesto basil & olive oil sauce
petto di... breast of...
pezzo piece
piatto plate
piccante spicy hot
piccolo small
piselli peas
pistacchio pistachio
polenta moist cornmeal
pollame poultry
pollo chicken
polpo octopus
pomodori tomatoes
pompelmo grapefruit
pranzo lunch
prezzemolo parsley
prima colazione breakfast
primo piatto first course
prosciutto cured ham
prugna prune
quattro four
ragù meat sauce
ribollita hearty cabbage soup
rigatone tube-shaped noodles
ripieno stuffed
riso rice
risotto saffron-flavored rice
ristorante restaurant
rosato rosé
rosmarino rosemary
rosso red
rosticceria deli
rotelline wheel-shaped pasta

MENU DECODER

salame pork sausage
salamino piccante pepperoni
salato salty
sale salt
salmone salmon
salsiccia sausage
salvia sage
saporito mild
sarde sardines
scaloppine thin-sliced veal
scampi prawns
secco dry
secondo piatto second course
selvaggina game
senape mustard
senza without
seppia squid
servizio service charge
servizio incluso service included
servizio non incluso service not
  included
sogliola sole
sorbetto sherbet
specialità speciality
spezzatino meat, potato, & tomato
  stew
spinaci spinach
spremuta freshly-squeezed juice
spuntino snack
stagioni seasons (& pizza toppings)
stracchino spreadable cheese
stracciatella chocolate chips with
  vanilla
strapazzate scrambled
stufato stew
succo juice

sugo sauce, usually tomato
susina plum
tacchino turkey
tagliatelle flat noodles
tartina tart
tartufo super-chocolate ice cream
tavola calda fast food
tavolo table
tazza cup
tè tea
tonno tuna
torta cake
torte pie
tortellini stuffed noodles
tovagliolo napkin
tramezzini crustless sandwiches
trippa tripe
trota trout
uova eggs
uva grapes
vegetariano vegetarian
veloce fast
verde green
verdure vegetables
verza cabbage
vino wine
vitello veal
vongole clams
wurstel hot dogs
yogurt yoghurt
zucchero sugar
zuppa soup

Sightseeing

Where is...?	Dov'è...?	doh-**veh**
...the best view	...la vista più bella	lah **vee**-stah pew **behl**-lah
...the main square	...la piazza principale	lah peeaht-sah preen-chee-**pah**-lay
...the old town center	...il centro storico	eel **chehn**-troh **stoh**-ree-koh
...the museum	...il museo	eel moo-**zay**-oh
...the castle	...il castello	eel kah-**stehl**-loh
...the palace	...il palazzo	eel pah-**laht**-soh
...the ruins	...le rovine	lay roh-**vee**-nay
...tourist information	...ufficio informazioni	oo-**fee**-choh een-for-maht-seeoh-nee
...the toilet	...la toilette	lah twah-**leht**-tay
...the entrance / exit	...l'entrata / l'uscita	lehn-**trah**-tah / loo-**shee**-tah
...a festival	...un festival	oon **fehs**-tee-vahl
Do you have...?	Avete...?	ah-**vay**-tay
...a map	...una cartina	**oo**-nah kar-**tee**-nah
...information	...informazioni	een-for-maht-seeoh-nee
...a guidebook	...una guida	**oo**-nah **gwee**-dah
...a tour	...un tour	oon toor
...in English	...in inglese	een een-**glay**-zay
When is the next tour in English?	Quando è il prossimo tour in inglese?	**kwahn**-doh eh eel **pros**-see-moh toor een een-**glay**-zay
Is it free?	È gratis?	eh **grah**-tees
How much is it?	Quanto costa?	**kwahn**-toh **kos**-tah
Is (the ticket) valid all day?	È valido per tutto il giorno?	eh **vah**-lee-doh pehr **too**-toh eel **jor**-noh

Can I get back in?	**Posso rientrare?**	**pos**-soh ree-ehn-**trah**-ray
What time does this open / close?	**A che ora apre / chiude?**	ah kay **oh**-rah **ah**-pray / kee**oo**-day
What time is the last entry?	**Quand'è l'ultima entrata?**	kwahn-**deh lool**-tee-mah ayn-**trah**-tah
PLEASE let me in.	**PER FAVORE, mi faccia entrare.**	pehr fah-**voh**-ray mee **fah**-chah ayn-**trah**-ray
I've traveled all the way from...	**Sono venuto[a] qui da...**	**soh**-noh vay-**noo**-toh kwee dah
I must leave tomorrow.	**Devo partire domani.**	**day**-voh par-**tee**-ray doh-**mah**-nee
I promise I'll be fast.	**Prometto che sarò veloce.**	proh-**may**-toh kay sah-**roh** vay-**loh**-chay

Shopping

Names of Italian shops:

Where is a...?	**Dov'è un...?**	doh-**veh** oon
antique shop	**negozio di antiquariato**	nay-**goht**-seeoh dee ahn-tee-kwah-reeah-toh
art gallery	**galleria d'arte**	gah-lay-**ree**-ah **dar**-tay
bakery	**panificio**	pah-nee-**fee**-choh
barber shop	**barbiere**	bar-beeay-ray
beauty salon	**parrucchiere**	pah-roo-keeay-ray
book shop	**libreria**	lee-bray-**ree**-ah
camera shop	**foto-ottica**	foh-toh-**ot**-tee-kah
coffee shop	**barra**	**bah**-rah

department store	**grande magazzino**	**grahn**-day **mah**-gahd-**zee**-noh
flea market	**mercato delle pulci**	mehr-**kah**-toh **dehl**-lay **pool**-chee
flower market	**mercato dei fiori**	mehr-**kah**-toh **dehee** fee-**oh**-ree
grocery store	**alimentari**	ah-lee-mayn-**tah**-ree
hardware store	**ferramenta**	fehr-rah-**mehn**-tah
jewelry shop	**gioielliera**	joh-yay-lee**ay**-rah
laundromat	**lavanderia**	lah-vahn-day-**ree**-ah
leather shop	**negozio di pelle**	nay-**goht**-seeoh dee **pehl**-lay
newsstand	**giornalaio**	jor-nah-**lah**-yoh
office supplies	**cartoleria**	kar-toh-lay-**ree**-ah
open air market	**mercato**	mehr-**kah**-toh
optician	**ottico**	**ot**-tee-koh
pastry shop	**pasticceria**	pah-stee-chay-**ree**-ah
pharmacy	**farmacia**	far-mah-**chee**-ah
photocopy shop	**copisteria**	koh-pee-stay-**ree**-ah
pottery shop	**negozio di ceramica**	nay-**goht**-seeoh dee chay-**rah**-mee-kah
souvenir shop	**negozio di souvenir**	nay-**goht**-seeoh dee **soo**-vay-neer
supermarket	**supermercato**	soo-pehr-mehr-**kah**-toh
toy store	**negozio di giocattoli**	nay-**goht**-seeoh dee joh-**kah**-toh-lee
travel agency	**agenzia di viaggi**	ah-jehnt-**see**-ah dee vee**ah**-jee
used bookstore	**negozio di libri usati**	nay-**goht**-seeoh dee **lee**-bree oo-**zah**-tee

SHOPPING

wine shop	**negozio di vini**	nay-**goht**-seeoh dee **vee**-nee

Shop till you drop:

opening hours	**orario d'apertura**	oh-**rah**-ree-oh dah-pehr-**too**-rah
sale	**saldo**	**sahl**-doh
How much is it?	**Quanto costa?**	**kwahn**-toh **kos**-tah
I'm / We're...	**Sto / Stiamo...**	stoh / steeah-moh
...just browsing.	**...solo guardando.**	**soh**-loh gwar-**dahn**-doh
Where can I buy...?	**Dove posso comprare...?**	**doh**-vay pos-soh kohm-**prah**-ray
I'd like...	**Vorrei...**	vor-**rehee**
Do you have something...?	**Avete qualcosa di...?**	ah-**vay**-tay kwahl-**koh**-zah dee
...cheaper	**...meno caro**	**may**-noh **kah**-roh
...better	**...miglior qualità**	**meel**-yor kwah-lee-**tah**
Can I see more?	**Posso vederne ancora?**	**pos**-soh vay-**dehr**-nay ahn-**koh**-rah
This one.	**Questo qui.**	**kweh**-stoh kwee
Can I try it on?	**Lo posso provare?**	loh **pos**-soh proh-**vah**-ray
Do you have a mirror?	**Ha uno specchio?**	ah **oo**-noh **spay**-keeoh
Too...	**Troppo...**	**trop**-poh
...big.	**...grande.**	**grahn**-day
...small.	**...piccolo.**	**pee**-koh-loh
...expensive.	**...caro.**	**kah**-roh
Did you make this?	**L'avete fatto voi questo?**	lah-**vay**-tay **fah**-toh **vohee** **kweh**-stoh
What's it made out of?	**Di che cosa è fatto?**	dee kay **koh**-zah eh **fah**-toh

Is it machine washable?	**Si può lavare in lavatrice?**	see pwoh lah-**vah**-ray een lah-vah-**tree**-chay
Will it shrink?	**Si ritira?**	see ree-**tee**-rah
Credit card O.K.?	**Carta di credito è O.K.?**	**kar**-tah dee **kray**-dee-toh eh "O.K."
Can you ship this?	**Può spedirmelo?**	pwoh spay-deer-**may**-loh
Tax-free?	**Esente da tasse?**	ay-**zehn**-tay dah **tah**-say
I'll think about it.	**Ci penserò.**	chee pehn-say-**roh**
What time do you close?	**A che ora chiudete?**	ah kay **oh**-rah keeeoo-**day**-tay
What time do you open tomorrow?	**A che ora aprite domani?**	ah kay **oh**-rah ah-**pree**-tay doh-**mah**-nee
Is that your final price?	**È questo il prezzo finale?**	eh **kweh**-stoh eel **preht**-soh fee-**nah**-lay
My last offer.	**La mia ultima offerta.**	lah **mee**-ah **ool**-tee-mah oh-**fehr**-tah
Good price.	**Buon prezzo.**	bwohn **preht**-zoh
I'll take it.	**La prendo.**	lah **prehn**-doh
I'm nearly broke.	**Sono quasi al verde.**	**soh**-noh **kwah**-zee ahl **vehr**-day
My male friend...	**Il mio amico...**	eel **mee**-oh ah-**mee**-koh
My female friend...	**La mia amica...**	lah **mee**-ah ah-**mee**-kah
My husband...	**Mio marito...**	**mee**-oh mah-**ree**-toh
My wife...	**Mia moglie...**	**mee**-ah **mohl**-yay
...has the money.	**...ha i soldi.**	ah ee **sohl**-dee

You can look up colors and fabrics in the dictionary near the end of this book.

Repair:

These handy lines can apply to any repair, whether it's a stuck zipper, a broken leg, or a dying car.

This is broken.	**Questo è rotto.**	**kweh**-stoh eh **rot**-toh
Can you fix it?	**Lo può aggiustare?**	loh pwoh ah-joo-**stah**-ray
Just do the essentials.	**Faccia solamente le cose essenziali.**	**fah**-chah soh-lah-**mayn**-tay lay **koh**-zay ay-saynt-seeah-lee
How much will it cost?	**Quanto costa?**	**kwahn**-toh **kos**-tah
When will it be ready?	**Quando sarà pronta?**	**kwahn**-doh sah-**rah pron**-tah
I need it by ___.	**Ne ho bisogno entro ___.**	nay oh bee-**zohn**-yoh **ayn**-troh

Entertainment

What's happening tonight?	**Che cosa succede stasera?**	kay **koh**-zah soo-**chay**-day stah-**zay**-rah
What do you recommend?	**Che cosa raccomanda?**	kay **koh**-zah rah-koh-**mahn**-dah
Is it free?	**È gratis?**	eh **grah**-tees
Where can I buy a ticket?	**Dove si comprano i biglietti?**	**doh**-vay see kohm-**prah**-noh ee beel-**yay**-tee
When does it start?	**A che ora comincia?**	ah kay **oh**-rah koh-**meen**-chah
When does it end?	**A che ora finisce?**	ah kay **oh**-rah fee-**nee**-shay
Will you go out with me?	**Vuole uscire con me?**	**vwoh**-lay oo-**shee**-ray kohn may

Where's the best place to dance nearby?	**Qual'è il posto migliore per ballare qui vicino?**	kwah-**leh** eel **poh**-stoh meel-**yoh**-ray pehr bah-**lah**-ray kwee vee-**chee**-noh
Do you want to dance?	**Vuoi ballare?**	**vwoh**ee bah-**lah**-ray
Where do people stroll?	**Dov'è la passeggiata?**	doh-**veh** lah pah-say-**jah**-tah

Entertaining words:

movie...	**cinema...**	**chee**-nay-mah
...original version	**...versione originale**	vehr-seeoh-nay oh-ree-jee-**nah**-lay
...in English	**...in inglese**	een een-**glay**-zay
...with subtitles	**...con sottotitoli**	kohn soh-toh-**tee**-toh-lee
...dubbed	**...doppiato**	doh-peeah-toh
music...	**musica...**	**moo**-zee-kah
...live	**...dal vivo**	dahl **vee**-voh
...classical	**...classica**	**klah**-see-kah
...folk	**...folk**	fohlk
old rock	**rock vecchio stile**	rok **vehk**-eeoh **stee**-lay
jazz / blues	**jazz / blues**	jahzz / "blues"
singer	**cantante**	kahn-**tahn**-tay
concert	**concerto**	kohn-**chehr**-toh
show	**spettacolo**	spay-**tah**-koh-loh
dancing	**ballare**	bah-**lah**-ray
folk dancing	**danze popolari**	**dahnt**-say poh-poh-**lah**-ree
disco	**discoteca**	dee-skoh-**tay**-kah
no cover charge	**ingresso libero**	een-**gray**-soh **lee**-bay-roh

ENTERTAINMENT

Phoning

Where is the nearest phone?	Dov'è il telefono più vicino?	doh-**veh** eel tay-**lay**-foh-noh pew vee-**chee**-noh
I'd like to telephone...	Vorrei fare una telefonata...	vor-**rehee** fah-ray oo-nah tay-lay-foh-**nah**-tah
...the United States.	...negli Stati Uniti.	**nayl**-yee **stah**-tee oo-**nee**-tee
How much per minute?	Quanto costa al minuto?	**kwahn**-toh **kos**-tah ahl mee-**noo**-toh
I'd like to make a... call.	Vorrei fare una telefonata...	vor-**rehee** fah-ray oo-nah tay-lay-foh-**nah**-tah
...local	...urbana.	oor-**bah**-nah
...collect	...a carico del destinatario.	ah **kah**-ree-koh dayl dehs-tee-nah-**tah**-reeoh
...credit card	...con la carta di credito.	kohn lah **kar**-tah dee **kray**-dee-toh
...long distance (within Italy)	...interurbana.	een-tay-roor-**bah**-nah
...international	...Internazionale.	een-tehr-naht-seeoh-**nah**-lay
It doesn't work.	Non funziona.	nohn foont-see**oh**-nah
May I use your phone?	Posso usare il telefono?	**pos**-soh oo-**zah**-ray eel tay-**lay**-foh-noh
Can you dial for me?	Può fare il numero per me?	pwoh **fah**-ray eel **noo**-may-roh pehr may
Can you talk for me?	Può parlare per me?	pwoh par-**lah**-ray pehr may
It's busy.	È occupato.	eh oh-koo-**pah**-toh
Will you try again?	Può riprovare?	pwoh ree-proh-**vah**-ray
Hello. (answering the phone)	Pronto.	**pron**-toh

My name is...	Mi chiamo...	mee keeah-moh
My number is...	Il mio	eel mee-oh
	numero è...	noo-may-roh eh
Speak slowly and clearly.	Parli lentamente e chiaramente.	par-lee layn-tah-mayn-tay ay keeah-rah-mayn-tay
Wait a moment.	Un momento.	oon moh-mayn-toh
Don't hang up.	Non agganci.	nohn ah-gahn-chee

Key telephone words:

telephone	telefono	tay-lay-foh-noh
telephone card	carta telefonica	kar-tah tay-lay-foh-nee-kah
operator	centralinista	chayn-trah-lee-nee-stah
international assistance	assistenza per chiamate internazionali	ah-see-stehnt-sah pehr keeah-mah-tay een-tehr-naht-seeoh-nah-lee
country code	prefisso per il paese	pray-fee-soh pehr eel pah-ay-zay
area code	prefisso	pray-fee-soh
telephone book	elenco	ay-lehn-koh
	telefonico	tay-lay-foh-nee-koh
yellow pages	pagine gialle	pah-jee-nay jah-lay
metered phone	telefono a scatti	tay-lay-foh-noh ah skah-tee
phone booth	cabina telefonica	kah-bee-nah tay-lay-foh-nee-kah
place to make public phone calls	posto telefonico pubblico	pos-toh tay-lay-foh-nee-koh poo-blee-koh
out of service	guasto	gooah-stoh

E-mail

e-mail	posta elettronica	**pos**-tah ay-leht-**troh**-nee-kah
internet	**internet**	**een**-tehr-neht
May I check my e-mail?	**Posso controllare la posta elettronica?**	**pos**-soh kohn-troh-**lah**-ray lah **pos**-tah ay-leht-**troh**-nee-kah
Where can I get access to the internet?	**C'è un posto dove posso accedere a internet?**	cheh oon **pos**-toh **doh**-vay **pos**-soh ah-**chay**-day-ray ah **een**-tehr-neht
Where is the nearest cybercafé?	**Dov'è il caffè cibernetico più vicino?**	doh-**veh** eel kah-**feh** chee-behr-**nay**-tee-koh pew vee-**chee**-noh

On the computer screen:

aprire	open	**messaggio**	message
cancellare	delete	**salvare**	save
documento	file	**stampare**	print
inviare	send		

Post Office

Where is the post office?	**Dov'è la Posta?**	doh-**veh** lah **poh**-stah
Which window for...?	**Qual'è lo sportello per...?**	kwah-**leh** loh spor-**tehl**-loh pehr
Is this the line for...?	**È questa la fila per...?**	eh **kweh**-stah lah **fee**-lah pehr

...stamps	...francobolli	frahn-koh-**boh**-lee
...packages	...pacchi	**pah**-kee
To the United States...	**Per Stati Uniti...**	pehr **stah**-tee oo-**nee**-tee
...by air mail.	...**per via aerea.**	pehr **vee**-ah ah-**ay**-ray-ah
...slow and cheap.	...**lento e economico.**	**lehn**-toh ay ay-koh-**noh**-mee-koh
How much is it?	**Quanto costa?**	**kwahn**-toh **kos**-tah
How many days will it take?	**Quanti giorni ci vogliono?**	**kwahn**-tee **jor**-nee chee **vohl**-yoh-noh

Licking the postal code:

Post & Telegraph Office	**Poste e Telegrafi**	**poh**-stah ay tay-**lay**-grah-fee
post office	**ufficio postale**	oo-**fee**-choh poh-**stah**-lay
stamp	**francobollo**	frahn-koh-**boh**-loh
postcard	**cartolina**	kar-toh-**lee**-nah
letter	**lettera**	**leht**-tay-rah
aerogram	**aerogramma**	ah-ay-roh-**grah**-mah
envelope	**busta**	**boo**-stah
package	**pacco**	**pah**-koh
box...	**scatola...**	**skah**-toh-lah
...cardboard	...**de cartone**	day kar-**toh**-nay
string / tape	**filo / scotch**	**fee**-loh / "scotch"
mailbox	**cassetta postale**	kah-**say**-tah poh-**stah**-lay
air mail	**per via aerea**	pehr **vee**-ah ah-**ay**-ray-ah
express	**espresso**	ay-**sprehs**-soh
slow and cheap	**lento e economico**	**lehn**-toh ay ay-koh-**noh**-mee-koh

Help!

Help!	**Aiuto!**	ah-**yoo**-toh
Help me!	**Aiutatemi!**	ah-yoo-**tah**-tay-mee
Call a doctor!	**Chiamate un dottore!**	keeah-**mah**-tay oon doh-**toh**-ray
ambulance	**ambulanza**	ahm-boo-**lahnt**-sah
accident	**incidente**	een-chee-**dehn**-tay
injured	**ferito**	fay-**ree**-toh
emergency	**emergenza**	ay-mehr-**jehnt**-sah
emergency room	**pronto soccorso**	**pron**-toh soh-**kor**-soh
fire	**fuoco**	**fwoh**-koh
police	**polizia**	poh-leet-**see**-ah
thief	**ladro**	**lah**-droh
pick-pocket	**borsaiolo**	bor-sah-**yoh**-loh
I've been ripped off.	**Sono stato[a] imbrogliato[a].**	**soh**-noh **stah**-toh eem-brohl-**yah**-toh
I've lost my...	**Ho perso il mio...**	oh **pehr**-soh eel **mee**-oh
...passport.	**...passaporto.**	pah-sah-**por**-toh
...ticket.	**...biglietto.**	beel-**yay**-toh
...baggage.	**...bagaglio.**	bah-**gahl**-yoh
...wallet.	**...portafoglio.**	por-tah-**fohl**-yoh
I've lost...	**Ho perso...**	oh **pehr**-soh
...my purse.	**...la mia borsa.**	la **mee**-ah **bor**-sah
...my faith in humankind.	**...la fiducia nel prossimo.**	lah fee-**doo**-chah nayl **pros**-see-moh
I'm lost.	**Mi sono perso[a].**	mee **soh**-noh **pehr**-soh

In Italy, call 118 if you have a medical emergency.

Help for women:

Leave me alone.	**Mi lasci in pace.**	mee **lah**-shee een **pah**-chay
I *vant* to be alone.	**Voglio stare sola.**	**vohl**-yoh **stah**-ray **soh**-lah
I'm not interested.	**Non sono interessata.**	nohn **soh**-noh een-tay-ray-**sah**-tah
I'm married.	**Sono sposata.**	**soh**-noh spoh-**zah**-tah
I'm a lesbian.	**Sono lesbica.**	**soh**-noh **lehz**-bee-kah
I have a contagious disease.	**Ho una malattia contagiosa.**	oh **oo**-nah mah-lah-**tee**-ah kohn-tah-**joh**-zah
You are intrusive.	**Mi sta dando fastidio.**	mee stah **dahn**-doh fah-**stee**-deeoh
This man is bothering me.	**Questo uomo mi importuna.**	**kweh**-stoh **woh**-moh mee eem-por-**too**-nah
Don't touch me.	**Non mi tocchi.**	nohn mee **toh**-kee
You're disgusting.	**Tu sei disgustoso.**	too sehee dees-goo-**stoh**-zoh
Stop following me.	**La smetta di seguirmi.**	lah **zmay**-tah dee **say**-gweer-mee
Enough!	**Basta!**	**bah**-stah
Go away.	**Se ne vada.**	say nay **vah**-dah
Get lost!	**Sparisca!**	spah-**ree**-skah
Drop dead!	**Crepi!**	**kray**-pee
I'll call the police.	**Chiamo la polizia.**	keeah-moh lah poh-leet-**see**-ah

Whenever macho males threaten to make leering a contact sport, local women stroll arm-in-arm or holding hands. Wearing conservative clothes and avoiding smiley eye contact also convey a "don't hustle me" message.

Health

I feel sick.	**Mi sento male.**	mee **sehn**-toh **mah**-lay
I need a doctor...	**Ho bisogno di un dottore...**	oh bee-**zohn**-yoh dee oon doh-**toh**-ray
...who speaks English.	**...che parli inglese.**	kay **par**-lee een-**glay**-zay
It hurts here.	**Fa male qui.**	fah **mah**-lay kwee
I'm allergic to...	**Sono allergico[a]...**	**soh**-noh ah-**lehr**-jee-koh
...penicillin.	**...alla penicillina.**	ah-lah pay-nee-chee-**lee**-nah
I am diabetic.	**Ho il diabete.**	oh eel deeah-**bay**-tay
I've missed a period.	**Ho saltato il ciclo mestruale.**	oh sahl-**tah**-toh eel **chee**-kloh may-stroo-**ah**-lay
My male friend has...	**Il mio amico ha...**	eel **mee**-oh ah-**mee**-koh ah
My female friend has...	**La mia amica ha...**	lah **mee**-ah ah-**mee**-kah ah
I have...	**Ho...**	oh
...asthma.	**...l'asma.**	**lahz**-mah
...athelete's foot.	**...mal di piedi.**	mahl dee peeay-dee
...bug bites.	**...morsicatura d'insetto.**	mor-see-kah-**too**-rah deen-**seht**-toh
...a burn.	**...un bruciatura.**	oon broo-chah-**too**-rah
...chest pains.	**...dolore al petto.**	doh-**loh**-ray ahl **peht**-toh
...a cold.	**...un raffreddore.**	oon rah-fray-**doh**-ray
...constipation.	**...stitichezza.**	stee-tee-**kayt**-sah
...a cough.	**...la tosse.**	lah **tos**-say
...diarrhea.	**...diarrea.**	dee-ah-**ray**-ah
...dizziness.	**...la testa che gira.**	lah **tehs**-tah kay **jee**-rah
...a fever.	**...la febbre.**	lah **fehb**-bray
...hemorrhoids.	**...le emorroidi.**	lay ay-moh-roh**ee**-dee

...the flu.	...l'influenza.	leen-floo-**ehnt**-sah
...the giggles.	...la ridarella.	lah ree-dah-**ray**-lah
...hay fever.	...il raffreddore da fieno.	eel rah-fray-**doh**-ray dah feeay-noh
...a headache.	...un mal di testa.	oon mahl dee **tehs**-tah
...high blood pressure.	...la pressione alta.	lah pray-seeoh-nay **ahl**-tah
...indigestion.	...una indigestione.	oo-nah een-dee-jay-steeoh-nay
...an infection.	...una infezione.	oo-nah een-fay-tseeoh-nay
...a migraine.	...l'emicrania.	lay-mee-**krah**-nee-ah
...nausea.	...nausea.	**now**-zee-ah
...a rash.	...una infiammazione.	oo-nah een-feeah-maht-seeoh-nay
...a sore throat.	...la gola infiammata.	lah **goh**-lah een-feeah-**mah**-tah
...a stomach ache.	...il mal di stomaco.	eel mahl dee **stom**-ah-koh
...swelling.	...un gonfiore.	oon gohn-feeoh-ray
...a toothache.	...mal di denti.	mahl dee **dehn**-tee
...a venereal disease.	...una malattia venerea.	oo-nah mah-lah-**tee**-ah vay-nay-**ray**-ah
...urinary infection.	...infezione urinaria.	een-feht-seeoh-nay oo-ree-**nah**-reeah
...worms.	...vermi.	**vehr**-mee
I have body odor.	Puzzo.	**poot**-soh
Is it serious?	È grave?	eh **grah**-vay

HEALTH

Handy health words:

pain	**dolore**	doh-**loh**-ray
dentist	**dentista**	dayn-**tee**-stah
doctor	**dottore**	doh-**toh**-ray
nurse	**infermiera**	een-fehr-mee**ay**-rah
health insurance	**assicurazione medica**	ah-see-koo-raht-see**oh**-nay **mehd**-ee-kah
hospital	**ospedale**	oh-spay-**dah**-lay
blood	**sangue**	**sahn**-gway
bandage	**cerotti**	chay-**rot**-tee
medicine	**medicina**	may-dee-**chee**-nah
pharmacy	**farmacia**	far-mah-**chee**-ah
prescription	**prescrizione**	pray-skreet-see**oh**-nay
pill	**pillola**	**pee**-loh-lah
aspirin	**aspirina**	ah-spee-**ree**-nah
non-aspirin substitute	**Saridon**	**sah**-ree-dohn
antibiotic	**antibiotici**	ahn-tee-bee**oh**-tee-chee
cold medicine	**medicina per il raffreddore**	may-dee-**chee**-nah pehr eel rah-fray-**doh**-ray
cough drops	**sciroppo per la tosse**	skee-**roh**-poh pehr lah **tos**-say
antacid	**antiacido**	ahn-teeah-**chee**-doh
pain killer	**analgesico**	ah-nahl-**jehz**-ee-koh
Preparation H	**Preparazione H**	pray-pah-raht-see**oh**-nay **ah**-kah
vitamins	**vitamine**	vee-tah-**mee**-nay

Chatting

My name is...	**Mi chiamo...**	mee keeah-moh
What's your name?	**Come si chiama?**	**koh**-may see keeah-mah
This is...	**Le presento...**	lay pray-**zehn**-toh
How are you?	**Come sta?**	**koh**-may stah
Very well, thank you.	**Molto bene, grazie.**	**mohl**-toh **behn**-ay **graht**-seeay
Where are you from?	**Di dove è?**	dee **doh**-vay eh
What... are you from?	**Da che... viene?**	dah kay... veeay-nay
...city	**...città**	chee-**tah**
...country	**...paese**	pah-**ay**-zay
...planet	**...pianeta**	peeah-**nay**-tah
I'm...	**Sono...**	**soh**-noh
...American.	**...Americano[a].**	ah-may-ree-**kah**-noh
...Canadian.	**...Canadese.**	kah-nah-**day**-zay

Who's who:

My...	**Mio / Mia...**	**mee**-oh / **mee**-ah
...male friend / female friend.	**...amico / amica.**	ah-**mee**-koh / ah-**mee**-kah
...boyfriend / girlfriend.	**...ragazzo / ragazza.**	rah-**gaht**-soh / rah-**gaht**-sah
...husband / wife.	**...marito / moglie.**	mah-**ree**-toh / **mohl**-yay
...son / daughter.	**...figlio / figlia.**	**feel**-yoh / **feel**-yah
...brother / sister.	**...fratello / sorella.**	frah-**tehl**-loh / soh-**rehl**-lah
...father / mother.	**...padre / madre.**	**pah**-dray / **mah**-dray
...uncle / aunt.	**...zio / zia.**	**tseeoh** / **tseeah**
...nephew or niece.	**...nipote.**	nee-**poh**-tay
...male / female cousin.	**...cugino / cugina.**	koo-**gee**-noh / koo-**gee**-nah

| ...grandfather / grandmother. | ...nonno / nonna. | **noh**-noh / **noh**-nah |
| ...grandchild. | ...nipote. | nee-**poh**-tay |

Family and work:

Are you married? (asked of a woman)	È sposata?	eh spoh-**zah**-tah
Are you married? (asked of a man)	È sposato?	eh spoh-**zah**-toh
Do you have children?	Ha bambini?	ah bahm-**bee**-nee
How many boys and girls?	Quanti ragazzi e ragazze?	**kwahn**-tee rah-**gaht**-zee ay rah-**gaht**-zay
Do you have photos?	Ha foto?	ah **foh**-toh
How old is your child?	Quanti anni ha il suo bambino?	**kwahn**-tee **ahn**-nee ah eel **soo**-oh bahm-**bee**-noh
Beautiful child!	Bel bambino!	behl bahm-**bee**-noh
Beautiful children!	Bei bambini!	**beh**ee bahm-**bee**-nee
What is your job?	Che lavoro fa?	kay lah-**voh**-roh fah
Do you like your work?	Le piace il suo lavoro?	lay peeah-chay eel **soo**-oh lah-**voh**-roh
I'm a...	Sono...	**soh**-noh
...male student / female student.	...studente / studentessa.	stoo-**dehn**-tay / stoo-dehn-**tehs**-sah
...teacher.	...insegnante.	een-sayn-**yahn**-tay
...worker.	...operaio[a].	oh-pay-**rah**-yoh
...professional traveler.	...turista di professione.	too-**ree**-stah dee proh-fay-seeoh-nay
Can I take a photo of you?	Posso far le uno fotografia?	**pos**-soh **far** lay **oo**-noh foh-toh-grah-**fee**-ah

Travel talk:

I am / Are you...?	**Sono / È...?**	**soh**-noh / eh
...on vacation	**...in vacanza**	een vah-**kahnt**-sah
...on business	**...qui per lavoro**	kwee pehr lah-**voh**-roh
How long have you been traveling?	**Da quanto tempo è in viaggio?**	dah **kwahn**-toh **tehm**-poh eh een veeah-joh
day / week	**giorno / settimana**	**jor**-noh / say-tee-**mah**-nah
month / year	**mese / anno**	**may**-zay / **ahn**-noh
When are you going home?	**Quando ritorna a casa?**	**kwahn**-doh ree-**tor**-nah ah **kah**-zah
This is my first time in...	**Questa è la mia prima volta in...**	**kweh**-stah eh lah **mee**-ah **pree**-mah **vohl**-tah een
It is (not) a tourist trap.	**(Non) è una trappola per turisti.**	(nohn) eh **oo**-nah trah-**poh**-lah pehr too-**ree**-stee
I'm happy here.	**Sono felice qui.**	**soh**-noh fay-**lee**-chay kwee
This is paradise.	**Questo è il paradiso.**	**kweh**-stoh eh eel pah-rah-**dee**-zoh
The Italians are friendly.	**Gli italiani sono amichevoli.**	**lee**yee ee-tah-lee**ah**-nee **soh**-noh ah-mee-kay-**voh**-lee
Italy is fantastic.	**L'Italia è fantastica.**	lee-**tahl**-yah eh fahn-**tah**-stee-koh
Travel is good for your health.	**Viaggiare fa bene alla salute.**	veeah-**jah**-ray fah **behn**-ay **ah**-lah sah-**loo**-tay
Have a good trip!	**Buon viaggio!**	bwohn vee**ah**-joh

Weather:

What's the weather tomorrow?	**Come sarà il tempo domani?**	koh-may sah-**rah** eel tehm-poh doh-**mah**-nee
sunny / cloudy	**bello / nuvoloso**	**behl**-loh / noo-voh-**loh**-zoh
hot / cold	**caldo / freddo**	**kahl**-doh / **fray**-doh
muggy / windy	**umido / ventoso**	oo-**mee**-doh / vehn-**toh**-zoh
rain / snow	**pioggia / neve**	peeoh-jah / **nay**-vay

Thanks a million:

A thousand thanks.	**Grazie mille.**	**graht**-seeay **mee**-lay
You are...	**Lei è...**	**leh**ee eh
...kind.	**...gentile.**	jayn-**tee**-lay
...helpful.	**...di aiuto.**	dee ah-**yoo**-toh
...generous.	**...generoso[a].**	jay-nay-**roh**-zoh
It's / You are...	**È / Lei è...**	eh / **leh**ee eh
...great.	**...ottimo.**	**ot**-tee-moh
...great fun.	**...un vero divertimento.**	oon **vay**-roh dee-vehr-tee-**mayn**-toh
You've gone to much trouble.	**Si è veramente disturbato[a].**	see eh vay-rah-**mayn**-tay dee-stoor-**bah**-toh
You are a saint.	**Lei è un santo[a].**	**leh**ee eh oon **sahn**-toh
You spoil me / us.	**Mi (Ci) viziate.**	mee (chee) veet-seeah-tay
I will remember you...	**Mi ricorderò di Lei...**	mee ree-kor-day-**roh** dee **leh**ee
...always.	**...sempre.**	**sehm**-pray
...till Tuesday.	**...fino a martedì.**	**fee**-noh ah mar-tay-**dee**

GERMAN

Getting Started

Versatile, entertaining German

...is spoken throughout Germany, Austria, and most of Switzerland. In addition, German rivals English as the handiest second language in Scandinavia, the Netherlands, Eastern Europe, and Turkey.

German is kind of a "lego language." Be on the lookout for fun combination words. A *Fingerhut* (finger hat) is a thimble, a *Halbinsel* (half island) is a peninsula, a *Stinktier* (stinky animal) is a skunk, and a *Dummkopf* (dumb head) is . . . um . . . uh . . .

German has some key twists to its pronunciation:

CH sounds like the guttural CH in Scottish loch.

J sounds like Y in yes.

S can sound like S in sun or Z in zoo.

But *S* followed by *CH* sounds like SH in shine.

V sounds like F in fun.

W sounds like V in volt.

Z sounds like TS in hits.

EI sounds like I in light.

EU sounds like OY in joy.

IE sounds like EE in seed.

German has a few unusual signs and sounds. The letter *ß* is not a letter B at all—it's the sound of "ss." Some of the German vowels are double-dotted with an "umlaut." The *ü* has a sound uncommon in English. To make the *ü* sound, round your lips to say "o," but say "ee." The German *ch* has a clearing-your-throat sound. Say *Achtung!*

Here's a guide to the phonetics in this book:

ah	like A in father.
ay	like AY in play.
e, eh	like E in let.
ee	like EE in seed.
ehr	sounds like "air."
ew	pucker your lips and say "ee."
g	like G in go.
i	like I in bit.
ī	like I in light.
kh	like the guttural CH in Achtung.
o	like O in cost.
oh	like O in note.
oo	like OO in too.
ow	like OW in cow.
oy	like OY in joy.
ts	like TS in hits. It's a small explosive sound.

| u | like U in put. |
| ur | like UR in purr. |

In German, the verb is often at the end of the sentence—it's where the action is. Germans capitalize all nouns. Each noun has a sex which determines which "the" you'll use (*der* boy, *die* girl, and *das* neuter). No traveler is expected to remember which is which. It's O.K. to just grab whichever "the" (*der, die, das*) comes to mind. In the interest of simplicity, we've occasionally left out the articles. Also for simplicity, we often drop the "please." Please use "please" (*bitte*) liberally.

Each German-speaking country has a distinct dialect. The Swiss speak a lilting Swiss-German but write High German like the Germans. The multilingual Swiss greet you with a cheery *"Gruetzi,"* use *"Merci"* for thank you, and say goodbye with a *"Ciao."* Both Austrians and Bavarians speak in a sing-song dialect, and greet one another with *"Grüss Gott"* (May God greet you).

German Basics

Meeting and greeting Germans:

Good day.	**Guten Tag.**	**goo**-ten tahg
Good morning.	**Guten Morgen.**	**goo**-ten **mor**-gen
Good evening.	**Guten Abend.**	**goo**-ten **ah**-bent
Good night.	**Gute Nacht.**	**goo**-teh nahkht
Hi. (informal)	**Hallo.**	**hah**-loh
Welcome!	**Willkommen!**	vil-**kom**-men
Mr. / Ms. /	**Herr / Frau /**	hehr / frow /
Miss (under 18)	**Fräulein**	**froy**-līn
How are you?	**Wie geht's?**	vee gayts
Very well, thanks.	**Sehr gut, danke.**	zehr goot **dahng**-keh
And you?	**Und Ihnen?**	oont **ee**-nen
My name is...	**Ich heiße...**	ikh **hī**-seh
What's your name?	**Wie heißen Sie?**	vee **hī**-sen zee
Pleased to meet you.	**Sehr erfreut.**	zehr ehr-**froyt**
Where are you from?	**Woher kommen Sie?**	voh-hehr **kom**-men zee
I am / Are you...?	**Ich bin / Sind Sie...?**	ikh bin / zint zee
...on vacation	**...auf Urlaub**	owf **oor**-lowp
Are you working today?	**Arbeiten Sie heute?**	**ar**-bīt-en zee **hoy**-teh
See you later!	**Bis später!**	bis **shpay**-ter
So long! (informal)	**Tschüss!**	chewss
Goodbye.	**Auf Wiedersehen.**	owf **vee**-der-zayn
Good luck!	**Viel Glück!**	feel glewk
Have a good trip!	**Gute Reise!**	**goo**-teh **rī**-zeh

Survival Phrases

While he used a tank instead of a Eurailpass, General Patton made it all the way to Berlin using only these phrases. They're repeated on your tear-out "cheat sheet" at the end of this book.

The essentials:

Good day.	**Guten Tag.**	**goo**-ten tahg
Do you speak English?	**Sprechen Sie Englisch?**	**shprekh**-en zee **eng**-lish
Yes. / No.	**Ja. / Nein.**	yah / nīn
I don't speak German.	**Ich spreche kein Deutsch.**	ikh **shprekh**-eh kīn doych
Excuse me.	**Entschuldigung.**	ent-**shool**-dee-goong
I'm sorry.	**Es tut mir leid.**	es toot meer līt
Please.	**Bitte.**	**bit**-teh
Thank you.	**Danke.**	**dahng**-keh
No problem.	**Kein Problem.**	kīn proh-**blaym**
Very good.	**Sehr gut.**	zehr goot
You are very kind.	**Sie sind sehr freundlich.**	zee zint zehr **froynd**-likh
Goodbye.	**Auf Wiedersehen.**	owf **vee**-der-zayn

Where?

Where is...?	**Wo ist...?**	voh ist
...a hotel	**...ein Hotel**	īn hoh-**tel**
...a youth hostel	**...eine Jugendherberge**	ī-neh **yoo**-gend-hehr-behr-geh

...a restaurant	...ein Restaurant	in res-tow-**rahnt**
...a supermarket	...ein Supermarkt	in **zoo**-per-markt
...a pharmacy	...eine Apotheke	i-neh ah-poh-**tay**-keh
...a bank	...eine Bank	i-neh bahnk
...the train station	...der Bahnhof	dehr **bahn**-hohf
...the tourist information office	...das Touristen-informationsbüro	dahs **too**-ris-ten-in-for-**maht**-see-ohns-**bew**-roh
...the toilet	...die Toilette	dee toh-**leh**-teh
men / women	Herren / Damen	**hehr**-ren / **dah**-men

How much?

How much is it?	Wieviel kostet das?	vee-**feel kos**-tet dahs
Write it?	Schreiben?	**shri**-ben
Cheap / Cheaper / Cheapest.	Billig / Billiger / Am Billigsten.	**bil**-lig / **bil**-lig-er / ahm **bil**-lig-sten
Is it free?	Ist es umsonst?	ist es oom-**zohnst**
Included?	Inklusive?	in-**kloo**-sev
Do you have...?	Haben Sie...?	**hah**-ben zee
Where can I buy...?	Wo kann ich kaufen...?	voh kahn ikh **kow**-fen
I would like...	Ich hätte gern...	ikh **het**-teh gehrn
...this.	...dies.	deez
...just a little.	...nur ein bißchen.	noor in **bis**-yen
...more.	...mehr.	mehr
...a ticket.	...eine Karte.	i-neh **kar**-teh
...a room.	...ein Zimmer.	in **tsim**-mer
...the bill.	...die Rechnung.	dee **rekh**-noong

How many?

one	**eins**	īns
two	**zwei**	tsvī
three	**drei**	drī
four	**vier**	feer
five	**fünf**	fewnf
six	**sechs**	zex
seven	**sieben**	**zee**-ben
eight	**acht**	ahkht
nine	**neun**	noyn
ten	**zehn**	tsayn

You'll find more to count on in the Numbers chapter.

When?

At what time?	**Um wieviel Uhr?**	oom vee-**feel** oor
Just a moment.	**Moment.**	moh-**ment**
now / soon / later	**jetzt / bald / später**	yetzt / bahld / **shpay**-ter
today / tomorrow	**heute / morgen**	**hoy**-teh / **mor**-gen

Struggling with German:

Do you speak English?	**Sprechen Sie Englisch?**	**shprekh**-en zee **eng**-lish
A teeny weeny bit?	**Ein ganz klein bißchen?**	īn gahnts klīn **bis**-yen
Please speak English.	**Bitte sprechen Sie Englisch.**	**bit**-teh **shprekh**-en zee **eng**-lish
You speak English well.	**Ihr Englisch ist sehr gut.**	eer **eng**-lish ist zehr goot

I don't speak German.	**Ich spreche kein Deutsch.**	ikh **shprekh**-eh kīn doych
I speak a little German.	**Ich spreche ein bißchen Deutsch.**	ikh **shprekh**-eh īn **bis**-yen doych
What is this in German?	**Wie heißt das auf Deutsch?**	vee hīst dahs owf doych
Repeat?	**Noch einmal?**	nokh **īn**-mahl
Please speak slowly.	**Bitte sprechen Sie langsam.**	**bit**-teh **shprekh**-en zee **lahng**-zahm
Slower.	**Langsamer.**	**lahng**-zah-mer
I understand.	**Ich verstehe.**	ikh fehr-**shtay**-heh
I don't understand.	**Ich verstehe nicht.**	ikh fehr-**shtay**-heh nikht
Do you understand?	**Verstehen Sie?**	fehr-**shtay**-hen zee
Write it?	**Schreiben?**	**shrī**-ben
Does someone there speak English?	**Spricht dort jemand Englisch?**	shprikt dort **yay**-mahnt **eng**-lish
Who speaks English?	**Wer kann Englisch?**	vehr kahn **eng**-lish

Handy questions:

How much?	**Wieviel?**	vee-**feel**
How many?	**Wieviele?**	vee-**fee**-leh
How long...?	**Wie lang...?**	vee lahng
...is the trip	**...dauert die Reise**	**dow**-ert dee **rī**-zeh
How many minutes?	**Wieviele Minuten?**	vee-**fee**-leh mee-**noo**-ten
How many hours?	**Wieviele Stunden?**	vee-**fee**-leh **shtoon**-den
How far?	**Wie weit?**	vee vīt
How?	**Wie?**	vee
Is it possible?	**Ist es möglich?**	ist es **mur**-glikh

Is it necessary?	**Ist das nötig?**	ist dahs **nur**-tig
Can you help me?	**Können Sie mir helfen?**	**kurn**-nen zee meer **hehl**-fen
What? (didn't hear)	**Wie bitte?**	vee **bit**-teh
What is that?	**Was ist das?**	vahs ist dahs
What is better?	**Was ist besser?**	vahs ist **bes**-ser
What's going on?	**Was ist los?**	vahs ist lohs
When?	**Wann?**	vahn
What time is it?	**Wie spät ist es?**	vee shpayt ist es
At what time?	**Um wieviel Uhr?**	oom vee-**feel** oor
On time? Late?	**Pünktlich? Spät?**	**pewnkt**-likh / shpayt
When does this...?	**Um wieviel Uhr ist hier...?**	oom vee-**feel** oor ist heer
...open	**...geöffnet**	geh-**urf**-net
...close	**...geschlossen**	geh-**shlos**-sen
Where is / are...?	**Wo ist / sind...?**	voh ist / zint
Where can I find / buy...?	**Wo kann ich... finden / kaufen?**	voh kahn ikh... **fin**-den / **kow**-fen
Do you have...?	**Haben Sie...?**	**hah**-ben zee
Anything else?	**Sonst noch etwas?**	zohnst nokh **et**-vahs
Can I...?	**Kann ich...?**	kahn ikh
Can we...?	**Können wir...?**	**kurn**-nen veer
...have one	**...eins haben**	īns **hah**-ben
...go free	**...unsonst rein**	oom-**zohnst** rīn
Who?	**Wer?**	vehr
Why?	**Warum?**	vah-**room**
Why not?	**Warum nicht?**	vah-**room** nikht
Yes or no?	**Ja oder nein?**	yah **oh**-der nīn

Das yin und yang:

cheap / expensive	**billig / teuer**	**bil**-lig / **toy**-er
big / small	**groß / klein**	grohs / klīn
hot / cold	**heiß / kalt**	hīs / kahlt
open / closed	**geöffnet / geschlossen**	geh-**urf**-net / geh-**shlos**-sen
entrance / exit	**Eingang / Ausgang**	**īn**-gahng / **ows**-gahng
push / pull	**drücken / ziehen**	**drewk**-en / **tsee**-hen
arrive / depart	**ankommen / abfahren**	**ahn**-kom-men / **ahp**-fah-ren
early / late	**früh / spät**	frew / shpayt
soon / later	**bald / später**	bahld / **shpay**-ter
fast / slow	**schnell / langsam**	shnel / **lahng**-zahm
here / there	**hier / dort**	heer / dort
near / far	**nah / fern**	nah / fehrn
indoors / outdoors	**drinnen / draussen**	**drin**-nen / **drow**-sen
good / bad	**gut / schlecht**	goot / shlekht
best / worst	**beste / schlechteste**	**bes**-teh / **shlekh**-tes-teh
a little / lots	**wenig / viel**	**vay**-nig / feel
more / less	**mehr / weniger**	mehr / **vay**-nig-er
mine / yours	**mein / ihr**	mīn / eer
easy / difficult	**leicht / schwierig**	līkht / **shvee**-rig
left / right	**links / rechts**	links / rekhts
up / down	**oben / unten**	**oh**-ben / **oon**-ten
above / below	**obere / untere**	**oh**-ber-eh / **oon**-ter-eh
young / old	**jung / alt**	yoong / ahlt
new / old	**neu / alt**	noy / ahlt
heavy / light	**schwer / leicht**	shvehr / līkht

dark / light	**dunkel / hell**	**dun**-kel / hel
happy / sad	**glücklich / traurig**	**glewk**-likh / **trow**-rig
beautiful / ugly	**schön / häßlich**	shurn / **hes**-likh
nice / mean	**nett / gemein**	net / geh-**mīn**
smart / stupid	**klug / dumm**	kloog / dum
vacant / occupied	**frei / besetzt**	frī / beh-**zetst**
with / without	**mit / ohne**	mit / **oh**-neh

Big little words:

I	**ich**	ikh
you (formal)	**Sie**	zee
you (informal)	**du**	doo
we	**wir**	veer
he	**er**	ehr
she	**sie**	zee
they	**sie**	zee
and	**und**	oont
at	**bei**	bī
because	**weil**	vīl
but	**aber**	**ah**-ber
by (via)	**mit**	mit
for	**für**	fewr
from	**von**	fon
here	**hier**	heer
if	**ob**	ohp
in	**in**	in
not	**nicht**	nikht
now	**jetzt**	yetst
only	**nur**	noor
or	**oder**	**oh**-der
this / that	**dies / das**	deez / dahs
to	**nach**	nahkh
very	**sehr**	zehr

Das Alphabet:

In case you need to spell your name out loud or participate in a spelling bee:

a	ah	**j**	yot	**s**	"s"
ä	ay	**k**	kah	**t**	tay
b	bay	**l**	"l"	**u**	oo
c	tsay	**m**	"m"	**ü**	ew
d	day	**n**	"n"	**v**	fow
e	ay	**o**	"o"	**w**	vay
f	"f"	**ö**	ur	**x**	eeks
g	gay	**p**	pay	**y**	ewp-sil-lon
h	hah	**q**	koo	**z**	tseht
i	ee	**r**	ehr	**ß**	"s"

Very German expressions:

Ach so.	ahkh zoh	I see.
Achtung.	ahkh-toong	Attention.
Alles klar.	**ah**-les klar	Everything is clear.
Ausgezeichnet.	ows-get-**tsīkh**-net	Excellent.
Bitte.	**bit**-teh	Please. / You're welcome. Can I help you?
Es geht.	es gayt	So-so.
Gemütlich.	geh-**mewt**-likh	Cozy. (see note below)
Genau.	geh-**now**	Exactly.
Halt.	hahlt	Stop.
Kein Wunder.	kīn **voon**-dehr	No wonder.
Mach schnell!	mahkh shnel	Hurry up!
Natürlich.	**nah**-tewr-likh	Naturally.
Stimmt.	shtimt	Correct.

German names for places:

Germany	**Deutschland**	**doych**-lahnd
Munich	**München**	**mewnkh**-en
Bavaria	**Bayern**	**bī**-ehrn
Black Forest	**Schwarzwald**	**shvartz**-vahld
Danube	**Donau**	**doh**-now
Austria	**Österreich**	**urs**-tehr-rīkh
Vienna	**Wien**	veen
Switzerland	**Schweiz**	shvītz
Italy	**Italien**	i-**tah**-lee-en
Venice	**Venedig**	**veh**-neh-dig
France	**Frankreich**	**frahnk**-rīkh
Spain	**Spanien**	**shpahn**-ee-en
Netherlands	**Niederlande**	**nee**-der-lahn-deh
England	**England**	**eng**-glahnd
United States	**U.S.A.**	oo ehs ah
world	**Welt**	velt

If you're using *Rick Steves' Germany, Austria & Switzerland*
guidebook, here are a few more place names:

Bacharach (Ger.)	**bahkh**-ah-rahkh
Jungfrau (Switz.)	**yoong**-frow
Kleine Scheidegg (Switz.)	**klī**-neh **shī**-deg
Köln (Ger.)	kurln
Mosel (Ger.)	**moh**-zehl
Neuschwanstein (Ger.)	**noysh**-vahn-shtīn
Reutte (Aus.)	**roy**-teh
Rothenburg (Ger.)	**roh**-ten-berg

Numbers

0	null	nool
1	eins	īns
2	zwei	tsvī
3	drei	drī
4	vier	feer
5	fünf	fewnf
6	sechs	zex
7	sieben	**zee**-ben
8	acht	ahkht
9	neun	noyn
10	zehn	tsayn
11	elf	elf
12	zwölf	tsvurlf
13	dreizehn	**drī**-tsayn
14	vierzehn	**feer**-tsayn
15	fünfzehn	**fewnf**-tsayn
16	sechzehn	**zekh**-tsayn
17	siebzehn	**zeeb**-tsayn
18	achtzehn	**ahkht**-tsayn
19	neunzehn	**noyn**-tsayn
20	zwanzig	**tsvahn**-tsig
21	einundzwanzig	**īn**-oont-tsvahn-tsig
22	zweiundzwanzig	**tsvī**-oont-tsvahn-tsig
23	dreiundzwanzig	**drī**-oont-tsvahn-tsig
30	dreißig	**drī**-sig
31	einunddreißig	**īn**-oont-drī-sig
40	vierzig	**feer**-tsig
41	einundvierzig	**īn**-oont-feer-tsig
50	fünfzig	**fewnf**-tsig

60	**sechzig**	**zekh**-tsig
70	**siebzig**	**zeeb**-tsig
80	**achtzig**	**ahkht**-tsig
90	**neunzig**	**noyn**-tsig
100	**hundert**	**hoon**-dert
101	**hunderteins**	hoon-dert-**īns**
102	**hundertzwei**	hoon-dert-**tsvī**
200	**zweihundert**	**tsvī**-hoon-dert
1000	**tausend**	**tow**-zend
2000	**zweitausend**	**tsvī**-tow-zend
2001	**zweitausendeins**	**tsvī**-tow-zend-**īns**
10,000	**zehntausend**	**tsayn**-tow-zend
million	**eine Million**	**ī**-neh mil-**yohn**
billion	**eine Milliarde**	**ī**-neh mil-**yar**-deh
first	**erste**	**ehr**-steh
second	**zweite**	**tsvī**-teh
third	**dritte**	**drit**-teh
half	**halb**	hahlp
100%	**hundert Prozent**	**hoon**-dert proh-**tsent**

Money

Can you change dollars?	**Können Sie Dollar wechseln?**	**kurn**-nen zee **dol**-lar **vekh**-seln
What is your exchange rate for dollars...?	**Was ist ihr Wechselkurs für Dollars...?**	vahs ist eer **vekh**-sel-koors fewr **dol**-lars
...in traveler's checks	**...in Reiseschecks**	in **rī**-zeh-sheks
What is the commission?	**Wieviel ist die Kommission?**	vee-**feel** ist dee kom-mis-see-**ohn**

Any extra fee?	**Extra Gebühren?**	ex-trah geh-**bew**-ren
I would like...	**Ich hätte gern...**	ikh **het**-teh gehrn
...small bills.	**...kleine Banknoten.**	klī-neh **bahnk**-noh-ten
...large bills.	**...große Banknoten.**	groh-seh **bahnk**-noh-ten
...coins.	**...Münzen.**	mewn-tsen
...small change.	**...Kleingeld.**	klīn-gelt
Is this a mistake?	**Ist das ein Fehler?**	ist dahs īn **fay**-lehr
I'm...	**Ich bin...**	ikh bin
...broke / poor / rich.	**...pleite / arm / reich.**	plī-teh / arm / rīkh
55 DM	**fünfundfünfzig Mark**	fewnf-oont-**fewnf**-tsig mark
50 Pf	**fünfzig Pfennig**	fewnf-tsig **fehn**-nig
euro	**Euro**	yoo-roh
Where is a cash machine?	**Wo ist der Bankomat?**	voh ist dehr **bahnk**-oh-maht

MONEY

Key money words:

bank	**Bank**	bahnk
cash machine	**Bankomat**	**bahnk**-oh-maht
money	**Geld**	gelt
change money	**Geld wechseln**	gelt **vekh**-seln
exchange	**Wechsel**	**vekh**-sel
buy / sell	**kaufen / verkaufen**	**kow**-fen / **fehr**-kow-fen
commission	**Kommission**	kom-mis-see-**ohn**
traveler's check	**Reisescheck**	**rī**-zeh-shek
credit card	**Kreditkarte**	kreh-**deet**-kar-teh
cash advance	**Vorschuß in Bargeld**	**for**-shoos in **bar**-gelt
cashier	**Kassierer**	kah-**seer**-er
cash	**Bargeld**	**bar**-gelt

bills	**Banknoten**	**bahnk**-noh-ten
coins	**Münzen**	**mewn**-tsen
receipt	**Beleg**	bay-**leg**

Time

What time is it?	**Wie spät ist es?**	vee shpayt ist es
It's...	**Es ist...**	es ist
...8:00.	**...acht Uhr.**	ahkht oor
...16:00.	**...sechzehn Uhr.**	**zekh**-tsayn oor
...4:00 in the afternoon.	**...vier Uhr nachmittags.**	feer oor **nahkh**-mit-tahgs
...10:30 (half eleven) in the evening.	**...halb elf Uhr abends.**	hahlp elf oor **ah**-bents
...a quarter past nine.	**...viertel nach neun.**	**feer**-tel nahkh noyn
...a quarter to eleven.	**...viertel vor elf.**	**feer**-tel for elf
...noon.	**...Mittag.**	**mit**-tahg
...midnight.	**...Mitternacht.**	**mit**-ter-nahkht
...sunrise.	**...Sonnenaufgang.**	**zoh**-nen-owf-gahng
...sunset.	**...Sonnenuntergang.**	**zoh**-nen-oon-ter-gahng
...early / late.	**...früh / spät.**	frew / shpayt
...on time.	**...pünktlich.**	**pewnkt**-likh

In Germany, the 24-hour clock (or military time) is used by hotels, for the opening and closing hours of museums, and for train, bus, and boat schedules. Informally, the Germans use the same "12-hour clock" we use.

Timely words:

minute	**Minute**	mee-**noo**-teh
hour	**Stunde**	**shtoon**-deh
morning	**Morgen**	**mor**-gen
afternoon	**Nachmittag**	**nahkh**-mit-tahg
evening	**Abend**	**ah**-bent
night	**Nacht**	nahkht
day	**Tag**	tahg
today	**heute**	**hoy**-teh
yesterday	**gestern**	**geh**-stern
tomorrow	**morgen**	**mor**-gen
tomorrow morning	**morgen früh**	**mor**-gen frew
anytime	**jederzeit**	yay-der-**tsīt**
immediately	**jetzt**	yetst
in one hour	**in einer Stunde**	in **ī**-ner **shtoon**-deh
every hour	**jede Stunde**	**yay**-deh **shtoon**-deh
every day	**jeden Tag**	**yay**-den tahg
last	**letzte**	**lehts**-teh
this	**diese**	**dee**-zeh
next	**nächste**	**nekh**-steh
May 15	**fünfzehnten Mai**	**fewnf**-tsayn-ten mī
high season	**Hochsaison**	**hokh**-say-zohn
low season	**Nebensaison**	**nee**-ben-say-zohn
in the future	**in Zukunft**	in tsoo-koonft
in the past	**in der Vergangenheit**	in dehr fehr-**gahng**-en-hīt

week	**Woche**	**vokh**-eh
Monday	**Montag**	**mohn**-tahg
Tuesday	**Dienstag**	**deen**-stahg
Wednesday	**Mittwoch**	**mit**-vokh
Thursday	**Donnerstag**	**don**-ner-stahg
Friday	**Freitag**	**frī**-tahg
Saturday	**Samstag, Sonnabend**	**zahm**-stahg, **zon**-ah-bent
Sunday	**Sonntag**	**zon**-tahg
month	**Monat**	**moh**-naht
January	**Januar**	**yah**-noo-ar
February	**Februar**	**fay**-broo-ar
March	**März**	mehrts
April	**April**	ah-**pril**
May	**Mai**	mī
June	**Juni**	**yoo**-nee
July	**Juli**	**yoo**-lee
August	**August**	**ow**-gust
September	**September**	sep-**tem**-ber
October	**Oktober**	ok-**toh**-ber
November	**November**	noh-**vem**-ber
December	**Dezember**	day-**tsem**-ber
year	**Jahr**	yar
spring	**Frühling**	**frew**-ling
summer	**Sommer**	**zom**-mer
fall	**Herbst**	hehrpst
winter	**Winter**	**vin**-ter

Transportation

Trains:

Is this the line for...?	**Ist das die Schlange für...?**	ist dahs dee **shlahn**-geh fewr
...tickets	**...Fahrkarten**	**far**-kar-ten
...reservations	**...Reservierungen**	reh-zehr-**feer**-oon-gen
How much is a ticket to...?	**Wieviel kostet eine Fahrkarte nach...?**	vee-**feel kos**-tet **ī**-neh **far**-kar-teh nahkh
A ticket to ___.	**Eine Fahrkarte nach ___.**	**ī**-neh **far**-kar-teh nahkh
When is the next train?	**Wann ist der nächste Zug?**	vahn ist dehr **nekh**-steh tsoog
I'd like to leave...	**Ich möchte... abfahren.**	ikh **murkh**-teh... **ahp**-fah-ren
I'd like to arrive...	**Ich möchte... ankommen.**	ikh **murkh**-teh... **ahn**-kom-men
...by ___.	**...vor ___**	for
...in the morning.	**...am Morgen**	ahm **mor**-gen
...in the afternoon.	**...am Nachmittag**	ahm **nahkh**-mit-tahg

...in the evening.	...am Abend	ahm **ah**-bent
Is there a...?	Gibt es einen...?	gipt es **ī**-nen
...earlier train	...früherer Zug	**frew**-hehr-er tsoog
...later train	...späterer Zug	**shpay**-ter-er tsoog
...overnight train	...Nachtzug	**nahkht**-tsoog
...supplement	...Zuschlag	**tsoo**-shlahg
Does my railpass cover the supplement?	Ist der Zuschlag in meinem Railpass enthalten?	ist dehr **tsoosh**-lahg in **mī**-nem **rayl**-pahs ent-**hahl**-ten
Is there a discount for...?	Gibt es Ermäßigung für...?	gipt es ehr-**may**-see-goong fewr
...youths	...Jugendliche	yoo-gend-**likh**-eh
...seniors	...Senioren	zen-**yor**-en
Is a reservation required?	Brauche ich eine Platzkarte?	**browkh**-eh ikh **ī**-neh **plahts**-kar-teh
I'd like to reserve a...	Ich möchte einen... reservieren.	ikh **murkh**-teh **ī**-nen... reh-zer-**vee**-ren
...seat.	...Sitzplatz	**zits**-plahts
...berth.	...Liegewagenplatz	**lee**-geh-vah-gen-plahts
...sleeper.	...Schlafwagenplatz	**shlahf**-vah-gen-plahts
Where does the train leave from?	Wo fährt er der Zug ab?	voh fayrt ehr dehr tsoog ahp
What track?	Welches Gleis?	**velkh**-es glīs
On time? Late?	Pünktlich? Spät?	**pewnkt**-likh / shpayt
When will it arrive?	Wann kommt er an?	vahn komt ehr ahn
Is it direct?	Direktverbindung?	dee-**rekt**-fehr-bin-doong
Must I transfer?	Muß ich umsteigen?	mus ikh **oom**-shtī-gen
When? Where?	Wann? Wo?	vahn / voh
Which train to...?	Welcher Zug nach...?	**velkh**-er tsoog nahkh

Which train car to...?	**Welcher Wagen nach...?**	**velkh**-er **vah**-gen nahkh
Where is first class?	**Wo ist die erste Klasse?**	voh ist dee **ehr**-steh **klah**-seh
...front / middle / back	**...vorne / mitte / hinten**	**for**-neh / **mit**-teh / **hin**-ten
Is this seat free?	**Ist dieser Platz frei?**	ist **dee**-zer plahts frī
That's my seat.	**Das ist mein Platz.**	dahs ist mīn plahts
Save my place?	**Halten Sie meinen Platz frei?**	**halh**-ten zee **mī**-nen plahts frī
Where are you going?	**Wohin fahren Sie?**	**voh**-hin **far**-en zee
I'm going to...	**Ich fahre nach...**	ikh **far**-reh nahkh
Can you tell me when to get off?	**Können Sie mir Bescheid sagen?**	**kurn**-nen zee meer beh-**shīt** zah-gen
Is there a train to / from the airport?	**Gibt es einen Zug zum / vom Flughafen?**	gipt es ī-nen tsoog tsoom / fom **floog**-hah-fen

Ticket talk:

ticket window	**Fahrscheine**	far-**shī**-neh
reservations window	**Reservierungen**	reh-zehr-**feer**-oon-gen
national / international	**Inland / Ausland**	**in**-lahnt / **ows**-lahnt
ticket	**Fahrkarte**	**far**-kar-teh
one-way ticket	**Hinfahrkarte**	**hin**-far-kar-teh
roundtrip ticket	**Rückfahrkarte**	**rewk**-far-kar-teh
first class	**erste Klasse**	**ehr**-steh **klah**-seh
second class	**zweite Klasse**	**tsvī**-teh **klah**-seh
non-smoking	**Nichtraucher**	**nikht**-rowkh-er

TRANSPORTATION

reduced fare	**verbilligte Karte**	fehr-**bil**-lig-teh **kar**-teh
validate	**abstempeln**	**ahp**-shtem-peln
schedule	**Fahrplan**	**far**-plahn
departure	**Abfahrtszeit**	**ahp**-farts-tsït
direct	**Direkt**	dee-**rekt**
transfer	**Umsteigen**	**oom**-shtï-gen
connection	**Anschluß**	**ahn**-shlus
with supplement	**mit Zuschlag**	mit **tsoosh**-lahg
reservation	**Platzkarte**	**plahts**-kar-teh
seat	**Platz**	plahts
window seat	**Fensterplatz**	**fen**-ster-plahts
aisle seat	**Platz am Gang**	plahts ahm gahng
berth...	**Liege...**	**lee**-geh
...upper	**...obere**	**oh**-ber-eh
...middle	**...mittlere**	mit-**leh**-reh
...lower	**...untere**	**oon**-ter-eh
refund	**Rückvergütung**	**rewk**-fehr-gew-toong

At the train station:

German Railways	**Deutsche Bundes-bahn (DB)**	**doy**-cheh **boon**-des-bahn (day bay)
train station	**Bahnhof**	**bahn**-hohf
central train station	**Hauptbahnhof**	**howpt**-bahn-hohf
train information	**Zugauskunft**	tsoog-**ows**-koonft
train	**Zug, Eisenbahn**	tsoog, ï-zen-bahn
fast train	**Intercity, Schnellzug**	"inter-city," **shnel**-tsoog
fastest train	**ICE**	ee tsay ay
arrival	**Ankunft**	**ahn**-koonft

departure	**Abfahrt**	**ahp**-fart
delay	**Verspätung**	fehr-**shpay**-toong
toilet	**Toilette**	toh-**leh**-teh
waiting room	**Wartesaal**	**var**-teh-zahl
lockers	**Schließfächer**	**shlees**-fekh-er
baggage check room	**Gepäckaufgabe**	geh-**pek**-owf-**gah**-beh
lost and found office	**Fundbüro**	**foond**-bew-roh
tourist information	**Touristen- information**	**too**-ris-ten- in-for-maht-see-**ohn**
to the trains	**zu den Zugen**	tsoo dayn **tsoo**-gen
platform	**Bahnsteig**	**bahn**-shtīg
track	**Gleis**	glīs
train car	**Wagen**	**vah**-gen
dining car	**Speisewagen**	**shpī**-zeh-vah-gen
sleeper car	**Liegewagen**	**lee**-geh-vah-gen
conductor	**Schaffner**	**shahf**-ner

TRANSPORTATION

Reading train schedules:

Abfahrt	departure
Ankunft	arrival
auch	also
außer	except
bis	until
Feiertag	holiday
gleis	track
jeden	every
nach	to
nicht	not
nur	only
Richtung	direction
Samstag	Saturday

Sonntag	Sunday
täglich (tgl.)	daily
tagsüber	days
über	via
verspätet	late
von	from
werktags	Monday-Saturday (workdays)
wochentags	weekdays
zeit	time
ziel	destination
1-5, 6, 7	Monday-Friday, Saturday, Sunday

Buses and subways:

How do I get to...?	**Wie komme ich zu...?**	vee **kom**-meh ikh tsoo
Which bus to...?	**Welcher Bus nach...?**	**velkh**-er boos nahkh
Does it stop at...?	**Hält er in...?**	helt er in
Which stop for...?	**Welche Haltestelle für...?**	**velkh**-eh **hahl**-teh-shtel-leh fewr
Which direction for...?	**Welche Richtung nach...?**	**velkh**-eh **rikh**-toong nahkh
Must I transfer?	**Muß ich umsteigen?**	mus ikh **oom**-shtī-gen
How much is a ticket?	**Wieviel kostet eine Fahrkarte?**	vee-**feel kos**-tet ī-neh **far**-kar-teh
Where can I buy a ticket?	**Wo kaufe ich eine Fahrkarte?**	voh **kow**-feh ikh ī-neh **far**-kar-teh
Is there a...?	**Gibt es eine...?**	gipt es ī-neh
...one-day pass	**...Tageskarte**	**tahg**-es-kar-teh
...discount for buying more tickets	**...Preisnachlaß, wenn ich mehrere Fahrkarten kaufe?**	prīs-**nahkh**-lahs ven ikh **meh**-reh-reh **far**-kar-ten **kow**-feh

When is the...?	**Wann fährt der... ab?**	vahn fart dehr... ahp
...first	**...erste**	**ehr**-steh
...next	**...nächste**	**nekh**-steh
...last	**...letzte**	**lets**-teh
...bus / subway	**...Bus / U-Bahn**	boos / **oo**-bahn
What's the frequency	**Wie oft pro**	vee oft proh
per hour / day?	**Stunde / Tag?**	**shtoon**-deh / tahg
I'm going to...	**Ich fahre nach...**	ikh **far**-eh nahkh
Can you tell me	**Können Sie mir**	**kurn**-nen zee meer
when to get off?	**Bescheid sagen?**	beh-**shīt** zah-gen
Is there a bus	**Gibt es einen Bus**	gipt es **ī**-nen boos
to / from	**zum / vom Flughafen?**	tsoom / fom
the airport?		**floog**-hah-fen

Key bus & subway words:

ticket	**Fahrkarte**	**far**-kar-teh
short-ride ticket	**Kurzstrecke**	**koorts**-strekh-keh
day ticket	**Tageskarte**	**tahg**-es-kar-teh
one-ride ticket	**Einzelfahrkarte**	**īn**-tsel-far-**kar**-teh
strip card	**Streifenkarte**	**shtrī**-fen-kar-teh
fare	**Betrag**	beh-**trahg**
bus	**Bus**	boos
bus stop	**Bushaltestelle**	**boos**-hahl-teh-**shtel**-leh
bus station	**Busbahnhof**	**boos**-bahn-hof
subway	**U-Bahn**	**oo**-bahn
subway map	**U-Bahnstrechenplan**	**oo**-bahn-**shtrekh**-en-plahn
subway entrance	**U-Bahneingang**	**oo**-bahn-**īn**-gahng
subway stop	**U-Bahnhaltestelle**	**oo**-bahn-hahl-teh-**shtel**-leh

TRANSPORTATION

subway exit	**U-Bahnausgang**	**oo**-bahn-ows-gahng
direct	**Direkt**	dee-**rekt**
direction	**Richtung**	**rikh**-toong
connection	**Anschluß**	**ahn**-shlus
pickpocket	**Taschendieb**	**tahsh**-en-deep

Taxis:

Taxi!	**Taxi!**	**tahk**-see
Can you call a taxi?	**Können Sie mir ein Taxi rufen?**	**kurn**-nen zee meer īn **tahk**-see **roo**-fen
Where is a	**Wo ist ein**	voh ist īn
taxi stand?	**Taxistand?**	**tahk**-see-shtahnt
Are you free?	**Sind Sie frei?**	zint zee frī
Occupied.	**Besetzt.**	beh-**zetst**
How much will it cost to...?	**Wieviel kostet die Fahrt...?**	vee-**feel** kos-tet dee fart
...the airport	**...zum Flughafen**	zoom **floog**-hah-fen
...the train station	**...zum Bahnhof**	zoom **bahn**-hof
...this address	**...zu dieser Adresse**	zoo **dee**-zer ah-**dres**-seh
I'll only pay what's on the meter.	**Ich bezahle nur, was auf dem Zähler steht.**	ikh beht-**sah**-leh noor vahs owf daym **tsay**-ler shtayt
My change, please.	**Mein Wechselgeld, bitte.**	mīn **vek**-sel-gelt **bit**-teh
Keep the change.	**Stimmt so.**	shtimt zoh

Rental wheels:

I'd like to rent a...	Ich möchte ein... mieten.	ikh **murkh**-teh ïn... **mee**-ten
...car.	...Auto	**ow**-toh
...station wagon.	...Kombi	**kohm**-bee
...van.	...Kleinbus	**klïn**-boos
...motorcycle.	...Motorrad	**moh**-tor-raht
...motor scooter.	...Moped	**moh**-ped
...bicycle.	...Fahrrad	**far**-raht
...tank.	...Panzer	**pahn**-tser
How much per...?	Wieviel pro...?	vee-**feel** proh
...hour	...Stunde	**shtoon**-deh
...day	...Tag	tahg
...week	...Woche	**vokh**-eh
Unlimited mileage?	Unbegrenzte Kilometer?	oon-beh-**grents**-teh kee-loh-**may**-ter
I brake for bakeries.	Ich bremse für Bäckereien.	ikh **brem**-zeh fewr bek-eh-**rï**-en
Is there a...?	Gibt es eine...?	gipt es **ï**-neh
...helmet	...Helm	helm
...discount	...Ermäßigung	ehr-**may**-see-goong
...deposit	...Kaution	**kowt**-see-ohn
...insurance	...Versicherung	fehr-**zikh**-eh-roong
When do I bring it back?	Wann bringe ich es zurück?	vahn **bring**-geh ikh es tsoo-**rewk**

Driving:

gas station	**Tankstelle**	**tahnk**-shtel-leh
The nearest gas station?	**Die nächste Tankstelle?**	dee **nekh**-steh **tahnk**-shtel-leh
Self-service?	**Selbstbedienung?**	**zehlpst**-beh-dee-noong
Fill the tank.	**Volltanken.**	**fol**-tahnk-en
I need...	**Ich brauche...**	ikh **browkh**-eh
...gas.	**...Benzin.**	ben-**tseen**
...unleaded.	**...Bleifrei.**	**blī**-frī
...regular.	**...Normal.**	nor-**mahl**
...super.	**...Super.**	**zoo**-per
...diesel.	**...Diesel.**	**dee**-zel
Check the...	**Sehen Sie nach...**	**zay**-hen zee nahkh
...oil.	**...Öl.**	url
...air in the tires.	**...Luftdruck in Reifen.**	**luft**-druk in **rī**-fen
...radiator.	**...Kühler.**	**kew**-ler
...battery.	**...Batterie.**	baht-teh-**ree**
...fuses.	**...Sicherungen.**	**zikh**-eh-roong-en
...sparkplugs.	**...Zündkerzen.**	**tsewt**-ker-tsen
...headlights.	**...Scheinwerfer.**	**shīn**-ver-fer
...tail lights.	**...Rücklicht.**	**rewk**-likht
...directional signal.	**...Blinker.**	**blink**-er
...car mirror.	**...Rückspiegel.**	**rewk**-spee-gel
...fanbelt.	**...Keilriemen.**	**kīl**-ree-men
...brakes.	**...Bremsen.**	**brem**-zen
...my pulse.	**...meinem Puls.**	**mī**-nem pools

Car trouble:

accident	**Unfall**	**oon**-fahl
breakdown	**Panne**	**pah**-neh
funny noise	**komisches Geräusch**	**koh**-mish-es geh-**roysh**
electrical problem	**elektrische Schwierigkeiten**	eh-**lek**-trish-eh **shvee**-rig-kī-ten
flat tire	**Reifenpanne**	**rī**-fen-pah-neh
dead battery	**leere Batterie**	**lehr**-eh **baht**-teh-ree
My car won't start.	**Mein Auto springt nicht an.**	mīn **ow**-toh shpringt nikht ahn
This doesn't work.	**Das geht nicht.**	dahs gayt nikht
It's overheating.	**Es überhitzt.**	es ew-**behr**-hitst
My car is broken.	**Mein Auto ist kaputt.**	mīn **ow**-toh ist kah-**put**
It's a lemon (useless box).	**Es ist eine Schrottkiste.**	es ist ī-neh **shroht**-kis-teh
I need a...	**Ich brauche einen...**	ikh **browkh**-eh ī-nen
...tow truck.	**...Abschleppwagen.**	**ahp**-shlep-vah-gen
...mechanic.	**...Mechaniker.**	mekh-**ahn**-i-ker
...stiff drink.	**...Schnaps.**	shnahps

For help with repair, look up "Repair" under Shopping.

Finding your way:

| I'm going to... (if you're on foot) | **Ich gehe nach...** | ikh **gay**-heh nahkh |
| I'm going to... (if you're using wheels) | **Ich fahre nach...** | ikh **fah**-reh nahkh |

English	German	Pronunciation
How do I get to...?	Wie komme ich nach...?	vee **kom**-meh ikh nahkh
Do you have a...?	Haben Sie eine...?	**hah**-ben zee **ī**-neh
...city map	...Stadtplan	**shtaht**-plahn
...road map	...Straßenkarte	**shtrah**-sen-kar-teh
How many minutes / hours...?	Wieviele Minuten / Stunden...?	vee-**fee**-leh mee-**noo**-ten / **shtoon**-den
...by foot	...zu Fuß	tsoo foos
...by bicycle	...mit dem Rad	mit daym raht
...by car	...mit dem Auto	mit daym **ow**-toh
How many kilometers to...?	Wieviele Kilometer sind es nach...?	vee-**fee**-leh kee-loh-**may**-ter zint es nahkh
What's the...	Was ist der...	vahs ist dehr...
route to Berlin?	Weg nach Berlin?	vayg nahkh behr-**lin**
...best	...beste	**bes**-teh
...fastest	...schnellste	**shnel**-steh
...most interesting	...interessanteste	in-tehr-es-**sahn**-tes-teh
Point it out?	Zeigen Sie es mir?	**tsī**-gen zee es meer
I'm lost.	Ich habe mich verlaufen.	ikh **hah**-beh mikh fehr-**lowf**-en
Where am I?	Wo bin ich?	voh bin ikh
Who am I?	Wie heiße ich?	vee **hī**-seh ikh
Where is...?	Wo ist...?	voh ist
The nearest...?	Der nächste...?	dehr **nekh**-steh
Where is this address?	Wo ist diese Adresse?	voh ist **dee**-zeh ah-**dres**-seh

Key route-finding words:

city map	**Stadtplan**	**shtaht**-plahn
road map	**Straßenkarte**	**shtrah**-sen-kar-teh
downtown	**Zentrum,**	**tsen**-troom,
	Stadzentrum	**shtaht**-tsen-troom
straight ahead	**geradeaus**	geh-**rah**-deh-**ows**
left / right	**links / rechts**	links / rekhts
first / next	**erste / nächste**	**ehr**-steh / **nekh**-steh
intersection	**Kreuzung**	**kroy**-tsoong
stoplight	**Ampel**	**ahm**-pel
roundabout	**Kreisel**	**krī**-zel
(main) square	**(Markt)platz**	**(markt)**-plahts
street	**Straße**	**shtrah**-seh
bridge	**Brücke**	**brew**-keh
tunnel	**Tunnel**	**too**-nel
highway	**Landstraße**	**lahnd**-shtrah-seh
freeway	**Autobahn**	**ow**-toh-bahn
north / south	**Nord / Süd**	nord / zewd
east / west	**Ost / West**	ost / vest

Reading German road signs:

Alle Richtungen	out of town (all destinations)
Ausfahrt	exit
Autobahn Kreuz	freeway interchange
Baustelle	construction
Dreieck	"3-corner" or fork
Einbahnstrasse	one-way street
Einfahrt	entrance
Fussgänger	pedestrians

Sleeping

Places to stay:

hotel	**Hotel**	hoh-**tel**
small hotel	**Pension**	pen-see-**ohn**
room in a home or	**Gästezimmer,**	**ges**-teh-tsim-mer,
bed & breakfast	**Fremdenzimmer**	**frem**-den-tsim-mer
youth hostel	**Jugendherberge**	**yoo**-gend-hehr-behr-geh
vacancy	**Zimmer frei**	**tsim**-mer frī
no vacancy	**belegt**	beh-**legt**

Reserving a room:

Hello.	**Guten Tag.**	**goo**-ten tahg
My name is...	**Ich heiße...**	ikh **hī**-seh
Do you speak English?	**Sprechen Sie Englisch?**	**shprekh**-en zee **eng**-lish
Do you have a room...?	**Haben Sie ein Zimmer...?**	**hah**-ben zee īn **tsim**-mer
...for one person	**...für eine Person**	fewr **ī**-neh pehr-**zohn**
...for two people	**...für zwei Personen**	fewr tsvī pehr-**zoh**-nen
...for tonight	**...für heute abend**	fewr **hoy**-teh ah-bent
...for two nights	**...für zwei Nächte**	fewr tsvī **naykh**-teh
...for Friday	**...für Freitag**	fewr **frī**-tahg
...for June 21	**...für einund- zwanzigsten Juni**	fewr **īn**-oont-tsvahn-tsig-ten **yoo**-nee
Yes or no?	**Ja oder nein?**	yah **oh**-der nīn

I'd like...	Ich möchte...	ikh **murkh**-teh
...a private bathroom.	...eigenes Bad.	**ī**-geh-nes baht
...your cheapest room.	...ihr billigstes Zimmer.	eer **bil**-lig-stes **tsim**-mer
...___ bed(s) for	...___ Bett(en) für	___ bet-(ten) fewr
___ people in	___ Personen in	___ pehr-**zoh**-nen in
___ room(s).	___ Zimmer(n).	___ **tsim**-mer(n)
How much is it?	Wieviel kostet das?	vee-**feel** kos-tet dahs
Anything cheaper?	Etwas billigeres?	et-vahs **bil**-lig-er-es
I'll take it.	Ich nehme es.	ikh **nay**-meh es
I'll stay for...	Ich bleibe für...	ikh **blī**-beh fewr
We'll stay for...	Wir bleiben für...	veer **blī**-ben fewr
...one night.	...eine nacht.	**ī**-neh nahkht
...___ nights.	...___ nächte.	___ **naykh**-teh
I'll come...	Ich komme...	ikh **kom**-meh
We'll come...	Wir kommen...	veer **kom**-men
...in one hour.	...in einer Stunde.	in **ī**-ner **shtoon**-deh
...before 16:00.	...vor sechzehn Uhr.	for **zekh**-tsayn oor
...Friday before 6 p.m.	...Freitag vor sechs Uhr abends.	**frī**-tahg for zex oor **ah**-bents
Thank you.	Danke.	**dahng**-keh

Getting specific:

I'd like a room...	Ich möchte ein Zimmer...	ikh **murkh**-teh īn **tsim**-mer
...with / without / and	...mit / ohne / und	mit / **oh**-neh / oont
...toilet	...Toilette	toh-**leh**-teh
...shower	...Dusche	**doo**-sheh

...shower down the hall	**...Dusche im Gang**	**doo**-sheh im gahng
...bathtub	**...Badewanne**	**bah**-deh-vah-neh
...double bed	**...Doppelbett**	**dop**-pel-bet
...twin beds	**...zwei Einzelbetten**	tsvī **īn**-tsel-bet-ten
...balcony	**...Balkon**	**bahl**-kohn
...view	**...Ausblick**	**ows**-blick
...with only a sink	**...nur mit Waschbecken**	noor mit **vahsh**-bek-en
...on the ground floor	**...im Erdgeschoß**	im **ehrd**-geh-shos
...television	**...Fernsehen**	fern-**zay**-hen
...telephone	**...Telefon**	tel-eh-**fohn**
Is there an elevator?	**Gibt es einen Fahrstuhl?**	gipt es ī-nen **far**-shtool
We arrive Monday, depart Wednesday.	**Wir kommen am Montag, und reisen am Mittwoch ab.**	veer **kom**-men ahm **mohn**-tahg oont rī-zen ahm **mit**-vokh ahp
I'll sleep anywhere. I'm desperate.	**Ich kann auf dem Fußboden schlafen. Ich bin am Verzweifeln.**	ikh kahn owf daym **foos**-boh-den **shlah**-fen. ikh bin ahm fehr-**tsvī**-feln
I have a sleeping bag.	**Ich habe einen Schlafsack.**	ikh **hah**-beh ī-nen **shlahf**-zahk
Will you please call another hotel?	**Rufen Sie bitte in einem anderen Hotel an?**	**roo**-fen zee **bit**-teh in ī-nem ahn-der-en **hoh**-tel ahn

Confirming, changing, and canceling reservations:

You can use this template for your telephone call.

I have a reservation.	**Ich habe eine Reservierung.**	ikh **hah**-beh **ī**-neh reh-zehr-**feer**-oong
My name is...	**Ich heiße...**	ikh **hī**-seh
I'd like to... my reservation.	**Ich möchte meine Reservierung...**	ikh **murkh**-teh **mī**-neh reh-zehr-**feer**-oong
...confirm	**...bestätigen**	beh-**shtay**-teh-gen
...reconfirm	**...nochmals bestätigen**	**nokh**-mahls beh-**shtay**-teh-gen
...cancel	**...annullieren**	ahn-nool-ee-**ehr**-en
...change	**...ändern**	**ayn**-dehrn
The reservation is / was for...	**Die Reservierung ist / war für...**	dee reh-zehr-**feer**-oong ist / vahr fewr
...one person / two people	**...eine Person / zwei Personen**	**ī**-neh pehr-**zohn** / tsvī pehr-**zoh**-nen
...today / tomorrow	**...heute / morgen**	**hoy**-teh / **mor**-gen
...August 13	**...dreizehnten August**	**drī**-tsayn-ten **ow**-gust
...one night / two nights	**...eine Nacht / zwei Nächte**	**ī**-neh nahkht / tsvī **naykh**-teh
Did you find my reservation?	**Haben Sie meine Reservierung gefunden?**	**hah**-ben zee **mī**-neh reh-zehr-**feer**-oong geh-**foon**-den
I'd like to arrive instead on...	**Ich möchte lieber am... kommen.**	ikh **murkh**-teh **lee**-ber ahm... **kom**-men
Is everything O.K.?	**Ist alles in Ordnung?**	ist **ahl**-les in **ord**-noong
Thank you. I'll see you then.	**Vielen Dank. Bis dann.**	**fee**-len dahngk bis dahn

| I'm sorry I need to cancel. | **Ich bedauere, aber ich muss annullieren.** | ikh beh-**dow**-eh-reh **ah**-ber ikh moos ahn-nool-ee-**ehr**-en |

Nailing down the price:

How much is...?	**Wieviel kostet...?**	vee-**feel kos**-tet
...a room for ___ people	**...ein Zimmer für ___ Personen**	īn tsim-mer fewr ___ pehr-**zoh**-nen
...your cheapest room	**...ihr billigstes Zimmer**	eer **bil**-lig-stes **tsim**-mer
Breakfast included?	**Frühstück inklusive?**	**frew**-shtewk in-**kloo**-sev
Is breakfast required?	**Ist Frühstück Bedingung?**	ist **frew**-shtewk beh-**ding**-oong
How much without breakfast?	**Wieviel ohne Frühstück?**	vee-**feel oh**-neh **frew**-shtewk
Complete price?	**Vollpreis?**	**fol**-prīs
Is it cheaper if I...?	**Ist es billiger, wenn ich...?**	ist es **bil**-lig-er ven ikh
...pay cash	**...bar zahle**	bar **tsah**-leh
...stay ___ nights	**... ___ Nächte bleibe**	___ **naykh**-teh **blī**-beh
I'll stay ___ nights.	**Ich werde ___ Nächte bleiben.**	ikh **vehr**-deh ___ **naykh**-teh **blī**-ben

Choosing a room:

| Can I see the room? | **Kann ich das Zimmer sehen?** | kahn ikh dahs **tsim**-mer **zay**-hen |
| Show me another room? | **Zeigen Sie mir ein anderes Zimmer?** | **tsī**-gen zee meer īn **ahn**-der-es **tsim**-mer |

Do you have something...?	Haben Sie etwas...?	hah-ben zee et-vahs
...larger / smaller	...größeres / kleineres	grur-ser-es / klī-ner-es
...better / cheaper	...besseres / billigeres	bes-ser-es / bil-lig-er-es
...brighter	...helleres	hel-ler-es
...in the back	...nach hinten hinaus	nahkh hin-ten hin-ows
...quieter	...ruhigeres	roo-i-ger-es
I'll take it.	Ich nehme es.	ikh nay-meh es
My key.	Mein Schlüssel.	mīn shlew-sel
Sleep well.	Schlafen Sie gut.	shlah-fen zee goot
Good night.	Gute Nacht.	goo-teh nahkht

SLEEPING

Hotel help:

I'd like...	Ich hätte gern...	ikh het-teh gehrn
...a / another	...ein / noch ein	īn / nokh īn
...towel.	...Handtuch.	hahnd-tookh
...pillow.	...Kissen.	kis-sen
...clean sheets.	...saubere Laken.	zow-ber-eh lah-ken
...blanket.	...Decke.	dek-eh
...glass.	...Glas.	glahs
...sink stopper.	...Abflußstöpsel	ahp-floos-shtohp-zel
...soap.	...Seife.	zī-feh
...toilet paper.	...Klopapier.	kloh-pah-peer
...crib.	...Kinderbett.	kin-der-bet
...small extra bed.	...kleines Extrabett.	klī-nes ehk-strah-bet
...different room.	...anderes Zimmer.	ahn-der-es tsim-mer
...silence.	...Ruhe.	roo-heh
Where can I park?	Wo soll ich parken?	voh zol ikh par-ken

Where can I wash / hang my laundry?	Wo kann ich meine Wäsche waschen / aufhängen?	voh kahn ikh **mī**-neh **vesh**-eh **vahsh**-en / **owf**-heng-en
I'd like to stay another night.	Ich möchte noch eine Nacht bleiben.	ikh **murkh**-teh nokh **ī**-neh nahkht **blī**-ben
What time do you lock up?	Um wieviel Uhr schließen Sie ab?	oom vee-**feel** oor **shlee**-sen zee ahp
What time is breakfast?	Um wieviel Uhr ist Frühstück?	oom vee-**feel** oor ist **frew**-shtewk
Please wake me at 7:00.	Wecken Sie mich um sieben Uhr, bitte.	**vek**-en zee mikh oom **zee**-ben oor **bit**-teh

Hotel hassles:

Come with me.	Kommen Sie mit.	**kom**-men zee mit
I have a problem in my room.	Es gibt ein Problem mit meinem Zimmer.	es gipt īn proh-**blaym** mit **mī**-nem **tsim**-mer
It smells bad.	Es stinkt.	es shtinkt
bedbugs	Wanzen	**vahn**-tsen
mice	Mäuse	**moy**-zeh
prostitutes	Freudenmädchen	**froy**-den-mayd-khen
The bed is too soft / hard.	Das Bett ist zu weich / hart.	dahs bet ist tsoo vīkh / hart
I'm covered with bug bites.	Ich bin mit Wanzenbissen übersäht.	ikh bin mit **vahn**-tsen-**bis**-sen ew-ber-**zayt**
Lamp...	Lampe...	**lahm**-peh
Lightbulb...	Birne...	**bir**-neh
Electrical outlet...	Steckdose...	**shtek**-doh-zeh
Key...	Schlüssel...	**shlew**-sel

Lock...	Schloß...	shlos
Window...	Fenster...	fen-ster
Faucet...	Wasserhahn...	vah-ser-hahn
Sink...	Waschbecken...	vahsh-bek-en
Toilet...	Klo...	kloh
Shower...	Dusche...	doo-sheh
...doesn't work.	...ist kaputt.	ist kah-put
There is no hot water.	Es gibt kein warmes Wasser.	es gipt kīn var-mes vahs-ser
When is the water hot?	Wann wird das Wasser warm?	vahn virt dahs vahs-ser varm

Checking out:

I'll leave...	Ich fahre... ab.	ikh fah-reh... ahp
We'll leave...	Wir fahren... ab.	veer fah-ren... ahp
...today / tomorrow	...heute / morgen	hoy-teh / mor-gen
...very early	...sehr früh	zehr frew
When is check-out time?	Wann muß ich das Zimmer verlassen?	vahn mus ikh dahs tsim-mer fehr-lah-sen
Can I pay now?	Kann ich jetzt zahlen?	kahn ikh yetzt tsah-len
Bill, please.	Rechnung, bitte.	rekh-noong bit-teh
Credit card O.K.?	Kreditkarte O.K.?	kreh-deet-kar-teh "O.K."
I slept like a bear.	Ich habe wie ein Bär geschlafen.	ikh hah-beh vee īn bar geh-shlahf-en
Everything was great.	Alles war gut.	ahl-les var goot
Will you call my next hotel for me?	Können Sie mein nächstes Hotel anrufen?	kurn-nen zee mīn nekh-stes hoh-tel ahn-roo-fen

Can I...?	**Kann ich...?**	kahn ik
Can we...?	**Können wir...?**	**kurn**-nen veer
...leave luggage	**...das Gepäck**	dahs geh-**pek**
here until ___	**hierlassen bis ___**	**heer**-lah-sen bis

Laundry:

self-service laundry	**Waschsalon**	**vahsh**-zah-lohn
wash / dry	**wasch / trocknen**	vahsh / **trok**-nen
washer / dryer	**Waschmaschine / Trockner**	vahsh-mah-**shee**-neh / **trok**-ner
detergent	**Waschmittel**	**vahsh**-mit-tel
token	**Zahlmarke, Jeton**	**tsahl**-mar-keh, **yeh**-tohn
whites / colors	**Helles / Buntwäsche**	**hel**-les / **boont**-vah-sheh
delicates	**Feinwäsche**	**fin**-vah-sheh
handwash	**von Hand waschen**	fon hahnt **vah**-shen
How does this work?	**Wie schaft das?**	vee shahft dahs
Where is the soap?	**Wo ist die Seife?**	voh ist dee **zi**-feh
I need change.	**Ich brauche Kleingeld.**	ikh **browkh**-eh **klin**-gelt
full-service laundry	**Waschsale mit Bedienung**	**vahsh**-zah-leh mit beh-**dee**-noong
Same-day service?	**Noch am selben Tag?**	nokh ahm **zel**-ben tahg
By when do I need to drop off my clothes?	**Bis wann kann ich meine Wäsche vorbeibringen?**	bis vahn kahn ikh **mi**-neh **vah**-sheh for-bi-**bring**-en
When will my clothes be ready?	**Wann wird meine Wäsche fertig sein?**	vahn virt **mi**-neh **vah**-sheh **fehr**-tig zin
Dried?	**Getrocknet?**	geh-**trok**-net
Folded?	**Gefaltet?**	geh-**fahl**-tet

Eating

EATING

Finding a restaurant:

Where's a good... restaurant nearby?	Wo ist hier ein gutes... Restaurant?	voh ist heer īn goo-tes... res-tow-rahnt
...cheap	...billiges	bil-lig-es
...local-style	...einheimisches	īn-hī-mish-es
...untouristy	...nicht für Touristen gedachtes	nikht fewr too-ris-ten geh-dahkh-tes
...Italian	...italienisches	i-tahl-yehn-ish-es
...Turkish	...türkisches	tewrk-ish-es
...Chinese	...chinesisches	khee-nayz-ish-es
...fast food	...Schnellimbiß	shnel-im-bis
...self-service buffet	...Selbstbedienungsbuffett	zelpst-beh-dee-noongs-boo-fay
with a salad bar	mit Salatbar	mit zah-laht-bar
with terrace	mit Terrasse	mit tehr-rahs-seh
with candles	bei Kerzenlicht	bī ker-tzen-likht
romantic	romantisch	roh-mahn-tish
moderately-priced	günstig	gewn-shtig
a splurge	zum Verwöhnen	tsoom fehr-vur-nen

Getting a table and menu:

Waiter.	Kellner.	kel-ner
Waitress.	Kellnerin.	kel-ner-in
I'd like...	Ich hätte gern...	ikh het-teh gehrn
...a table for	...einen Tisch für	ī-nen tish fewr
one / two.	ein / zwei.	īn / tsvī
...non-smoking.	...Nichtraucher.	nikht-rowkh-er

...just a drink.	...nur etwas zu trinken.	noor et-vahs tsoo trink-en
...a snack.	...eine Kleinigkeit.	ī-neh klī-nig-kīt
...just a salad.	...nur einen Salat.	noor ī-nen zah-laht
Can I...?	Kann ich...?	kahn ikh
...see the menu	...die Karte sehen	dee kar-teh zay-hen
...order	...bestellen	beh-shtel-len
...pay	...zahlen	tsahl-en
...throw up	...mich übergeben	mikh ew-ber-gay-ben
What do you recommend?	Was schlagen Sie vor?	vahs shlah-gen zee for
What's your favorite food?	Was ist ihr Lieblingsessen?	vahs ist eer leeb-lings-es-sen
Is it...?	Ist es...?	ist es
...good	...gut	goot
...expensive	...teuer	toy-er
...light	...leicht	līkht
...filling	...sättigend	set-tee-gend
What's cheap and filling?	Was ist billig und sättigend?	vahs ist bil-lig oont set-tee-gend
What is fast?	Was geht schnell?	vahs gayt shnel
What is local?	Was ist typisch?	vahs ist tew-pish
What is that?	Was ist das?	vahs ist dahs
Do you have...?	Haben Sie...?	hah-ben zee
...an English menu	...eine Speisekarte in englisch	ī-neh shpī-zeh-kar-teh in eng-lish
...a children's portion	...einen Kinderteller	ī-nen kin-der-tel-ler

EATING

The menu:

menu	**Karte, Speisekarte**	**kar**-teh, **shpī**-zeh-**kar**-teh
menu of the day	**Tageskarte**	**tah**-ges-kar-teh
tourist menu	**Touristenmenü**	too-**ris**-ten-meh-**new**
specialty of the house	**Spezialität des Hauses**	**shpayt**-see-ahl-ee-**tayt** des **how**-zes
drink menu	**Getränkekarte**	geh-**trenk**-eh-**kar**-teh
breakfast	**Frühstück**	**frew**-shtewk
lunch	**Mittagessen**	**mit**-tahg-es-sen
dinner	**Abendessen**	**ah**-bent-es-sen
appetizers	**Vorspeise**	**for**-shpī-zeh
cold plates	**Kalte Gericht**	kahlt geh-**rikht**
sandwiches	**Brotzeiten**	**broht**-tsī-ten
bread	**Brot**	broht
salad	**Salat**	zah-**laht**
soup	**Suppe**	**zup**-peh
first course	**erster Gang**	**ehr**-ster gahng
main course	**Hauptgerichte**	**howpt**-geh-rikh-teh
meat	**Fleisch**	flīsh
poultry	**Geflügel**	geh-**flew**-gel
seafood	**Meeresfrüchte**	**meh**-res-frewkh-teh
side dishes	**Beilagen**	**bī**-lah-gen
vegetables	**Gemüse**	geh-**mew**-zeh
children's plate	**Kinderteller**	**kin**-der-tel-ler
cheese	**Käse**	**kay**-zeh
dessert	**Nachspeise**	**nahkh**-shpī-zeh
beverages	**Getränke**	geh-**trenk**-eh
beer	**Bier**	beer

wine	**Wein**	vīn
cover charge	**Eintritt**	īn-trit
service included	**mit Bedienung**	mit beh-**dee**-noong
service not included	**ohne Bedienung**	**oh**-neh beh-**dee**-noong
hot / cold	**warm / kalt**	varm / kahlt
with / without	**mit / ohne**	mit / **oh**-neh
and / or	**und / oder**	oont / **oh**-der

Dietary restrictions:

I'm allergic to...	**Ich bin allergisch gegen...**	ikh bin ah-**lehr**-gish **gay**-gen
I cannot eat...	**Ich darf kein... essen.**	ikh darf kīn... **es**-sen
...dairy products.	**...Milchprodukte**	milkh-proh-**dook**-teh
...meat.	**...Fleisch**	flīsh
...pork.	**...Schweinefleisch**	**shvī**-neh-flīsh
...salt / sugar.	**...Salz / Zucker**	zahlts / **tsoo**-ker
I'm a diabetic.	**Ich bin Diabetiker.**	ikh bin dee-ah-**bet**-i-ker
No fat.	**Ohne Fett.**	**oh**-neh fet
Minimal fat.	**Mit wenig Fett.**	mit **vay**-nig fet
Low cholesterol?	**Niedriger Cholesterin?**	**nee**-dri-ger koh-**les**-ter-in
No caffeine.	**Koffeinfrei.**	koh-fay-**in**-frī
No alcohol.	**Kein alkohol.**	kīn **ahl**-koh-hohl
I'm a...	**Ich bin...**	ikh bin
...vegetarian.	**...Vegetarier.**	veh-geh-**tar**-ee-er
...strict vegetarian.	**...strenger Vegetarier.**	**shtreng**-er veh-geh-**tar**-ee-er

...carnivore.	...**Fleischfresser.**	**flish**-fres-ser
...big eater.	...**grosser Esser.**	**groh**-ser **es**-ser

Tableware and condiments:

plate	**Teller**	**tel**-ler
extra plate	**Extrateller**	ek-strah-**tel**-ler
napkin	**Serviette**	zehr-vee-**et**-teh
silverware	**Tafelsilber**	tah-fel-sil-ber
knife	**Messer**	**mes**-ser
fork	**Gabel**	**gah**-bel
spoon	**Löffel**	**lurf**-fel
cup	**Tasse**	**tah**-seh
glass	**Glas**	glahs
carafe	**Karaffe**	kah-**rah**-fah
water	**Wasser**	**vah**-ser
bread	**Brot**	broht
large pretzels	**Breze**	**breh**-tseh
butter	**Butter**	**but**-ter
margarine	**Margarine**	mar-gah-**ree**-neh
salt / pepper	**Salz / Pfeffer**	zahlts / **fef**-fer
sugar	**Zucker**	**tsoo**-ker
artificial sweetener	**Süßstoff**	**sews**-shtohf
honey	**Honig**	**hoh**-nig
mustard...	**Senf...**	zenf
...mild / sharp / sweet	...**mild / scharf /süß**	milled / sharf / zews
mayonnaise	**Mayonnaise**	mah-yoh-**nay**-zeh
ketchup	**Ketchup**	"ketchup"

Restaurant requests and regrets:

A little.	Ein bißchen.	în **bis**-yen
More. / Another.	Mehr. / Noch ein.	mehr / nokh în
The same.	Das gleiche.	dahs **glīkh**-eh
I did not order this.	Dies habe ich nicht bestellt.	deez **hah**-beh ikh nikht beh-**shtelt**
Is it included with the meal?	Ist das im Essen inbegriffen?	ist dahs im **es**-sen **in**-beh-grif-en
I'm in a hurry.	Ich habe wenig Zeit.	ikh **hah**-beh **vay**-nig tsīt
I must leave at ___.	Ich muß um ___ gehen.	ikh mus oom ___ **gay**-hen
When will the food be ready?	Wann ist das Essen fertig?	vahn ist dahs **es**-sen **fehr**-tig
I've changed my mind.	Ich möchte das doch nicht.	ikh **murkh**-teh dahs dokh nikht
Can I get it "to go"?	Zum Mitnehmen?	tsoom **mit**-nay-men
This is...	Dies ist...	deez ist
...dirty.	...schmutzig.	**shmut**-tsig
...too greasy.	...zu fettig.	tsoo **fet**-tig
...too salty.	...zu salzig.	tsoo **zahl**-tsig
...undercooked.	...zu wenig gekocht.	tsoo **vay**-nig geh-**kokht**
...overcooked.	...zu lang gekocht.	tsoo lahng geh-**kokht**
...inedible.	...nicht eßbar.	nikht **es**-bar
...cold.	...kalt.	kahlt
Please heat this up?	Bitte aufwärmen?	**bit**-teh **owf**-vehr-men
Enjoy your meal!	Guten Appetit!	**goo**-ten ah-peh-**teet**
Enough.	Genug.	geh-**noog**
Finished.	Fertig.	**fehr**-tig

EATING

Do any of your customers return?	**Kommen ihre Kunden je zurück?**	**kom**-men **eer**-eh **koon**-den yay tsoo-**rewk**
Yuck!	**Igitt!**	ee-**git**
Delicious!	**Lecker!**	**lek**-er
It tastes very good!	**Schmeckt sehr gut!**	shmekht zehr goot
Excellent!	**Ausgezeichnet!**	ows-get-**sīkh**-net

Paying for your meal:

Waiter / Waitress.	**Kellner / Kellnerin.**	**kel**-ner / **kel**-ner-in
Bill, please.	**Rechnung, bitte.**	**rekh**-noong **bit**-teh
Separate checks.	**Getrennte Rechnung.**	geh-**tren**-teh **rekh**-noong
Together.	**Zusammen.**	tsoo-**zah**-men
Credit card O.K.?	**Kreditkarte O.K.?**	kreh-**deet**-kar-teh "O.K."
Is there a cover charge?	**Kostet es Eintritt?**	**kos**-tet es **īn**-trit
This is not correct.	**Dies stimmt nicht.**	deez shtimt nikht
Please explain.	**Erklären Sie, bitte.**	ehr-**klehr**-en zee **bit**-teh
What if I wash the dishes?	**Und wenn ich die Teller abwasche?**	oont ven ikh dee **tel**-ler **ahp**-vah-sheh
Keep the change.	**Stimmt so.**	shtimt zoh
This is for you.	**Dies ist für Sie.**	deez ist fewr zee

Breakfast:

breakfast	**Frühstück**	**frew**-shtewk
bread	**Brot**	broht
roll (Germany, Austria)	**Brötchen, Semmel**	**brurt**-khen, **zem**-mel
toast	**Toast**	tohst

butter	**Butter**	**but**-ter
jelly	**Marmelade**	mar-meh-**lah**-deh
pastry	**Kuchen, Gebäck**	**kookh**-en, geh-**bek**
croissant	**Croissant**	kwah-**sahnt**
omelet	**Omelett**	**om**-let
eggs	**Eier**	**ī**-er
fried eggs	**Spiegeleier**	**shpee**-gel-ī-er
scrambled eggs	**Rühreier**	**rew**-rī-er
soft boiled /	**weichgekocht /**	**vīkh**-geh-kokht /
hard boiled	**hartgekocht**	**hart**-geh-kokht
ham	**Schinken**	**shink**-en
bacon	**Speck**	shpek
cheese	**Käse**	**kay**-zeh
yogurt	**Joghurt**	**yoh**-gurt
cereal	**Cornflakes**	"cornflakes"
granola cereal	**Müsli**	**mews**-lee
milk	**Milch**	milkh
hot chocolate	**Heißer Schokolade**	**hī**-ser shoh-koh-**lah**-deh
fruit juice	**Fruchtsaft**	**frookht**-zahft
orange juice	**Orangensaft**	oh-**rahn**-jen-zahft
coffee / tea	**Kaffee / Tee**	kah-**fay** / tee
(see Drinking)		

Snacks and sandwiches:

| toast with ham and cheese | **Toast mit Schinken und Käse** | tohst mit **shink**-en oont **kay**-zeh |
| bread with cheese | **Käsebrot** | **kay**-zeh-broht |

EATING

sausage with...	**Wurst mit...**	vurst mit
...sauerkraut	**...Kraut**	krowt
...bread and mustard	**...Brot und Senf**	broht oont zenf
vegetable platter	**Gemüseplatte**	geh-**mew**-zeh-plah-teh
I'd like a sandwich.	**Ich möchte gern**	ikh **murkh**-teh gehrn
	ein Sandwich.	īn **zahnd**-vich
cheese	**Käse**	**kay**-zeh
tuna	**Thunfisch**	**toon**-fish
chicken	**Hähnchen**	**hayn**-khen
turkey	**Truthahn**	**troot**-hahn
ham	**Schinken**	**shink**-en
salami	**Salami**	sah-**lah**-mee
egg salad	**Eiersalat**	**ī**-er-zah-laht
peanut butter and	**Erndnussbutter**	**ernt**-noos-but-ter oont
jelly	**und Marmelade**	**mar**-mah-lahd
lettuce	**Kopfsalat**	**kohpf**-zah-laht
tomatoes	**Tomaten**	toh-**mah**-ten
onions	**Zwiebeln**	**tsvee**-beln
mustard	**Senf**	zenf
mayonnaise	**Mayonnaise**	mah-yoh-**nay**-zeh

Soups and salads:

soup	**Suppe**	**zup**-peh
soup of the day	**Suppe des Tages**	**zup**-peh des **tahg**-es
chicken broth...	**Hühnerbrühe...**	**hew**-ner-brew-heh
beef broth...	**Rinderbrühe...**	**rin**-der-brew-heh
...with noodles	**...mit Nudeln**	mit **noo**-deln

...with rice	**...mit Reis**	mit rīs
vegetable soup	**Gemüsesuppe**	geh-**mew**-zeh-zup-peh
goulash soup	**Gulaschsuppe**	**goo**-lahsh-zup-peh
liver dumpling soup	**Leberknödelsuppe**	**lay**-ber-kuh-nur-del-zup-peh
green salad	**grüner Salat**	**grew**-ner zah-**laht**
mixed salad	**gemischter Salat**	geh-**mish**-ter zah-**laht**
potato salad	**Kartoffelsalat**	kar-**tof**-fel-zah-laht
Greek salad	**Griechischer Salat**	**greekh**-ish-er zah-**laht**
chef's salad...	**gemischter Salat**	geh-**mish**-ter zah-**laht**
	des Hauses...	des **how**-zes
...with ham and	**...mit Schinken und**	mit **shink**-en oont
cheese	**Käse**	**kay**-zeh
...with egg	**...mit Ei**	mit ī
lettuce	**Salat**	zah-**laht**
tomatoes	**Tomaten**	toh-**mah**-ten
cucumber	**Gurken**	**gur**-ken
oil / vinegar	**Öl / Essig**	url / **es**-sig
salad dressing	**Salatsoße**	zah-**laht**-zoh-seh
dressing on the side	**Salatsoße extra**	zah-**laht**-zoh-seh **ehk**-strah
What is in	**Was ist in**	vahs ist in
this salad?	**diesem Salat?**	**dee**-zem zah-**laht**

Fish:

fish	**Fisch**	fish
tuna	**Thunfisch**	**tun**-fish
herring	**Hering**	**hehr**-ing
clams	**Muscheln**	**moo**-sheln
cod	**Dorsch**	dorsh

trout	**Forelle**	foh-**rel**-leh
pike	**Hecht**	hekht
salmon	**Lachs**	lahkhs
seafood	**Meeresfrüchte**	meh-res-**frewkh**-teh
assorted seafood	**gemischte**	geh-**mish**-teh
	Meeresfrüchte	meh-res-**frewkh**-teh
Where did this live?	**Wo hat dieses**	voh haht **dee**-zes
	Tier gelebt?	teer geh-**laypt**
Just the head,	**Nur den Kopf,**	noor dayn kopf
please.	**bitte.**	**bit**-teh

Poultry and meat:

poultry	**Geflügel**	geh-**flew**-gel
chicken	**Hähnchen**	**haynkh**-en
roast chicken	**Brathähnchen**	**braht**-hayn-khen
turkey	**Pute**	**poo**-teh
duck	**Ente**	**en**-teh
meat	**Fleisch**	flīsh
mixed grill	**Grillteller**	**gril**-tel-ler
beef	**Rindfleisch**	rint-**flīsh**
roast beef	**Rinderbraten**	**rin**-der-brah-ten
beef steak	**Beefsteak**	**beef**-shtayk
veal	**Kalbfleisch**	**kahlp**-flīsh
cutlet	**Kotelett**	**kot**-let
pork	**Schweinefleisch**	**shvī**-neh-flīsh
ham	**Schinken**	**shink**-en
sausage	**Wurst**	vurst
bacon	**Speck**	shpek
lamb	**Lamm**	lahm

bunny	**Kaninchen**	kah-**neen**-khen
organs	**Innereien**	in-neh-**rī**-en
brains	**Hirn**	hern
liver	**Leber**	**lay**-ber
tripe	**Kutteln**	**kut**-teln
How long has this	**Wie lange ist**	vee **lahng**-eh ist
been dead?	**dieses Tier**	**dee**-zes teer
	schon tot?	shohn toht

How it's prepared:

hot / cold	**heiß / kalt**	hīs / kahlt
raw / cooked	**roh / gekocht**	roh / geh-**kokht**
assorted	**gemischte**	geh-**mish**-teh
baked	**gebacken**	geh-**bah**-ken
boiled	**gekocht**	geh-**kokht**
deep-fried	**frittiert**	**frit**-ti-ert
fillet	**Filet**	fi-**lay**
fresh	**frisch**	frish
fried	**gebraten**	geh-**brah**-ten
grilled	**gegrillt**	geh-**grilt**
homemade	**hausgemachte**	hows-geh-**mahkh**-teh
in cream sauce	**in Rahmsauce**	in **rahm**-zohs
microwave	**Mikrowelle**	**mee**-kroh-vel-leh
mild	**mild**	milled
mixed	**gemischte**	geh-**mish**-teh
poached	**pochierte**	pohkh-ee-**ehr**-teh
roast	**Braten**	**brah**-ten
roasted	**geröstet**	geh-**rurs**-tet

smoked	**geräuchert**	geh-**roykh**-ert
spicy hot	**scharf**	sharf
steamed	**gedünstet**	geh-**dewn**-stet
stuffed	**gefüllt**	geh-**fewlt**
sweet	**süß**	zews

Avoiding mis-steaks:

raw	**roh**	roh
rare	**halbgar**	**hahlp**-gar
medium	**mittel**	**mit**-tel
well-done	**durchgebraten**	**durkh**-geh-brah-ten
almost burnt	**fast verkohlt**	fahst fehr-**kohlt**

German specialties:

Brotzeit-Teller	plate of assorted meats and cheeses
Fleischfondue	meat cubes cooked in a pot of boiling oil and dipped in sauces
Fondue (Switz.)	bread cubes dipped in a mixture of melted cheese and white wine
Handkäse	curd cheese
Knödel	dense dumpling
Leberkäse	high quality Spam
Maultaschen	meat- or cheese-filled ravioli (grilled or in soup)
Raclette (Switz.)	melted cheese, ham, boiled potatoes, and pickle
Rösti (Switz.)	hashbrowns
Sauerbraten	braised beef, marinated in vinegar
Schlachtplatte	assorted cold meats (schlachten = slaughter, Schlacht = battle)

Schnitzel	thin slice of pork or veal, usually breaded
Schwarzwälder Schinken	smoked, cured ham
Spargel	white asparagus, considered a delicacy, celebrated in May and June when fresh (frisch), served in soup or on plate with cream sauce

The best of the wurst:

Blutwurst	made from (gulp!) blood
Bratwurst	pork sausage, 2 inches in diameter, grilled or fried
Nürnberger	spicy pork sausage, grilled or fried, smaller than a hot dog
Schweinswurst	pork sausage
Weisswurst	white boiled veal that falls apart when you cut it. Don't eat the skin!
mit Brot	with bread
mit Kraut	with sauerkraut

Side dishes:

vegetables	**Gemüse**	geh-**mew**-zeh
rice	**Reis**	rís
spaghetti	**Spaghetti**	shpah-**geh**-tee
noodles	**Nudeln**	**noo**-deln
boiled German-style noodles	**Spätzle**	**shpets**-leh
liver / bread...	**Leber / Semmel...**	**lay**-ber / **zem**-mel
...dumplings	**...knödel**	kuh-**nur**-del
sauerkraut	**Sauerkraut**	"sauerkraut"

potatoes	**Kartoffeln**	kar-**tof**-feln
French fries	**Pommes frites**	pom frits
potato salad	**Kartoffelsalat**	kar-**tof**-fel-zah-laht
green salad	**grüner Salat**	**grew**-ner zah-**laht**
mixed salad	**gemischter Salat**	geh-**mish**-ter zah-**laht**

Veggies and beans:

vegetables	**Gemüse**	geh-**mew**-zeh
mixed vegetables	**gemischtes Gemüse**	geh-**mish**-tes geh-**mew**-zeh
artichoke	**Artischocke**	art-i-**shoh**-keh
asparagus	**Spargel**	**shpar**-gel
beans	**Bohnen**	**boh**-nen
beets	**Rote Beete**	**roh**-teh **bee**-teh
broccoli	**Brokkoli**	**brok**-koh-lee
cabbage	**Kohl**	kohl
carrots	**Karotten**	kah-**rot**-ten
cauliflower	**Blumenkohl**	**bloo**-men-kohl
corn	**Mais**	mīs
cucumber	**Gurken**	**gur**-ken
eggplant	**Auberginen**	**oh**-behr-zhee-nen
French fries	**Pommes frites**	pom frits
garlic	**Knoblauch**	kuh-**noh**-blowkh
green beans	**grüne Bohnen**	**grew**-neh **boh**-nen
lentils	**Linsen**	**lin**-zen
mushrooms	**Champignons**	**shahm**-pin-yohn
olives	**Oliven**	oh-**leev**-en
onions	**Zwiebeln**	**tsvee**-beln
peas	**Erbsen**	**ehrb**-zen
pepper...	**Paprika...**	**pah**-pree-kah

...green / red / yellow	**...grün / rot / gelb**	grewn / roht / gelp
pickles	**Essiggurken**	**es**-sig-goor-ken
potatoes	**Kartoffeln**	kar-**tof**-feln
radishes	**Radieschen**	rah-**dee**-shen
spinach	**Spinat**	**shpee**-naht
tomatoes	**Tomaten**	toh-**mah**-ten
zucchini	**Zucchini**	**tsoo**-kee-nee

If you knead bread:

bread	**Brot**	broht
dark bread	**Vollkornbrot**	**fol**-korn-broht
three-grain bread	**Dreikornbrot**	**drī**-korn-broht
rye bread	**Roggenmischbrot**	**roh**-gen-mish-broht
dark rye bread	**Schwarzbrot**	**shvartz**-broht
whole wheat bread	**Graubrot**	**grow**-broht
light bread	**Weißbrot**	**vīs**-broht
wimpy white bread	**Toast**	tohst
French bread	**Baguette**	bah-**get**
roll (Germany, Austria)	**Brötchen, Semmel**	**brurt**-khen, **zem**-mel

Say cheese:

cheese	**Käse**	**kay**-zeh
mild / sharp	**mild / scharf**	milled / sharf
cheese platter	**Käseplatte**	**kay**-zeh-**plah**-teh
gorgonzola	**Gorgonzola**	**gor**-gon-tsoh-lah
bleu cheese	**Blaukäse**	**blow**-kay-zeh
cream cheese	**Frischkäse**	**frish**-kay-zeh
Swiss cheese	**Emmentaler**	**em**-men-tah-ler
a strong cheese	**Bergkäse**	**berg**-kay-zeh

EATING

| Can I taste it? | **Kann ich probieren?** | kahn ikh **proh**-beer-en |

Fruits and nuts:

almond	**Mandel**	**mahn**-del
apple	**Apfel**	**ahp**-fel
apricot	**Aprikose**	ahp-ri-**koh**-zeh
banana	**Banane**	bah-**nah**-neh
berries	**Beeren**	**behr**-en
canteloupe	**Melone**	meh-**loh**-neh
cherry	**Kirsche**	**keer**-sheh
chestnut	**Kastanie**	**kahs**-tah-nee
coconut	**Kokosnuß**	**koh**-kohs-noos
date	**Dattel**	**daht**-tel
fig	**Feige**	**fi**-geh
fruit	**Obst**	ohpst
grapefruit	**Pampelmuse, Grapefruit**	pahm-pel-**moo**-zeh, **grahp**-froot
grapes	**Trauben**	**trow**-ben
hazelnut	**Haselnuß**	**hah**-zel-noos
lemon	**Zitrone**	tsee-**troh**-neh
orange	**Apfelsine**	ahp-fel-**zee**-neh
peach	**Pfirsich**	**feer**-zikh
peanut	**Erdnuß**	**ehrd**-noos
pear	**Birne**	**beer**-neh
pineapple	**Ananas**	**ahn**-ahn-ahs
pistachio	**Pistazien**	pis-**tahts**-ee-en
plum	**Pflaume**	**flow**-meh
prune	**Backpflaume**	**bahk**-flow-meh

raspberry	**Himbeere**	**him**-behr-eh
red currants	**Johannisbeeren**	yoh-**hahn**-nis-behr-en
strawberry	**Erdbeere**	**ehrt**-behr-eh
tangerine	**Mandarine**	mahn-dah-**ree**-neh
walnut	**Wallnuß**	**vahl**-noos
watermelon	**Wassermelone**	**vah**-ser-meh-loh-neh

Teutonic treats:

dessert	**Nachspeise**	**nahkh**-shpī-zeh
strudel	**Strudel**	**shtroo**-del
cake	**Kuchen**	**kookh**-en
sherbet	**Sorbet**	zor-**bet**
fruit cup	**Früchtebecher**	**frewkh**-teh-bekh-er
tart	**Törtchen**	**turt**-khen
pie	**Torte**	**tor**-teh
cream	**Schlag**	shlahg
whipped cream	**Schlagsahne**	**shlahg**-zah-neh
chocolate mousse	**Mousse**	moos
pudding	**Pudding**	"pudding"
pastry	**Gebäck**	geh-**bek**
cookies	**Kekse**	**kayk**-zeh
candy	**Bonbons**	**bon**-bonz
low calorie	**kalorienarm**	kah-loh-**ree**-en-arm
homemade	**hausgemacht**	**hows**-geh-mahkht
Delicious!	**Köstlich! Lecker!**	**kurst**-likh / **lek**-er
Heavenly.	**Himmlisch.**	**him**-lish

I'm in seventh heaven.	**Ich bin im siebten Himmel.**	ikh bin im **zeeb**-ten **him**-mel

Ice cream:

ice cream	**Eis**	īs
scoop	**Kugel**	**koog**-el
cone	**Waffel**	**vah**-fel
small bowl	**Becher**	**bekh**-er
chocolate	**Schokolade**	shoh-koh-**lah**-deh
vanilla	**Vanille**	vah-**nil**-leh
strawberry	**Erdbeere**	**ehrt**-behr-eh
lemon	**Zitrone**	tsee-**troh**-neh
rum-raisin	**Malaga**	**mah**-lah-gah
hazelnut	**Haselnuß**	**hah**-zel-noos
Can I taste it?	**Kann ich probieren?**	kahn ikh **proh**-beer-en

Two great dessert specialties are Vienna's famous super chocolate cake, *Sachertorte,* and the Black Forest cherry cake called *Schwarzwälder Kirschtorte.* This diet-killing chocolate cake with cherries and rum can be found all over Germany. Chocoholics can pick up a jar of Nutella at any grocery store. Anything dipped in Nutella becomes a tasty souvenir. For a little bit of Italy, try *gelato* (Italian ice cream) at a *gelateria.*

Drinking

Water and juice:

mineral water...	**Mineralwasser...**	min-eh-**rahl**-vah-ser
...with / without	**...mit / ohne**	mit / **oh**-neh
carbonation	**Gas, Sprudel**	gahs, **shproo**-del
mixed with mineral water	**gespritzt**	geh-**shpritzt**
tap water	**Leitungswasser**	**lī**-toongs-vah-ser
Fanta & Coke mix	**Mezzo Mix, Spezi**	**met**-soh mix, **shpet**-see
fruit juice	**Fruchtsaft**	**frookht**-zahft
apple juice	**Apfelsaft**	**ahp**-fel-zahft
orange juice (fresh)	**Orangensaft (frischgepreßt)**	oh-**rahn**-jen-zahft (frish-geh-**prest**)
with / without...	**mit / ohne...**	mit / **oh**-neh
...ice / sugar	**...Eis / Zucker**	īs / **tsoo**-ker
glass / cup	**Glas / Tasse**	glahs / **tah**-seh
small / large	**kleine / große**	**klī**-neh / **groh**-seh
bottle	**Flasche**	**flah**-sheh
Is the water safe to drink?	**Ist das Trinkwasser?**	ist dahs **trink**-vahs-ser

Milk:

milk	**Milch**	milkh
whole milk	**Vollmilch**	**fol**-milkh
skim milk	**Magermilch**	**mah**-ger-milkh
fresh milk	**frische Milch**	**frish**-eh milkh

acidophilus	**acidophilus, kefir**	ah-see-**dof**-i-lus, **keh**-feer
buttermilk	**Buttermilch**	**but**-ter-milkh
chocolate milk	**Schokomilch**	**shoh**-koh-milkh
hot chocolate	**Kakao**	**kah**-kow
milkshake	**Milchshake**	**milkh**-shayk

Coffee and tea:

coffee	**Kaffee**	kah-**fay**
espresso	**Espresso**	es-**pres**-soh
cappuccino	**Cappuccino**	kah-poo-**chee**-noh
iced coffee	**Eiskaffee**	īs-kah-fay
instant	**Pulverkaffee, Nescafe**	pool-ver-kah-**fay**, "nescafe"
decaffeinated	**koffeinfrei, Hag**	koh-fay-**in**-frī, hahg
black	**schwarz**	shvarts
with cream / milk	**mit Sahne / Milch**	mit **zah**-neh / milkh
with sugar	**mit Zucker**	mit **tsoo**-ker
hot water	**heißes Wasser**	**hī**-ses **vah**-ser
tea / lemon	**Tee / Zitrone**	tee / tsee-**troh**-neh
tea bag	**Teebeutel**	**tee**-boy-tel
iced tea	**Eistee**	**īs**-tee
herbal tea	**Kräutertee**	**kroy**-ter-tee
fruit tea	**Früchte Tee**	**frewkh**-teh tee
little pot	**Kännchen**	**kaynkh**-en
small / big	**klein / groß**	**klīn** / grohs
Another cup.	**Noch eine Tasse.**	nokh ī-neh **tah**-seh

Wine:

I would like...	**Ich hätte gern...**	ikh **het**-teh gehrn
We would like...	**Wir hätten gern...**	veer **het**-ten gehrn
...an eighth liter	**...ein Achtel**	īn **ahkh**-tel
...a quarter liter	**...ein Viertel**	īn **feer**-tel
...a carafe	**...eine Karaffe**	ī-neh kah-**rah**-feh
...a half bottle	**...eine halbe Flasche**	ī-neh **hahl**-beh **flah**-sheh
...a bottle	**...eine Flasche**	ī-neh **flah**-sheh
...of red wine	**...Rotwein**	**roht**-vīn
...of white wine	**...Weißwein**	**vīs**-vīn
...the wine list	**...die Weinkarte**	dee **vīn**-kar-teh

Wine words:

wine	**Wein**	vīn
table wine	**Tafelwein**	**tah**-fel-vīn
house wine	**Hausmarke**	**hows**-mar-keh
local	**einheimisch**	**īn**-hī-mish
red wine	**Rotwein**	**roht**-vīn
white wine	**Weißwein**	**vīs**-vīn
rosé	**rosé**	roh-**zay**
sparkling	**sprudelnd**	**shproo**-delnd
sweet	**süß**	zews
medium	**halbtrocken**	**hahlp**-trok-en
(very) dry	**(sehr) trocken**	(zehr) **trok**-en
wine spritzer	**Wein gespritzt**	vīn geh-**shpritzt**
cork	**Korken**	**kor**-ken

Beer:

beer	**Bier**	beer
from the tap	**vom Faß**	fom fahs
bottle	**Flasche**	**flah**-sheh
light--but not "lite" (Germany, Austria)	**helles, Märzen**	**hel**-les, **mehr**-tzen
dark	**dunkles**	**doonk**-les
local / imported	**einheimisch / importiert**	**īn**-hī-mish / im-por-tee-**ert**
small / large	**kleines / großes**	**klī**-nes / **groh**-ses
half-liter	**Halbes**	**hahl**-bes
liter (Bavarian)	**Mass**	mahs
alcohol-free	**alkoholfrei**	ahl-koh-hohl-**frī**
low calorie	**Light**	"light"
cold / colder	**kalt / kälter**	kahlt / **kel**-ter

Bar talk:

What would you like?	**Was darf ich bringen?**	vahs darf ikh **bring**-en
What is the local specialty?	**Was ist die Spezialität hier?**	vahs ist dee **shpayt**-see-ahl-ee-**tayt** heer
Straight.	**Pur.**	poor
With / Without...	**Mit / Ohne...**	mit / **oh**-neh
...alcohol.	**...Alkohol.**	**ahl**-koh-hohl
...ice.	**...Eis.**	īs
One more.	**Noch eins.**	nokh īns
Cheers!	**Prost!**	prohst
To your health!	**Auf ihre Gesundheit!**	owf **eer**-eh geh-**zoond**-hīt

Picnicking

At the grocery:

Self-service?	Selbstbedienung?	zelpst-beh-dee-noong
Ripe for today?	Jetzt reif?	yetst rīf
Does this need to be cooked?	Muß man das kochen?	mus mahn dahs kokh-en
Can I taste it?	Kann ich probieren?	kahn ikh proh-beer-en
Fifty grams.	Fünfzig Gramm.	fewnf-tsig grahm
One hundred grams.	Hundert Gramm.	hoon-dert grahm
More. / Less.	Mehr. / Weniger.	mehr / vay-nig-er
A piece.	Ein Stück.	īn shtewk
A slice.	Eine Scheibe.	ī-neh shī-beh
Sliced.	In Scheiben.	in shī-ben
A small bag.	Eine kleine Tüte.	ī-neh klīn-eh tew-teh
A bag, please.	Eine Tüte, bitte.	īn tew-teh bit-teh
Can you make me a sandwich?	Können Sie mir ein Sandwich machen?	kurn-nen zee meer īn zahnd-vich mahkh-en
To take out.	Zum Mitnehmen.	tsoom mit-nay-men
Is there a park nearby?	Gibt es einen Park in der Nähe?	gipt es ī-nen park in dehr nay-heh
Okay to picnic here?	Darf man hier picknicken?	darf mahn heer pik-nik-en
Enjoy your meal!	Guten Appetit!	goo-ten ah-peh-teet

Assemble your picnic at a *Markt* (open air market) or *Supermarkt* (supermarket)—or get a fast snack at an *Obst* (fruit stand) or *Imbiss* (fast food stand).

Tasty picnic words:

open air market	**Markt**	markt
grocery store	**Lebensmittelgeschäft**	lay-bens-mit-tel-geh-**sheft**
supermarket	**Supermarkt**	**zoo**-per-markt
picnic	**Picknick**	**pik**-nik
sandwich	**Sandwich**	**zahnd**-vich
bread	**Brot**	broht
roll (Germany, Austria)	**Brötchen, Semmel**	**brurt**-khen, **zem**-mel
sausage	**Wurst**	vurst
ham	**Schinken**	**shink**-en
cheese	**Käse**	**kay**-zeh
mild / sharp / sweet	**mild / scharf / süß**	milled / sharf / zews
mustard...	**Senf...**	zenf
mayonnaise...	**Mayonnaise...**	mah-yoh-**nay**-zeh
...in a tube	**...in der Tube**	in dehr **too**-beh
yogurt	**Joghurt**	**yoh**-gurt
fruit	**Obst**	ohpst
box of juice	**Karton Saft**	**kar**-ton zaft
cold drinks	**kalte Getränke**	**kahl**-teh geh-**trenk**-eh
plastic...	**Plastik...**	**plahs**-tik
...spoon / fork	**...löffel / gabel**	**lurf**-fel / **gah**-bel
paper...	**Papier...**	pah-**peer**
...plate / cup	**...teller / becher**	**tel**-ler / **bekh**-er

German-English Menu Decoder

This handy decoder won't list every word on the menu, but it'll get you *Bratwurst* (pork sausage) instead of *Blutwurst* (blood sausage).

Abendessen dinner
Achtel eighth liter
Ananas pineapple
Apfel apple
Apfelsaft apple juice
Apfelsine orange
Aprikose apricot
Artischocke artichoke
Aubergine eggplant
Backpflaume prune
Banane banana
Bauern with potatoes
Becher small bowl
Bedienung service
Beeren berries
Beilagen side dishes
Bier beer
Birne pear
Blumenkohl cauliflower
Blutwurst blood sausage
Bohnen beans
braten roast
Brathähnchen roast chicken
Bratwurst pork sausage
Bretzeln pretzels
Brokkoli broccoli
Brot bread
Brötchen roll
Brotzeit snack

Butterhörnchen croissant
Champignons mushrooms
chinesisches Chinese
Dattel date
Dorsch cod
dunkles dark
Ei egg
Eier eggs
einheimisch local
Eintritt cover charge
Eis ice cream
Eiskaffee iced coffee
Eistee iced tea
Ente duck
Erbsen peas
Erdbeere strawberry
Erdnuß peanut
erster Gang first course
Essen food
Essig vinegar
Essiggurken pickles
Feige fig
Fett fat
Fisch fish
Flasche bottle
Fleisch meat
Forelle trout
Französisch French
frisch fresh

frischgepreßt freshly squeezed
Frittaten sliced pancakes
frittiert deep-fried
Früchtebecher fruit cup
Fruchtsaft fruit juice
Frühstück breakfast
Gang course
Gebäck pastry
gebraten fried
gedünstet steamed
Geflügel poultry
gefüllt stuffed
gegrillt grilled
gekocht cooked
Gelee jelly
gemischte mixed
Gemüse vegetables
Gemüseplatte vegetable platter
geräuchert smoked
geröstet roasted
gespritzt with mineral water
Getränke beverages
Getränkekarte drink menu
Glas glass
Graubrot whole wheat bread
Grillteller mixed grill
groß big
grüner green
Gurken cucumber
Hähnchen chicken
halb half
hartgekocht hard-boiled
Haselnuß hazelnut
Hauptspeise main course
Haus house

hausgemachte homemade
heiß hot
helles light (beer)
Hering herring
Himbeere raspberry
Honig honey
Hühnerbrühe chicken broth
importiert imported
inklusive included
Innereien organs
Italienisch Italian
Jäger with mushrooms and gravy
Joghurt yogurt
Johannisbeeren red currant
Kaffee coffee
Kakao cocoa
Kalbfleisch veal
kalt cold
Kaninchen bunny
Kännchen small pot of tea
Karaffe carafe
Karotten carrots
Karte menu
Kartoffeln potatoes
Käse cheese
Käseplatte cheese platter
Kastanie chestnut
Kekse cookies
Kinderteller children's portion
Kirsche cherry
klein small
Kleinigkeit snack
Knoblauch garlic
Knödel dumpling
Kohl cabbage

Kohlensäure carbonation
Kokosnuß coconut
köstlich delicious
Kotelett cutlet
Kraut sauerkraut
Kräutertee herbal tea
Kugel scoop
Kutteln tripe
Lamm lamb
Leber liver
leicht light
Linsen lentils
Mais corn
Malaga rum-raisin flavor
Mandarine tangerine
Mandel almond
Mass liter of beer
Maultaschen ravioli
Meeresfrüchte seafood
Melone canteloupe
Miesmuscheln mussels
Mikrowelle microwave
Milch milk
mild mild
Mineralwasser mineral water
mit with
Mittagessen lunch
Muscheln clams
Müsli granola cereal
Nachspeise dessert
Nudeln noodles
Obst fruit
oder or
ohne without
Öl oil

Oliven olives
Omelett omelet
Orangensaft orange juice
Pampelmuse grapefruit
Paprika bell pepper
Pfeffer pepper
Pfirsich peach
Pflaume plum
Pistazien pistachio
pochieren poached
Pommes frites French fries
Pute turkey
Raclette potatoes and cheese (Switz.)
Radieschen radishes
Rahmsauce cream sauce
Rinderbraten roast beef
Rinderbrühe beef broth
Rindfleisch beef
Roggenmischbrot rye bread
roh raw
Rösti hashbrowns (Switz.)
Rote Beete beets
Rotwein red wine
Rühreier scrambled eggs
Salat salad
Salatsoße salad dressing
Salz salt
sättigend filling
Sauerbraten braised beef
Schalentiere shellfish
scharf spicy
Scheibe slice
Schinken ham

Schlachtplatte assorted cold meats
Schlag cream
Schlagsahne whipped cream
schnell fast
Schnellimbiss fast food
Schnitzel thinly-sliced pork or veal
Schokolade chocolate
Schwarzbrot dark rye bread
Schweinefleisch pork
sehr very
Semmel roll
Senf mustard
Sorbet sherbet
Spargel asparagus
Spätzle German-style noodles
Speck bacon
Spezialität speciality
Spiegeleier fried eggs
Spinat spinach
sprudelnd sparkling
Stück piece
Suppe soup
süß sweet
Tage day
Tageskarte menu of the day
Tasse cup
Tee tea
Teller plate
Thunfisch tuna
Tomaten tomatoes
Törtchen tart
Torte cake
Trauben grapes
trocken dry

typisch local
und and
Vanille vanilla
Vegetarier vegetarian
Viertel quarter liter
Vollkornbrot dark bread
Vorspeise appetizers
Waffel cone
Wallnuß walnut
Wasser water
Wassermelone watermelon
weichgekocht soft-boiled
Wein wine
Weinkarte wine list
Weißwein white wine
Wiener breaded and fried
Wiesswurst boiled veal sausage
Wurst sausage
Zitrone lemon
Zuccini zucchini
Zucker sugar
zum Mitnehman "to go"
Zwiebelbraten pot roast with onions
Zwiebeln onions

Sightseeing

Where is...?	Wo ist...?	voh ist
...the best view	...der beste Ausblick	dehr **bes**-teh **ows**-blick
...the main square	...der Hauptplatz	dehr **howpt**-plahts
...the old town center	...die Altstadt	dee **ahlt**-shtaht
...the museum	...das Museum	dahs moo-**zay**-um
...the castle	...die Burg	dee burg
...the palace	...das Schloß	dahs shlos
...the ruins	...die Ruine	dee roo-**ee**-neh
...the tourist information office	...das Touristen-Informationsbüro	dahs **too**-ris-ten-in-for-**maht**-see-ohns-**bew**-roh
...the toilet	...die Toilette	dee toh-**leh**-teh
...the entrance / exit	...der Eingang / Ausgang	dehr **īn**-gahng / **ows**-gahng
Nearby is there a...?	Gibt es in der Nähe ein...?	gipt es in dehr **nay**-heh īn
...fair (rides, games)	...Jahrmarkt	**yar**-markt
...festival (music)	...Festival	fes-tee-**vahl**
Do you have...?	Haben Sie...?	**hah**-ben zee
...a city map	...einen Stadtplan	**ī**-nen **shtaht**-plahn
...brochures	...Broschüren	broh-**shewr**-en
...guidebooks	...Führer	**fewr**-er
...tours	...Führungen	**few**-roong-en
...in English	...auf englisch	owf **eng**-lish
When is the next tour in English?	Wann ist die nächste Führung auf englisch?	vahn ist dee **nekh**-steh **few**-roong owf **eng**-lish
Is it free?	Ist es umsonst?	ist es oom-**zonst**

How much is it?	**Wieviel kostet das?**	vee-**feel** kos-tet dahs
Is the ticket good all day?	**Gilt die Karte den ganzen Tag lang?**	gilt dee **kar**-teh dayn **gahn**-tsen tahg lahng
Can I get back in?	**Kann ich wieder hinein?**	kahn ikh **vee**-der hin-**īn**
What time does this...?	**Um wieviel Uhr ist hier...?**	oom vee-**feel** oor ist heer
...open	**...geöffnet**	geh-**urf**-net
...close	**...geschlossen**	geh-**shlos**-sen
When is the last admission?	**Wann ist letzter Einlaß?**	vahn ist **lets**-ter **īn**-lahs
I beg of you, PLEASE let me in!	**BITTE, ich flehe Sie an, lassen Sie mich hinein!**	**bit**-teh ikh **flay**-heh zee ahn, **lah**-sen zee mikh hin-**īn**
I've traveled all the way from...	**Ich bin extra aus... gekommen.**	ikh bin **ehk**-strah ows... geh-**kom**-men
I must leave tomorrow.	**Ich muß morgen abreisen.**	ikh mus **mor**-gen **ahp**-rī-zen
I promise I'll be fast.	**Ich verspreche, mich zu beeilen.**	ikh fehr-**shprekh**-eh mikh tsoo **bay**-ī-len

Deciphering entrance signs:

Erwachsene	adults
Gesamtkarten	combo ticket
Führung	guided tour
Ausstellung	exhibit
Standort	you are here (on map)

Shopping

Names of shops:

Where is a...?	Wo ist ein...?	voh ist īn
antique shop	**Antiquitäten**	ahn-tee-kwee-**tay**-ten
art gallery	**Kunstgalerie**	kunst-gah-leh-**ree**
bakery	**Bäckerei**	bek-eh-**rī**
barber shop	**Herrenfrisör**	hehr-ren-friz-**ur**
beauty salon	**Damenfrisör**	dah-men-friz-**ur**
book shop	**Buchladen**	**bookh**-lah-den
camera shop	**Photoladen**	**foh**-toh-lah-den
coffee shop	**Kaffeeladen**	**kah**-fay-lah-den
department store	**Kaufhaus**	**kowf**-hows
flea market	**Flohmarkt**	**floh**-markt
flower market	**Blumenmarkt**	**bloo**-men-markt
grocery store	**Lebensmittelgeschäft**	**lay**-bens-mit-tel-geh-**sheft**
hardware store	**Eisenwarengeschäft**	**ī**-zen-**vah**-ren-geh-**sheft**
jewelry shop	**Schmuckladen**	**shmuk**-lah-den
laundromat	**Waschsalon**	**vahsh**-zah-lon
newsstand	**Zeitungsstand**	**tsī**-toongs-shtahnt
office supplies	**Bürobedarf**	**bew**-roh-beh-darf
open air market	**Markt**	markt
optician	**Optiker**	**ohp**-ti-ker
pastry shop	**Zuckerbäcker**	**tsoo**-ker-bayk-er
pharmacy	**Apotheke**	ah-poh-**tay**-keh
photocopy shop	**Kopierladen**	**koh**-pee-ehr-lah-den
shopping mall	**Einkaufszentrum**	**īn**-kowfs-tsen-troom

souvenir shop	**Souvenir Shop**	"souvenir shop"
supermarket	**Supermarkt**	**zoo**-per-markt
toy store	**Spielzeugladen**	**shpeel**-tsoyg-lah-den
travel agency	**Reiseagentur**	**rī**-zeh-ah-gen-tur
used bookstore	**Bücher aus zweiter Hand, Antiquariat**	**bookh**-er ows **tsvī**-ter hahnd, ahn-tee-**kwah**-ree-aht
wine shop	**Weinhandlung**	**vīn**-hahnt-loong

Shop till you drop:

opening hours	**Öffnungszeiten**	urf-noongs-**tsī**-ten
sale	**Ausverkauf**	**ows**-fehr-kowf
special	**Angebot**	**ahn**-geh-boht
good value	**preiswert**	**prīs**-vehrt
How much is it?	**Wieviel kostet das?**	vee-**feel kos**-tet dahs
I'm just browsing.	**Ich sehe mich nur um.**	ikh **zay**-heh mikh noor oom
We're just browsing.	**Wir sehen uns nur um.**	veer **zay**-hen uns noor oom
Where can I buy...?	**Wo kann ich kaufen...?**	voh kahn ikh **kow**-fen
I'd like...	**Ich möchte...**	ikh **murkh**-teh
Do you have...?	**Haben Sie...?**	**hah**-ben zee
...more	**...mehr**	mehr
...something cheaper	**...etwas billigeres**	**et**-vahs **bil**-lig-er-es
...better quality	**...bessere Qualität**	**bes**-ser-er kwah-lee-tayt
This one.	**Dieses.**	**dee**-zes
Can I try it on?	**Kann ich es anprobieren?**	kahn ikh es **ahn**-proh-beer-en

Do you have a mirror?	Haben Sie einen Spiegel?	hah-ben zee ī-nen shpee-gel
Too...	Zu...	tsoo
...big.	...groß.	grohs
...small.	...klein.	klīn
...expensive.	...teuer.	toy-er
Did you make this?	Haben Sie das gemacht?	hah-ben zee dahs geh-mahkht
What is it made out of?	Was ist das für Material?	vahs ist dahs fewr mah-ter-ee-ahl
Machine washable?	Waschmaschinen-fest?	vahsh-mah-sheen-en-fest
Will it shrink?	Läuft es ein?	loyft es īn
Credit card O.K.?	Kreditkarte O.K.?	kreh-deet-kar-teh "O.K."
Can you ship this?	Können Sie das versenden?	kurn-nen zee dahs fehr-zen-den
Tax-free?	Steuerfrei?	shtoy-er-frī
I'll think about it.	Ich denk drüber nach.	ikh denk drew-ber nahkh
What time do you close?	Um wieviel Uhr schließen Sie?	oom vee-feel oor shlee-sen zee
What time do you open tomorrow?	Wann öffnen Sie morgen?	vahn urf-nen zee mor-gen
I'm nearly broke.	Ich bin fast pleite.	ikh bin fahst plī-teh
My male friend...	Mein Freund...	mīn froynd
My female friend...	Meine Freundin...	mī-neh froyn-din
My husband...	Mein Mann...	mīn mahn
My wife...	Meine Frau...	mī-neh frow
...has the money.	...hat das Geld.	haht dahs gelt

Repair:

These handy lines can apply to any repair, whether it's a cranky zipper, broken leg, or dying car.

This is broken.	**Das hier ist kaputt.**	dahs heer ist kah-**put**
Can you fix it?	**Können Sie das reparieren?**	**kurn**-nen zee dahs reh-pah-**reer**-en
Just do the essentials.	**Machen Sie nur das Nötigste.**	**mahkh**-en zee noor dahs nur-**tig**-steh
How much will it cost?	**Wieviel kostet das?**	vee-**feel kos**-tet dahs
When will it be ready?	**Wann ist es fertig?**	vahn ist es **fehr**-tig
I need it by ___.	**Ich brauche es um ___.**	ikh **browkh**-eh es oom

Entertainment

What's happening tonight?	**Was ist heute abend los?**	vahs ist **hoy**-teh **ah**-bent lohs
Can you recommend something?	**Können Sie etwas empfehlen?**	**kurn**-nen zee **et**-vahs emp-**fay**-len
Is it free?	**Ist es umsonst?**	ist es oom-**zohnst**
Where can I buy a ticket?	**Wo kann ich eine Karte kaufen?**	voh kahn ikh **ī**-neh **kar**-teh **kowf**-en
When does it start?	**Wann fängt es an?**	vahn fengt es ahn
When does it end?	**Wann endet es?**	vahn **en**-det es
Will you go out with me?	**Möchten Sie mit mir ausgehen?**	**murkh**-ten zee mit meer **ows**-gay-hen

Where's the best place to dance nearby?	**Wo geht man hier am besten tanzen?**	voh gayt mahn heer ahm **bes**-ten **tahn**-tsen
Do you want to dance?	**Möchten Sie tanzen?**	**murkh**-ten zee **tahn**-tsen
Again?	**Noch einmal?**	nokh **īn**-mahl
Let's party!	**Feiern wir!**	**fi**-ern veer

What's happening:

movie...	**Film...**	film
...original version	**...im Original**	im oh-rig-ee-**nahl**
...in English	**...auf englisch**	owf **eng**-lish
...with subtitles	**...mit Untertiteln**	mit **oon**-ter-tee-teln
...dubbed	**...übersetzt**	ew-behr-**zetst**
music...	**Musik...**	moo-**zeek**
...live	**...live**	"live"
...classical	**...klassisch**	**klahs**-sish
folk music	**Volksmusik**	**fohlks**-moo-zeek
old rock	**Alter Rock**	**ahl**-ter rok
jazz	**Jazz**	"jazz"
blues	**Blues**	"blues"
singer	**Sänger**	**zeng**-er
concert	**Konzert**	kon-**tsert**
show	**Vorführung**	**for**-few-roong
dancing	**Tanzen**	**tahn**-tsen
folk dancing	**Folkstanz**	**fohlks**-tahnts
disco	**Disko**	**dis**-koh
cover charge	**Eintritt**	**īn**-trit

Phoning

Where is the nearest phone?	Wo ist das nächste Telefon?	voh ist dahs nekh-steh tel-eh-**fohn**
I'd like to telephone...	Ich möchte einen Anruf nach... machen.	ikh **murkh**-teh ī-nen **ahn**-roof nahkh... **mahkh**-en
...the U.S.A.	...U.S.A.	oo es ah
What is the cost per minute?	Wieviel kostet es pro Minute?	vee-**feel kos**-tet es proh mee-**noo**-teh
I'd like to make a... call.	Ich möchte ein... machen.	ikh **murkh**-teh īn... **mahkh**-en
...local	...Ortsgespräch	**orts**-geh-shpraykh
...collect	...R-gespräch	**ehr**-geh-shpraykh
...credit card	...Kreditkarten-gespräch	kreh-**deet**-kar-ten-geh-shpraykh
...long distance	...Ferngespräch	**fehrn**-geh-shpraykh
It doesn't work.	Es außer Betrieb.	es **ow**-ser beh-**treep**
May I use your phone?	Darf ich mal Ihr Telefon benutzen?	darf ikh mahl eer tel-eh-**fohn** beh-**noo**-tsen
Can you dial for me?	Können Sie für mich wählen?	**kurn**-nen zee fewr mikh **vay**-len
Can you talk for me?	Können Sie für mich sprechen?	**kurn**-nen zee fewr mikh **shprekh**-en
It's busy.	Besetzt.	beh-**zetst**
Will you try again?	Noch einmal versuchen?	nokh **īn**-mahl fehr-**zookh**-en
Hello? (on phone)	Ja, bitte?	yah **bit**-teh

My name is...	**Ich heiße...**	ikh **hī**-seh
My number is...	**Meine Telefon-nummer ist...**	**mī**-neh tel-eh-**fohn**-num-mer ist
Speak slowly.	**Sprechen Sie langsam.**	**shprekh**-en zee **lahng**-zahm
Wait a moment.	**Moment.**	moh-**ment**
Don't hang up.	**Nicht auflegen.**	nikht **owf**-lay-gen

Key telephone words:

telephone	**Telefon**	tel-eh-**fohn**
telephone card	**Telefonkarte**	tel-eh-**fohn**-kar-teh
operator	**Vermittlung**	fehr-**mit**-loong
international	**Internationale**	in-tehr-naht-see-oh-**nah**-leh
assistance	**Auskunft**	**ows**-koonft
country code	**Landesvorwahl**	**lahn**-des-for-vahl
area code	**Vorwahl**	**for**-vahl
telephone book	**Telefonbuch**	tel-eh-**fohn**-bookh
yellow pages	**Gelbe Seiten**	**gehlp**-eh **zī**-ten
toll-free	**gebührenfrei**	geh-**bew**-ren-frī
out of service	**Außer Betrieb**	**ow**-ser beh-**treep**

PHONING, E-MAIL

E-mail

e-mail	**e-mail**	**ee**-mayl
internet	**Internet**	**in**-tehr-net
May I please check my e-mail?	**Kann ich mein e-mail nachlesen, bitte?**	kahn ikh mīn **ee**-mayl **nahkh**-lay-zen **bit**-teh

Where can I get access to the internet?	**Wo gibt es einen Internet Zugang, bitte?**	voh gipt es ī-nen in-tehr-net **tsoo**-ghang **bit**-teh
Where is the nearest cybercafé?	**Wo ist das nächste Internet Café?**	voh ist dahs **naykh**-steh **in**-tehr-net kah-**fay**

On the computer screen:

Ansicht	view		**öffnen**	open
bearbeiten	edit		**Ordner**	file
drucken	print		**Post**	mail
löschen	delete		**senden**	send
Mitteilung	message		**speichern**	save

Post Office

Where is the post office?	**Wo ist die Post?**	voh ist dee post
Which window for...?	**An welchem Schalter ist...?**	ahn **vehlkh**-em **shahl**-ter ist
Is this the line for...?	**Ist das die Schlange für...?**	ist dahs dee **shlahn**-geh fewr
...stamps	**...Briefmarken**	**breef**-mar-ken
...packages	**...Pakete**	pah-**kay**-teh
To America....	**Nach Amerika...**	nahkh ah-**mehr**-ee-kah
...by air mail.	**...mit Luftpost.**	mit **luft**-post
...slow and cheap.	**...langsam und billig.**	**lahng**-zahm oont **bil**-lig
How much is it?	**Wieviel kostet das?**	vee-**feel kos**-tet dahs

How many days will it take?	**Wieviele Tage braucht das?**	vee-**fee**-leh **tahg**-eh browkht dahs

Licking the postal code:

German	**Deutsche**	**doy**-cheh
Postal Service	**Bundespost**	**boon**-des-post
stamp	**Briefmarke**	**breef**-mar-keh
postcard	**Postkarte**	**post**-kar-teh
letter	**Brief**	breef
aerogram	**Luftpostpapier**	**luft**-post-pah-**peer**
envelope	**Umschlag**	**oom**-shlahg
package	**Paket**	pah-**kayt**
box	**Karton**	kar-**ton**
string	**Schnur**	shnoor
tape	**Klebeband**	**klay**-beh-bahnd
mailbox	**Briefkasten**	**breef**-kahs-ten
air mail	**Luftpost**	**luft**-post
express mail	**Eilpost**	**īl**-post
slow and cheap	**langsam und billig**	**lahng**-zahm oont **bil**-lig
book rate	**Büchersendung**	**bewkh**-er-**zayn**-doong
weight limit	**Gewichtsbegren-zung**	geh-**vikhts**-beh-gren-tsoong
registered	**Einschreiben**	**īn**-shrī-ben
insured	**versichert**	fehr-**zikh**-ert
fragile	**zerbrechlich**	tsehr-**brekh**-likh
contents	**Inhalt**	**in**-hahlt
customs	**Zoll**	tsol
to	**nach**	nahkh
from	**von**	fon

POST OFFICE

Help!

Help!	Hilfe!	hil-feh
Help me!	Helfen Sie mir!	hel-fen zee meer
Call a doctor!	Rufen Sie einen Arzt!	roo-fen zee ī-nen artst
ambulance	Krankenwagen	krahn-ken-vah-gen
accident	Unfall	oon-fahl
injured	verletzt	fehr-letst
emergency	Notfall	noht-fahl
police	Polizei	poh-leet-sī
thief	Dieb	deep
pick-pocket	Taschendieb	tahsh-en-deep
I've been ripped off.	Ich bin bestohlen worden.	ikh bin beh-shtoh-len vor-den
I've lost my...	Ich habe meine... verloren.	ikh hah-beh mī-neh... fehr-lor-en
...passport.	...Paß	pahs
...ticket.	...Karte	kar-teh
...baggage.	...Gepäck	geh-pek
...purse.	...Handtasche	hahnd-tash-eh
...wallet.	...Brieftasche	breef-tash-eh
...faith in humankind.	...Glauben an die Menschheit	glow-ben ahn dee mehnsh-hīt
I'm lost.	Ich habe mich verlaufen.	ikh hah-beh mikh fehr-lowf-en

Help for women:

Leave me alone.	**Lassen Sie mich in Ruhe.**	**lah**-sen zee mikh in **roo**-heh
I *vant* to be alone.	**Ich möchte alleine sein.**	ikh **murkh**-teh ah-**lī**-neh zīn
I'm not interested.	**Ich hab kein Interesse.**	ikh hahp kīn in-tehr-**es**-seh
I'm married.	**Ich bin verheiratet.**	ikh bin fehr-**hī**-rah-tet
I'm a lesbian.	**Ich bin lesbisch.**	ikh bin **lez**-bish
I have a contagious disease.	**Ich habe eine ansteckende Krankheit.**	ikh **hah**-beh **ī**-neh **ahn**-shtek-en-deh **krahnk**-hīt
You are intrusive.	**Sie sind aufdringlich.**	zee zint **owf**-dring-likh
This man is bothering me.	**Der Mann stört mich.**	dehr mahn shturt mikh
Don't touch me.	**Fassen Sie mich nicht an.**	**fah**-sen zee mikh nikht ahn
You're disgusting.	**Sie sind eklig.**	zee zint **ek**-lig
Stop following me.	**Hör auf, mir nachzulaufen.**	hur owf meer **nahkh**-tsoo-**lowf**-en
Enough!	**Das reicht!**	dahs rīkht
Go away.	**Gehen Sie weg.**	**gay**-en zee vayg
Get lost!	**Hau ab!**	how ahp
Drop dead!	**Verschwinde!**	fehr-**shvin**-deh
I'll call the police.	**Ich rufe die Polizei.**	ikh **roo**-feh dee poh-leet-**sī**

HELP!

Health

I feel sick.	**Mir ist schlecht.**	meer ist shlekht
I need a doctor...	**Ich brauche einen Arzt...**	ikh **browkh**-eh **ī**-nen artst
...who speaks English.	**...der Englisch spricht.**	dehr **eng**-lish shprikht
It hurts here.	**Hier tut es weh.**	heer toot es vay
I'm allergic to...	**Ich bin allergisch gegen...**	ikh bin ah-**lehr**-gish **gay**-gen
...penicillin.	**...Penizillin.**	pen-ee-tsee-**leen**
I am diabetic.	**Ich bin Diabetiker.**	ikh bin dee-ah-**bet**-ee-ker
I've missed a period.	**Ich habe meine Tage nicht bekommen.**	ikh **hah**-beh **mī**-neh **tahg**-eh nikht beh-**kom**-men
My male friend has...	**Mein Freund hat...**	mīn froynd haht
My female friend has...	**Meine Freundin hat...**	**mī**-neh **froyn**-din haht
I have...	**Ich habe...**	ikh **hah**-beh
...asthma.	**...Asthma.**	**ahst**-mah
...athelete's foot.	**...Fusspilz.**	**foos**-pilts
...a burn.	**...eine Verbrennung.**	**ī**-neh fehr-**bren**-noong
...chest pains.	**...Schmerzen in der Brust.**	**shmehrt**-sen in dehr brust
...a cold.	**...eine Erkältung.**	**ī**-neh ehr-**kel**-toong
...constipation.	**...Verstopfung.**	**fehr**-shtop-foong
...a cough.	**...einen Husten.**	**ī**-nen **hoo**-sten
...diarrhea.	**...Durchfall.**	**durkh**-fahl
...dizziness.	**...Schwindel.**	**shvin**-del
...a fever.	**...Fieber.**	**fee**-ber

...the flu.	...die Grippe.	dee **grip**-peh
...giggles.	...einen Lachanfall.	ī-nen **lahkh**-ahn-fahl
...hay fever.	...Heuschnupfen.	**hoysh**-nup-fen
...a headache.	...Kopfschmerzen.	**kopf**-shmehrt-sen
...hemorrhoids.	...Hämorrholden.	**hay**-mor-hohl-den
...high blood pressure.	...Bluthochdruck.	**bloot**-hokh-druk
...indigestion.	...Verdauungsstörung.	fehr-**dow**-oongs-shtur-oong
...an infection.	...eine Entzündung.	ī-neh **ent**-sewn-doong
...insect bites.	...Insektenstiche.	in-zek-ten-**shtikh**-eh
...a migraine.	...Migräne.	mee-**gray**-neh
...nausea.	...Übelkeit.	**ew**-bel-kīt
...a rash.	...einen Ausschlag.	ī-nen **ows**-shlahg
...a sore throat.	...Halsschmerzen.	**hahls**-shmehrt-sen
...a stomach ache.	...Magenschmerzen.	**mah**-gen-shmehrt-sen
...a swelling.	...eine Schwellung.	ī-neh **shvel**-loong
...a toothache.	...Zahnschmerzen.	**tsahn**-shmehrt-sen
...urinary infection.	...Harnröhrenent-zündung.	**harn**-rur-ren-ent-tsewn-doong
...a venereal disease.	...eine Geschlechts-krankeit.	ī-neh geh-**shlekhts**-krahn-kīt
...worms.	...Würmer.	**vewr**-mer
I have body odor.	Ich habe Körpergeruch.	ikh **hah**-beh **kur**-per-geh-rookh
Is it serious?	Ist es ernst?	ist es **ehrnst**

Handy health words:

pain	**Schmerz**	shmehrts
dentist	**Zahnarzt**	**tsahn**-artst
doctor	**Arzt**	artst
nurse	**Krankenschwester**	krahn-ken-shves-ter
health insurance	**Krankenversicherung**	krahn-ken-fehr-**zikh**-eh-roong
hospital	**Krankenhaus**	krahn-ken-hows
blood	**Blut**	bloot
bandage	**Verband**	fehr-**bahnt**
medicine	**Medikamente**	med-ee-kah-**men**-teh
pharmacy	**Apotheke**	ah-poh-**tay**-keh
prescription	**Rezept**	reh-**tsehpt**
pill	**Pille**	**pil**-leh
aspirin	**Aspirin**	ah-spir-**een**
non-aspirin substitute	**Ben-u-ron**	**behn**-oo-ron
antibiotic	**Antibiotika**	ahn-tee-bee-**oh**-tee-kah
cold medicine	**Grippemittel**	**grip**-eh-mit-tel
cough drops	**Hustenbonbons**	**hoo**-sten-bohn-bohz
antacid	**Mittel gegen**	**mit**-tel **gay**-gen
	Magenbrennen	**mah**-gen-bren-nen
pain killer	**Schmerzmittel**	**shmehrts**-mit-tel
Preparation H	**Hemorrihden Salbe**	hem-oh-**rid**-den **zahl**-beh
vitamins	**Vitamine**	**vee**-tah-mee-neh

Glasses and contact lenses:

glasses	**Brille**	**bril**-leh
sunglasses	**Sonnenbrille**	**zoh**-nen-bril-leh
prescription	**Rezept**	reh-**tsept**
soft lenses	**Weiche Linsen**	**vīkh**-eh **lin**-zen
hard lenses	**Harte Linsen**	**har**-teh **lin**-zen

Chatting

My name is...	Ich heiße...	ikh **hī**-seh
What's your name?	Wie heißen Sie?	vee **hī**-sen zee
This is...	Das ist...	dahs ist
How are you?	Wie geht's?	vee gayts
Very well, thanks.	Sehr gut, danke.	zehr goot **dahng**-keh
Where are you from?	Woher kommen Sie?	**voh**-hehr **kom**-men zee
What...?	Von welcher...?	fon **velkh**-er
...city	...Stadt	shtaht
...country	...Land	lahnd
...planet	...Planet	plahn-**et**
I'm from...	Ich bin aus...	ikh bin ows
...America.	...Amerika.	ah-**mehr**-i-kah
...Canada.	...Kanada.	**kah**-nah-dah

Who's who:

This is a... of mine.	Das ist...von mir.	dahs ist īn... fon meer
...male friend	...ein Freund	īn froynd
...female friend	...eine Freundin	**ī**-neh **froyn**-din
My...	Mein / meine...	mīn / **mī**-neh
...boyfriend / girlfriend.	...Freund / Freundin.	froynd / **froyn**-din
...husband / wife.	...Mann / Frau.	mahn / frow
...son / daughter.	...Sohn / Tochter.	zohn / **tokh**-ter
...brother / sister.	...Bruder / Schwester.	**broo**-der / **shves**-ter
...father / mother.	...Vater / Mutter.	**fah**-ter / **mut**-ter
...uncle / aunt.	...Onkel / Tante.	**ohn**-kel / **tahn**-teh
...nephew / niece.	...Neffe / Nichte.	**nef**-feh / **neekh**-teh

CHATTING

...male / female cousin.	...Cousin / Cousine.	koo-**zeen** / **koo**-zee-neh
...grandfather / grandmother.	...**Großvater** / **Großmutter**.	**grohs**-fah-ter / **grohs**-mut-ter
...grandson / granddaughter.	...**Enkel / Enkelin**.	**en**-kel / **en**-kel-in

Family and work:

Are you married?	**Sind Sie verheiratet?**	zint zee fehr-**hī**-rah-tet
Do you have children?	**Haben Sie Kinder?**	**hah**-ben zee **kin**-der
How many boys / girls?	**Wieviele Jungen / Mädchen?**	vee-**fee**-leh **yoong**-gen / **mayd**-khen
Do you have photos?	**Haben Sie Fotos?**	**hah**-ben zee **foh**-tohs
How old is your child?	**Wie alt ist Ihr Kind?**	vee ahlt ist eer kint
Beautiful child!	**Schönes Kind!**	**shur**-nes kint
Beautiful children!	**Schöne Kinder!**	**shur**-neh **kin**-der
What is your occupation?	**Was machen Sie beruflich?**	vahs **mahkh**-en zee beh-**roof**-likh
Do you like your work?	**Gefällt Ihnen ihre Arbeit?**	geh-**felt** ee-nen **eer**-eh **ar**-bīt
I'm a...	**Ich bin...**	ikh bin
...student. (male / female)	...**Student / Studentin**.	shtoo-**dent** / shtoo-**dent**-in
...teacher. (male / female)	...**Lehrer /Lehrerin**.	**lehr**-er / **lehr**-er-in
...worker.	...**Arbeiter**.	**ar**-bī-ter
...professional traveler.	...**professioneller Reisender**.	proh-fes-see-ohn-**nel**-ler **rī**-zen-der
Can I please take a photo of you?	**Darf ich ein Foto von Ihnen machen, bitte?**	darf ikh īn **foh**-toh fon **ee**-nen **mahkh**-en **bit**-teh

Travel talk:

I am / Are you...?	**Ich bin / Sind Sie...?**	ikh bin / zint zee
...on vacation	**...auf Urlaub**	owf **oor**-lowp
Are you working today?	**Arbeiten Sie heute?**	**ar**-bīt-en zee **hoy**-teh
How long have you been traveling?	**Wie lange sind Sie schon im Urlaub?**	vee **lahng**-eh zint zee shohn im **oor**-lowp
day / week / month / year	**Tag / Woche / Monat / Jahr**	tahg / **vokh**-eh / **moh**-naht / yar
When are you going home?	**Wann fahren Sie zurück?**	vahn **far**-en zee tsoo-**rewk**
This is my first time in...	**Ich bin zum ersten Mal in...**	ikh bin tsoom **ehr**-sten mahl in
It's (not) a tourist trap.	**Es ist (nicht) nur für Touristen.**	es ist (nikht) noor fewr too-**ris**-ten
Today / Tomorrow	**Heute / Morgen**	**hoy**-teh / **mor**-gen
I'm going to...	**fahre ich nach...**	**far**-eh ikh nahkh
I'm very happy here.	**Ich bin sehr glücklich hier.**	ikh bin zehr **glewk**-likh heer
This is paradise.	**Das ist das Paradies.**	dahs ist dahs **pah**-rah-dees
The Germans / Austrians / Swiss...	**Die Deutschen / Österreicher / Schweizer...**	dee **doy**-chen / **urs**-teh-rīkh-er / **shvīt**-ser
...are very friendly.	**...sind sehr freundlich.**	zint zehr **froynd**-likh
This is a wonderful country.	**Dies ist ein wunderbares Land.**	deez ist īn **voon**-dehr-bah-res lahnd
Travel is good living.	**Auf Reisen lebt's sich gut.**	owf **rī**-zen laypts zikh goot

Have a good trip!	**Gute Reise!**	**goo**-teh rī-zeh

Weather:

What's the weather tomorrow?	**Wie wird das Wetter morgen?**	vee virt dahs **veht**-ter **mor**-gen
sunny / cloudy	**sonnig / bewölkt**	**zon**-nig / beh-**vurlkt**
hot / cold	**heiß / kalt**	hīs / kahlt
muggy / windy	**schwül / windig**	shvewl / **vin**-dig
rain / snow	**Regen / Schnee**	**ray**-gen / shnay

Thanks a million:

Thank you very much.	**Vielen Dank.**	**fee**-len dahngk
You are...	**Sie sind...**	zee zint
...helpful.	**...hilfreich.**	**hilf**-rīkh
...wonderful.	**...wunderbar.**	**voon**-der-bar
...generous.	**...großzügig.**	**grohs**-tsew-gig
This is great fun.	**Das macht viel Spaß.**	dahs mahkht feel shpahs
You've gone to much trouble.	**Sie haben sich soviel Mühe gemacht.**	zee **hah**-ben sikh **zoh**-feel **mew**-heh geh-**mahkht**
You are an angel from God.	**Sie sind ein Engel, von Gott gesandt.**	zee zint īn **eng**-el fon got geh-**zahndt**

Dictionary

English	French	Italian	German
A		**A**	
above	au dessus	sopra	über
accident	accident	incidente	Unfall
accountant	comptable	commercialista	Buchhalter
adaptor	adapteur	adattatore	Zwischenstecker
address	adresse	indirizzo	Adresse
adult	adulte	adulto	Erwachsener
afraid	peur	spaventato	ängstlich
after	après	dopo	nach
afternoon	après-midi	pomeriggio	Nachmittag
aftershave	après rasage	dopobarba	Rasierwasser
afterwards	après	più tardi	nachher
again	encore	ancora	noch einmal
age	âge	età	Alter
aggressive	aggressif	aggressivo	aggressiv
agree	d'accord	d'accordo	einverstanden
AIDS	SIDA	AIDS	AIDS
air	l'air	aria	Luft
air-conditioned	climatisé	aria condizionata	Klimaanlage
airline	ligne aérienne	aeroplano	Fluggesellschaft
air mail	par avion	via aerea	Luftpost
airport	aéroport	aeroporto	Flughafen
alarm clock	réveille-matin	sveglia	Wecker
alcohol	alcool	alcool	Alkohol
allergic	allergique	allergico	allergisch
allergies	allergies	allergie	Allergien
alone	seule	solo	allein
already	déjà	già	schon
always	toujours	sempre	immer
ancestor	ancêtre	antenato	Vorfahre
ancient	ancien	antico	altertümlich
and	et	e	und

English	French	Italian	German
angry	fâché	arrabbiato	wütend
ankle	cheville	caviglia	Fußknöchel
animal	animal	animale	Tier
another	encore	un altro	noch ein
answer	réponse	risposta	Antwort
antibiotic	antibiotique	antibiotico	Antibiotika
antiques	antiquités	antichità	Antiquitäten
apartment	appartement	appartamento	Wohnung
apology	excuse	scuse	Entschuldigung
appetizers	hors-d'oeuvre	antipasto	Vorspeise
apple	pomme	mela	Apfel
appointment	rendezvous	appuntamento	Verabredung
approximately	presque	più o meno	ungefähr
arm	bras	braccio	Arm
arrivals	arrivées	arrivi	Ankunften
arrive	arriver	arrivare	ankommen
art	l'art	arte	Kunst
artificial	artificial	artificiale	künstlich
artist	artiste	artista	Künstler
ashtray	cendrier	portacenere	Aschenbecher
ask	demander	domandare	fragen
aspirin	aspirine	aspirina	Aspirin
at	à	a	bei
attractive	attirant	bello	attraktiv
aunt	tante	zia	Tante
Austria	Autriche	Austria	Österreich
autumn	automne	autunno	Herbst

B

B

baby	bébé	bambino	Baby
babysitter	babysitter	bambinaia	Babysitter
backpack	sac à dos	zainetto	Rucksack
bad	mauvais	cattivo	schlecht
bag	sac	sachetto	Tüte

English	French	Italian	German
baggage	bagages	bagaglio	Gepäck
bakery	boulangerie	panificio	Bäckerei
balcony	balcon	balcone	Balkon
ball	balle	palla	Ball
banana	banane	banana	Banane
band-aid	bandage adhésif	cerotto	Pflaster
bank	banque	banca	Bank
barber	coiffeur	barbiere	Frisör
basement	sous-sol	seminterrato	Keller
basket	pannier	cestino	Korb
bath	bain	bagno	Bad
bathroom	salle de bains	bagno	Bad
bathtub	baignoire	vasca da bagno	Badewanne
battery	batterie	batteria	Batterie
beach	plage	spiaggia	Strand
beard	barbe	barba	Bart
beautiful	belle	bello	schön
because	parce que	perchè	weil
bed	lit	letto	Bett
bedroom	chambre	camera da letto	Zimmer
bedsheet	draps	lenzuolo	Laken
beef	boeuf	manzo	Rindfleisch
beer	bière	birra	Bier
before	avant	prima	vor
begin	commencer	cominciare	anfangen
behind	derrière	dietro	hinter
below	sous	sotto	unter
belt	ceinture	cintura	Gürtel
best	le meilleur	il migliore	am besten
better	meilleur	meglio	besser
bib	bavoir	bavaglino	Lätzchen
bicycle	vélo	bicicletta	Fahrrad
big	grand	grande	groß
bill (payment)	l'addition	conto	Rechnung
bird	oiseau	uccello	Vogel
birthday	anniversaire	compleanno	Geburtstag

English	French	Italian	German
black	noir	nero	schwarz
blanket	couverture	coperta	Decke
blond	blonde	biondo	blond
blood	sang	sangue	Blut
blouse	chemisier	camicetta	Bluse
blue	bleu	blu	blau
boat	bateau	barca	Schiff
body	corps	corpo	Körper
boiled	bouilli	bollito	gekocht
bomb	bombe	bomba	Bombe
book	livre	libro	Buch
book shop	librairie	libreria	Buchladen
boots	bottes	stivali	Stiefel
border	frontière	frontiera	Grenze
borrow	emprunter	prendere in prestito	leihen
boss	chef	capo	Boss
bottle	bouteille	bottiglia	Flasche
bottom	fond	fondo	Boden
bowl	bol	boccia	Schale
box	boîte	scatola	Karton
boy	garçon	ragazzo	Junge
boyfriend	petit ami	ragazzo	Freund
bra	soutien-gorge	reggiseno	B.H.
bracelet	bracelet	braccialetto	Armband
bread	pain	pane	Brot
breakfast	petit déjeuner	colazione	Frühstück
bridge	pont	ponte	Brücke
briefs	slip	mutandoni	Unterhosen
Britain	Grande-Bretagne	Britannia	England
broken	en panne	rotto	kaputt
brother	frère	fratello	Bruder
brown	brun	marrone	braun
bucket	seau	secchio	Eimer
building	bâtiment	edificio	Gebäude
bulb	ampoule	bulbo	Birne

English	French	Italian	German
burn (n)	brûlure	bruciatura	Verbrennung
bus	bus	autobus	Bus
business	affaires	affari	Geschäft
business card	carte de visite	biglietto da visita	visitenkarte
but	mais	ma	aber
button	bouton	bottone	Knopf
buy	acheter	comprare	kaufen
by (via)	en	in	mit

C

C

calendar	calendrier	calendario	Kalender
calorie	calorie	calorie	Kalorie
camera	appareil-photo	macchina fotografica	Photoapparat
camping	camping	campeggio	zelten
can (n)	boîte de conserve	lattina	Dose
can (v)	pouvoir	potere	können
Canada	Canada	Canada	Kanada
can opener	ouvre-boîte	apriscatola	Dosenöffner
canal	canal	canale	Kanal
candle	chandelle	candela	Kerze
candy	bonbon	caramella	Bonbons
canoe	canoë	canoa	Kanu
cap	casquette	berretto	Deckel
captain	capitaine	capitano	Kapitän
car	voiture	macchina	Auto
carafe	carafe	caraffa	Krug
card	carte	cartina	Karte
cards (deck)	jeu de cartes	carte	Karten
careful	prudent	prudente	vorsichtig
carpet	moquette	tappeto	Teppich
carry	porter	portare	tragen
cashier	caisse	cassiere	Kassierer
cassette	cassette	cassetta	Kassette

English	French	Italian	German
castle	château	castello	Burg
cat	chat	gatto	Katze
catch (v)	attraper	prendere	fangen
cathedral	cathédrale	cattedrale	Kathedrale
cave	grotte	grotta	Höhle
cellar	cave	cantina	Keller
center	centre	centro	Zentrum
century	siècle	secolo	Jahrhundert
chair	chaise	sedia	Stuhl
change (n)	change	cambio	Wechsel
change (v)	changer	cambiare	wechseln
charming	charmant	affascinante	bezaubernd
cheap	bon marché	economico	billig
check	chèque	assegno	Scheck
Cheers!	Santé!	Salute!	Prost!
cheese	fromage	formaggio	Käse
chicken	poulet	pollo	Hühnchen
children	enfants	bambini	Kinder
Chinese (adj)	chinois	cinese	chinesisches
chocolate	chocolat	cioccolato	Schokolade
Christmas	Noël	Natale	Weihnachten
church	église	chiesa	Kirche
cigarette	cigarette	sigarette	Zigarette
cinema	cinéma	cinema	Kino
city	ville	città	Stadt
class	classe	classe	Klasse
clean (adj)	propre	pulito	sauber
clear	clair	chiaro	klar
cliff	falaise	dirupo	Kliff
cloth	tissu	stoffa	Stoff
clothes	vêtements	vestiti	Kleider
closed	fermé	chiuso	geschlossen
clothesline	corde à linge	marca	Wäscheleine
clothes pins	pince à linge	spilla	Wäscheklammern
cloudy	nuageux	nuvoloso	bewölkt
coast	côte	costa	Küste

English	French	Italian	German
coat	manteau	cappotto	Mantel
coat hanger	cintre	appendiabiti	Kleiderbügel
coffee	café	caffè	Kaffee
coins	pièces	monete	Münzen
cold (adj)	froid	freddo	kalt
colors	couleurs	colori	Farben
comb (n)	peigne	pettine	Kamm
come	venir	venire	kommen
comfortable	confortable	confortevole	komfortabel
compact disc	disque compact	compact disc	C.D.
complain	se plaindre	protestare	sich beschweren
complicated	compliqué	complicato	kompliziert
computer	ordinateur	computer	Komputer
concert	concert	concerto	Konzert
condom	préservatif	preservativo	Präservativ
confirm	confirmer	confermare	konfirmieren
conductor	conducteur	conducente	Schaffner
congratulations	félicitations	congratulazioni	Glückwünsche
connection	correspondance	coincidenza	Verbindung
constipation	constipation	stitichezza	Verstopfung
cook (v)	cuisinier	cuocere	kochen
cool	frais	fresco	kühl
cork	bouchon	sughero	Korken
corkscrew	tire-bouchon	cavatappi	Korkenzieher
corner	coin	angolo	Ecke
corridor	couloir	corridoio	Flur
cost (v)	coûter	costare	kosten
cot	lit de camp	lettino	Liege
cotton	coton	cotone	Baumwolle
cough (v)	tousser	tossire	husten
cough drops	pastilles	pasticche	Hustenpastillen
country	pays	paese	Land
countryside	compagne	campagna	auf dem Land
cousin	cousin	cugino	Vetter
cow	vâche	mucca	Kuh
cozy	confortable	confortevole	gemütlich

English	French	Italian	German
crafts	arts	arte	Kunstgewerbe
cream	crème	panna	Sahne
credit card	carte de crédit	carta di credito	Kreditkarte
crowd (n)	foule	folla	Menge
cry (v)	pleurer	piangere	weinen
cup	tasse	tazza	Tasse

D

D

dad	papa	papà	Papa
dance (v)	danser	ballare	tanzen
danger	danger	pericolo	Gefahr
dangerous	dangereux	pericoloso	gefährlich
dark	sombre	scuro	dunkel
daughter	fille	figlia	Tochter
day	jour	giorno	Tag
dead	mort	morto	tot
delay	retardement	ritardo	Verspätung
delicious	délicieux	delizioso	lecker
dental floss	fil dentaire	filo interdentale	Zahnseide
dentist	dentiste	dentista	Zahnarzt
deodorant	désodorisant	deodorante	Deodorant
depart	partir	partire	abfahren
departures	départs	partenze	Abfahrten
deposit	caution	deposito	Kaution
dessert	dessert	dolci	Nachtisch
detour	déviation	deviazione	Umleitung
diabetic	diabétique	diabetico	diabetisch
diamond	diamant	diamante	Diamant
diaper	couche	pannolino	Windel
diarrhea	diarrhée	diarrea	Durchfall
dictionary	dictionnaire	dizionario	Wörterbuch
die	mourir	morire	sterben
difficult	difficile	difficile	schwierig
dinner	dîner	cena	Abendessen

English	French	Italian	German
direct	direct	diretto	direkt
direction	direction	direzione	Richtung
dirty	sale	sporco	schmutzig
discount	réduction	sconto	Ermäßigung
disease	maladie	malattia	Krankheit
disturb	déranger	disturbare	stören
divorced	divorcé	divorziato	geschieden
doctor	docteur	dottore	Arzt
dog	chien	cane	Hund
doll	poupée	bambola	Puppe
donkey	âne	asino	Esel
door	porte	porta	Tür
dormitory	dortoire	camerata	Schlafsaal
double	double	doppio	doppel
down	en bas	giù	runter
dream (n)	rêve	sogno	Traum
dream (v)	rêver	sognare	träumen
dress (n)	robe	vestito	Kleid
drink (n)	boisson	bevanda	Getränk
drive (v)	conduire	guidare	fahren
driver	chauffeur	autista	Fahrer
drunk	ivre	ubriaco	betrunken
dry	sec	secco	trocken

E

E

English	French	Italian	German
each	chaque	ogni	jede
ear	oreille	orecchio	Ohr
early	tôt	presto	früh
earplugs	boules quiès	tappi per le orecchie	Ohrenschützer
earrings	boucle d'oreille	orecchini	Ohrringe
earth	terre	terra	Erde
east	est	est	Osten
Easter	Pâques	Pasqua	Ostern

English	French	Italian	German
easy	facile	facile	einfach
eat	manger	mangiare	essen
elbow	coude	gomito	Ellbogen
elevator	ascenseur	ascensore	Fahrstuhl
embarrassing	gênant	imbarazzante	peinlich
embassy	ambassade	ambasciata	Botschaft
empty	vide	vuoto	leer
engineer	ingénieur	ingeniere	Ingenieur
English	anglais	inglese	Englisch
enjoy	apprécier	divertirsi	genießen
enough	assez	abbastanza	genug
entrance	entrée	ingresso	Eingang
entry	entrée	entrata	Eingang
envelope	enveloppe	busta	Briefumschlag
eraser	gomme	gomma da cancellare	Radiergummi
especially	spécialement	specialmente	besonders
Europe	Europe	Europa	Europa
evening	soir	sera	Abend
every	chaque	ogni	jede
everything	tout	tutto	alles
exactly	exactement	esattamente	genau
example	exemple	esempio	Beispiel
excellent	excellent	eccellente	ausgezeichnet
except	sauf	eccetto	außer
exchange (n)	change	cambio	Wechsel
excuse me	pardon	mi scusi	Entschuldigung
exhausted	épuisé	esausto	erschöpft
exit	sortie	uscita	Ausgang
expensive	cher	caro	teuer
explain	expliquer	spiegare	erklären
eye	oeil	occhio	Auge

English	French	Italian	German
F		**F**	
face	visage	faccia	Gesicht
factory	usine	fabbrica	Fabrik
fall (v)	tomber	cadere	fallen
false	faux	falso	falsch
family	famille	famiglia	Familie
famous	fameux	famoso	berühmt
fantastic	fantastique	fantastico	phantastisch
far	loin	lontano	weit
farm	ferme	fattoria	Bauernhof
farmer	fermier	contadino	Bauer
fashion	mode	moda	Mode
fat (adj)	gros	grasso	fett
father	père	padre	Vater
father-in-law	beau-père	suocero	Schwiegervater
faucet	robinet	rubinetto	Wasserhahn
fax	fax	fax	Fax
female	femelle	femmina	weiblich
ferry	bac	traghetto	Fähre
fever	fièvre	febbre	Fieber
few	peu	poco	wenig
field	champ	campo	Feld
fight (n)	lutte	lotta	Streit
fight (v)	combattre	combattere	streiten
fine (good)	bon	bene	gut
finger	doigt	dito	Finger
finish (v)	finir	finire	beenden
fireworks	feux d'artifices	fuochi d'artificio	Feuerwerk
first	premier	primo	erst
first aid	premiers secours	primo soccorso	erste Hilfe
first class	première classe	prima classe	erste Klasse
fish	poisson	pesce	Fisch
fish (v)	pêcher	pescare	fischen
fix (v)	réparer	aggiustare	reparieren

English	French	Italian	German
fizzy	pétillant	frizzante	sprudelnd
flag	drapeau	bandiera	Fahne
flashlight	lampe de poche	torcia	Taschenlampe
flavor	parfum	aroma	Geschmack
flea	puce	pulce	Floh
flight	vol	volo	Flug
flower	fleur	fiore	Blume
flu	grippe	influenza	Grippe
fly	voler	volare	fliegen
fog	brouillard	nebbia	Nebel
food	nourriture	cibo	Essen
foot	pied	piede	Fuß
football	football	calcio	Fußball
for	pour	per	für
forbidden	interdit	vietato	verboten
foreign	étranger	straniero	fremd
forget	oublier	dimenticare	vergessen
fork	fourchette	forchetta	Gabel
fountain	fontaine	fontana	Brunnen
France	France	Francia	Frankreich
free (no cost)	gratuit	gratis	umsonst
fresh	fraîche	fresco	frisch
Friday	vendredi	venerdì	Freitag
friend	ami	amico	Freund
friendship	amitié	amicizia	Freundschaft
frisbee	frisbee	frisbee	Frisbee
from	de	da	von
fruit	fruit	frutta	Obst
fun	amusement	divertimento	Spaß
funeral	enterrement	funerale	Beerdigung
funny	drôle	divertente	komisch
furniture	meubles	mobili	Möbel
future	avenir	futuro	Zukunft

English	French	Italian	German

G

G

English	French	Italian	German
gallery	gallerie	galleria	Galerie
game	jeu	gioco	Spiel
garage	garage	garage	Garage
garden	jardin	giardino	Garten
gardening	jardinage	giardinaggio	Gärtnern
gas	essence	benzina	Benzin
gas station	station de service	benzinaio	Tankstelle
gay	homosexuel	omosessuale	schwul
gentleman	monsieur	signore	Herr
genuine	authentique	genuino	echt
Germany	Allemagne	Germania	Deutschland
gift	cadeau	regalo	Geschenk
girl	fille	ragazza	Mädchen
girlfriend	petite amie	ragazza	Freundin
give	donner	dare	geben
glass	verre	bicchiere	Glas
glasses (eye)	lunettes	occhiali	Brille
gloves	gants	guanti	Handschuhe
go	aller	andare	gehen
God	Dieu	Dio	Gott
gold	or	oro	Gold
golf	golf	golf	Golf
good	bien	buono	gut
goodbye	au revoir	arrivederci	auf Wiedersehen
good day	bonjour	buon giorno	guten Tag
go through	passer	attraversare	durchgehen
grammar	grammaire	grammatica	Grammatik
granddaughter	petite-fille	nipote	Enkelin
grandfather	grand-père	nonno	Großvater
grandmother	grand-mère	nonna	Großmutter
grandson	petit-fils	nipote	Enkel
gray	gris	grigio	grau
greasy	graisseux	grasso	fettig

English	French	Italian	German
great	super	ottimo	super
Greece	Grèce	Grecia	Griechenland
green	vert	verde	grün
grocery store	épicerie	alimentari	Lebensmittelladen
guarantee	guarantie	garantito	Garantie
guest	invité	ospite	Gast
guide	guide	guida	Führer
guidebook	guide	guida	Führer
guitar	guitare	chitarra	Gitarre
gum	chewing-gum	gomma da masticare	Kaugummi
gun	fusil	pistola	Gewehr

H   H

hair	cheveux	capelli	Haare
hairbrush	brosse	spazzola per capelli	Haarbürste
haircut	coupe de cheveux	taglio di capelli	Frisur
hand	main	mano	Hand
handicapped	handicapé	andicappato	behindert
handicrafts	produits artisanaux	artigianato	Handarbeiten
handle (n)	poignée	manico	Griff
handsome	beau	attraente	gutaussehend
happy	heureux	contento	glücklich
harbor	port	porto	Hafen
hard	dûr	duro	hart
hat	chapeau	cappello	Hut
hate (v)	détester	odiare	hassen
have	avoir	avere	haben
he	il	lui	er
head	tête	testa	Kopf
headache	mal de tête	mal di testa	Kopfschmerzen
healthy	bonne santé	sano	gesund
hear	entendre	udire	hören

English	French	Italian	German
heart	coeur	cuore	Herz
heat (n)	chauffage	calore	Hitze
heat (v)	chauffer	scaldare	aufwärmen
heaven	paradis	paradiso	Himmel
heavy	lourd	pesante	schwer
hello	bonjour	ciao	hallo
help (n)	secours	aiuto	Hilfe
help (v)	aider	aiutare	Hilfe
hemorrhoids	hémorroïdes	emorroidi	Hämorrholden
her	elle	lei	ihr
here	ici	qui	hier
hi	salut	ciao	hallo
high	haut	alto	hoch
highchair	chaise haute	seggiolone	Kinderstuhl
highway	route nationale	autostrada	Landstraße
hill	colline	collina	Hügel
history	histoire	storia	Geschichte
hitchhike	autostop	autostop	per Anhalter fahren
hobby	hobby	hobby	Hobby
hole	trou	buco	Loch
holiday	jour férié	giorno festivo	Feiertag
homemade	fait à la maison	fatto in casa	hausgemacht
homesick	nostalgique	nostalgico	Heimweh
honest	honnête	onesto	ehrlich
honeymoon	lune de miel	luna di miele	Hochzeitsreise
horrible	horrible	orribile	schrecklich
horse	cheval	cavallo	Pferd
horse riding	équitation	equitazione	reiten
hospital	hôpital	ospedale	Krankenhaus
hot	chaud	caldo	heiß
hotel	hôtel	hotel	Hotel
hour	heure	ora	Stunde
house	maison	casa	Haus
how many	combien	quanti	wieviele
how much ($)	combien	quanto costa	wieviel kostet

English	French	Italian	German
how	comment	come	wie
hungry	faim	affamato	hungrig
hurry (v)	se dépêcher	avere fretta	sich beeilen
husband	mari	marito	Ehemann
hydrofoil	hydroptère	aliscafo	Tragflächenboot

I

I

I	je	io	ich
ice	glaçons	ghiaccio	Eis
ice cream	glace	gelato	Eis
if	si	se	ob
ill	malade	malato	krank
immediately	immédiatement	immediatamente	sofort
important	important	importante	wichtig
imported	importé	importato	importiert
impossible	impossible	impossibile	unmöglich
in	en, dans	in	in
included	inclus	incluso	eingeschlossen
incredible	incroyable	incredibile	unglaublich
independent	indépendant	indipendente	unabhängig
indigestion	indigestion	indigestione	Verdauungs-störung
infection	infection	infezione	Entzündung
information	information	informazioni	Information
injured	blessé	infortunato	verletzt
innocent	innocent	innocente	unschuldig
insect	insecte	insetto	Insekt
insect repellant	bombe contre les insectes	lozione anti-zanzare	Mückenspray
inside	dedans	dentro	innen
instant	instant	istante	sofortig
instead	au lieu	invece	anstatt
insurance	assurance	assicurazione	Versicherung
intelligent	intelligent	intelligente	klug

English	French	Italian	German
interesting	intéressant	interessante	interessant
invitation	invitation	invito	Einladung
iodine	teinture d'iode	iodio	Jod
is	est	è	ist
island	île	isola	Insel
Italy	Italie	Italia	Italien
itch (n)	démangeaison	prurito	Jucken

J | | J | |

English	French	Italian	German
jacket	veste	giubbotto	Jacke
jaw	machoire	mascella	Kiefer
jeans	jeans	jeans	Jeans
jewelry	bijoux	gioielleria	Schmuck
job	boulot	lavoro	Beruf
jogging	jogging	footing	Jogging
joke (n)	blague	scherzo	Witz
journey	voyage	viaggio	Reise
juice	jus	succo	Saft
jump (v)	sauter	saltare	springen

K | | K | |

English	French	Italian	German
keep	garder	tenere	behalten
kettle	bouilloire	bollitore	Kessel
key	clé	chiave	Schlüssel
kill	tuer	uccidere	töten
kind	aimable	gentile	freundlich
king	roi	re	König
kiss	baiser	baciare	Küß
kitchen	cuisine	cucina	Küche
knee	genou	ginocchio	Knie
knife	couteau	coltello	Messer
know	savoir	sapere	wissen

English	French	Italian	German
L		**L**	

English	French	Italian	German
ladder	échelle	scala	Leiter
ladies	mesdames	signore	Damen
lake	lac	lago	See
lamb	agneau	agnello	Lamm
language	langue	lingua	Sprache
large	grand	grande	groß
last	dernier	ultimo	letzte
late	tard	tardi	spät
later	plus tard	più tardi	später
laugh (v)	rire	ridere	lachen
laundromat	laverie	lavanderia	Waschsalon
lawyer	avocat	avvocato	Anwalt
lazy	paresseux	pigro	faul
leather	cuir	pelle	Leder
left	gauche	sinistra	links
leg	jambe	gamba	Bein
lend	prêter	prestare	leihen
letter	lettre	lettera	Brief
library	bibliothèque	biblioteca	Leihbücherei
life	vie	vita	Leben
light (n)	lumière	luce	Licht
light bulb	ampoule	lampadina	Glühbirne
lighter (n)	briquet	accendino	Feuerzeug
lip	lèvre	labbro	Lippe
list	liste	lista	Liste
listen	écouter	ascoltare	zuhören
liter	litre	litro	Liter
little (adj)	petit	piccolo	klein
local	régional	locale	örtlich
lock (n)	serrure	serratura	Schloß
lock (v)	fermer à clé	chiudere	abschließen
lockers	consigne automatique	armadietti	Schließfächer
look	regarder	guardare	gucken

English	French	Italian	German
lost	perdu	perso	verloren
loud	bruyant	forte	laut
love (v)	aimer	amare	lieben
lover	amant	amante	Liebhaber
low	bas	basso	niedrig
lozenges	pastilles	pastiglie	Halsbonbon
luck	chance	fortuna	Glück
luggage	bagage	bagaglio	Gepäck
lukewarm	tiède	tiepido	lau
lungs	poumons	polmoni	Lungen

M · M

English	French	Italian	German
macho	macho	macho	macho
mad	fâché	arrabbiato	wütend
magazine	magazine	rivista	Zeitschrift
mail (n)	courrier	posta	Post
main	principal	principale	Haupt
make (v)	faire	fare	machen
male	mâle	maschio	männlich
man	homme	uomo	Mann
manager	directeur	direttore	Geschäftsführer
many	beaucoup	molti	viele
map	carte	cartina	Karte
market	marché	mercato	Markt
married	marié	sposato	verheiratet
matches	allumettes	fiammiferi	Streichhölzer
maximum	maximum	massimo	Maximum
maybe	peut-être	forse	vielleicht
meat	viande	carne	Fleisch
medicine	médicaments	medicina	Medikamente
medium	moyen	medio	mittel
men	hommes	uomini	Herren
menu	carte	menu	Speisekarte
message	message	messaggio	Nachricht

English	French	Italian	German
metal	métal	metallo	Metall
midnight	minuit	mezzanotte	Mitternacht
mineral water	l'eau minérale	acqua minerale	Mineralwasser
minimum	minimum	minimo	Minimum
minutes	minutes	minuti	Minuten
mirror	miroir	specchio	Spiegel
Miss	Mademoiselle	Signorina	Fräulein
mistake	erreur	errore	Fehler
misunder-standing	malentendu	incomprensione	Mißverständnis
mix (n)	mélange	misto	Mischung
modern	moderne	moderno	modern
moment	moment	momento	Moment
Monday	lundi	lunedì	Montag
money	argent	soldi	Geld
month	mois	mese	Monat
monument	monument	monumento	Denkmal
moon	lune	luna	Mond
more	encore	ancora	mehr
morning	matin	mattina	Morgen
mosquito	moustique	zanzara	Mücke
mother	mère	madre	Mutter
mother-in-law	belle-mère	suocera	Schwiegermutter
mountain	montagne	montagna	Berg
moustache	moustache	baffi	Schnurrbart
mouth	bouche	bocca	Mund
movie	film	film	Film
Mr.	Monsieur	Signore	Herr
Mrs.	Madame	Signora	Frau
much	beaucoup	molto	viel
muscle	muscle	muscolo	Muskel
museum	musée	museo	Museum
music	musique	musica	Musik
my	mon	mio	mein

English	French	Italian	German

N

N

nail clipper	pince à ongles	tagliaunghie	Nagelschere
naked	nu	nudo	nackt
name	nom	nome	Name
napkin	serviette	salvietta	Serviette
narrow	étroit	stretto	schmal
nationality	nationalité	nazionalità	Nationalität
natural	naturel	naturale	natürlich
nature	nature	natura	Natur
nausea	nausée	nausea	Übelkeit
near	près	vicino	nahe
necessary	nécessaire	necessario	notwendig
necklace	collier	collana	Kette
need	avoir besoin de	avere bisogno di	brauchen
needle	aiguille	ago	Nadel
nephew	neveu	nipote	Neffe
nervous	nerveux	nervoso	nervös
never	jamais	mai	nie
new	nouveau	nuovo	neu
newspaper	journal	giornale	Zeitung
next	prochain	prossimo	nächste
nice	plaisant	bello	nett
nickname	sobriquet	soprannome	Spitzname
niece	nièce	nipote	Nichte
night	nuit	notte	Nacht
no	non	no	nein
noisy	bruillant	rumoroso	laut
non-smoking	non fumeur	vietato fumare	Nichtraucher
noon	midi	mezzogiorno	Mittag
normal	normale	normale	normal
north	nord	nord	Norden
nose	nez	naso	Nase
not	pas	non	nicht
notebook	calepin	blocco note	Notizbuch

English	French	Italian	German
nothing	rien	niente	nichts
no vacancy	complet	completo	belegt
now	maintenant	adesso	jetzt
nurse	garde-malade	infermiera	Krankenschwester

O   O

English	French	Italian	German
occupation	emploi	lavoro	Beruf
occupied	occupé	occupato	besetzt
ocean	océan	oceano	Meer
of	de	di	von
office	bureau	ufficio	Büro
O.K.	d'accord	d'accordo	O.K.
old	vieux	vecchio	alt
on	sur	su	auf
once	une fois	una volta	einmal
one way (street)	sens unique	senso unico	einfach
one way (ticket)	aller simple	andata	Hinfahrkarte
only	seulement	solo	nur
open (adj)	ouvert	aperto	offen
open (v)	ouvrir	aprire	öffnen
opera	opéra	opera	Oper
operator	standardiste	centralinista	Vermittlung
optician	opticien	ottico	Optiker
or	ou	o	oder
orange (color)	orange	arancione	orange
orange (fruit)	orange	arancia	Apfelsine
original	original	originale	Original
other	autre	altro	anderes
outdoors	en plein air	all'aria aperta	im Freien
oven	four	forno	Ofen
over (finished)	fini	finito	beendet
own	posséder	possedere	besitzen
owner	propriétaire	padrone	Besitzer

English	French	Italian	German

P

P

pacifier	tétine	succhiotto	Schnuller
package	colis	pacco	Paket
pail	seau	secchio	Eimer
pain	douleur	dolore	Schmerz
painting	tableau	quadro	Gemälde
palace	palais	palazzo	Schloß
panties	slip	mutande	Unterhosen
pants	pantalon	pantaloni	Hosen
paper	papier	carta	Papier
paper clip	trombone	graffetta	Büroklammer
parents	parents	genitori	Eltern
park (v)	garer	parcheggiare	parken
park (garden)	parc	parco	Park
party	soirée	festa	Party
passenger	passager	passeggero	Reisende
passport	passeport	passaporto	Paß
pay	payer	pagare	bezahlen
peace	paix	pace	Frieden
pedestrian	piéton	pedone	Fußgänger
pen	stylo	penna	Kugelschreiber
pencil	crayon	matita	Bleistift
people	gens	persone	Leute
percent	pourcentage	percentuale	Prozent
perfect	parfait	perfetto	perfekt
perfume	parfum	profumo	Parfum
period (time)	période	periodo	Zeitabschnitt
period (female)	règles	mestruazioni	Periode
person	personne	persona	Person
pharmacy	pharmacie	farmacia	Apotheke
photo	photo	foto	Photo
pick-pocket	pickpocket	borsaiolo	Taschendieb
picnic	pique-nique	picnic	Picknick
piece	morceau	pezzo	Stück

English	French	Italian	German
pig	cochon	maiale	Schwein
pill	pilule	pillola	Pille
pillow	oreiller	cuscino	Kissen
pin	épingle	spilla	Nadel
pink	rose	rosa	rosa
pity, it's a	quel dommage	che peccato	wie schade
pizza	pizza	pizza	Pizza
plane	avion	aereoplano	Flugzeug
plain	simple	semplice	einfach
plant	plante	pianta	Pflanze
plastic	plastique	plastica	Plastik
plastic bag	sac en plastique	sacchetto di plastica	Plastiktüte
plate	assiette	piatto	Teller
platform (train)	quai	binario	Bahnsteig
play (v)	jouer	giocare	spielen
play	théâtre	teatro	Theater
please	s'il vous plaît	per favore	bitte
pliers	pinces	pinzette	Zange
pocket	poche	tasca	Tasche
point (v)	indiquer	indicare	zeigen
police	police	polizia	Polizei
poor	pauvre	povero	arm
pork	porc	porco	Schweinefleisch
possible	possible	possibile	möglich
postcard	carte postale	cartolina	Postkarte
poster	affiche	poster	Poster
practical	pratique	pratico	praktisch
pregnant	enceinte	incinta	schwanger
prescription	ordonnance	prescrizione	Rezept
present (gift)	cadeau	regalo	Geschenk
pretty	jolie	carino	hübsch
price	prix	prezzo	Preis
priest	prêtre	prete	Priester
private	privé	privato	privat
problem	problème	problema	Problem

English	French	Italian	German
profession	profession	professione	Beruf
prohibited	interdît	proibito	verboten
pronunciation	prononciation	pronuncia	Aussprache
public	publique	pubblico	öffentlich
pull	tirer	tirare	ziehen
purple	violet	viola	violett
purse	sac	borsa	Handtasche
push	pousser	spingere	drücken

Q   Q

quality	qualité	qualità	Qualität
quarter (1/4)	quart	quarto	Viertel
queen	reine	regina	Königin
question (n)	question	domanda	Frage
quiet	silence	tranquillo	ruhig

R   R

R.V.	camping-car	camper	Wohnwagen
rabbit	lapin	coniglio	Hase
radio	radio	radio	Radio
raft	radeau	gommone	Floß
rain (n)	pluie	pioggia	Regen
rainbow	arc-en-ciel	arcobaleno	Regenbogen
raincoat	imperméable	impermeabile	Regenmantel
rape (n)	viol	violenza carnale	Vergewaltigung
raw	cru	crudo	roh
razor	rasoir	rasoio	Rasierer
ready	pret	pronto	bereit
receipt	reçu	ricevuta	Beleg
receive	recevoir	ricevere	erhalten
receptionist	réceptioniste	centralinista	Empfangsperson
recipe	recette	ricetta	Rezept

DICTIONARY

English	French	Italian	German
recommend	suggérer	raccomandare	empfehlen
red	rouge	rosso	rot
refill (v)	remplir	riempire	nachschenken
refund (n)	remboursement	rimborso	Rückgabe
relax (v)	se reposer	riposare	sich erholen
religion	religion	religione	Religion
remember	se souvenir	ricordare	sich erinnern
rent (v)	louer	affittare	mieten
repair (v)	réparer	riparare	reparieren
repeat	répétez	ripeta	noch einmal
reservation	réservation	prenotazione	Reservierung
reserve	reserver	prenotare	reservieren
rich	riche	ricco	reich
right	droite	destra	rechts
ring (n)	bague	anello	Ring
ripe	mûr	maturo	reif
river	rivière	fiume	Fluß
rock (n)	rocher	pietra	Fels
roller skates	patins à roulettes	pattini a rotelle	Rollschuhe
romantic	romantique	romantico	romantisch
roof	toit	tetto	Dach
room	chambre	camera	Zimmer
rope	corde	corda	Seil
rotten	pourri	marcio	verdorben
roundtrip	aller-retour	ritorno	Rückfahrt
rowboat	canot	barca a remi	Ruderboot
rucksack	sac à dos	zaino	Rucksack
rug	tapis	tappeto	Teppich
ruins	ruines	rovine	Ruine
run (v)	courir	correre	laufen

S   S

sad	triste	triste	traurig
safe	en sécurité	sicuro	sicher

English	French	Italian	German
safety pin	épingle à nourrice	spilla da balia	Sicherheitsnadel
sailing	voile	vela	segeln
sale	solde	liquidazione	Ausverkauf
same	même	stesso	gleiche
sandals	sandales	sandali	Sandalen
sandwich	sandwich	panino	belegtes Brot
sanitary nap-kins	serviettes hygiéniques	assorbenti	Damenbinden
Saturday	samedi	sabato	Samstag
scandalous	scandaleux	scandaloso	sündig
school	école	scuola	Schule
science	science	scienza	Wissenschaft
scientist	homme / femme de sciences	scienziato	Wissenschaftler
scissors	ciseaux	forbici	Schere
scotch tape	du scotch	nastro adesivo	Tesafilm
screwdriver	tournevis	cacciaviti	Schraubenzieher
sculptor	sculpteur	scultore	Bildhauer
sculpture	sculpture	scultura	Skulptur
sea	mer	mare	Meer
seafood	fruits de mer	frutti di mare	Meeresfrüchte
seat	place	posto	Platz
second	deuxième	secondo	zweite
second class	deuxième classe	secondo classe	zweiter Klasse
secret	secret	segreto	Geheimnis
see	voir	vedere	sehen
self-service	libre service	self-service	Selbstbedienung
sell	vendre	vendere	verkaufen
send	envoyer	spedire	senden
separate (adj)	séparé	separato	getrennt
serious	sérieux	serio	ernst
service	service	servizio	Bedienung
sex	sexe	sesso	Sex
sexy	sexy	sexy	sexy
shampoo	shampooing	shampoo	Shampoo
shaving cream	crème à raser	crema da barba	Rasiercreme
she	elle	lei	sie

English	French	Italian	German
sheet	drap	lenzuolo	Laken
shell	coquille	conchiglia	Schale
ship (n)	navire	nave	Schiff
shirt	chemise	camicia	Hemd
shoes	chaussures	scarpe	Schuhe
shopping	shopping	fare spese	einkaufen
short	court	corto	kurz
shorts	short	pantaloncini	shorts
shoulder	épaule	spalle	Schulter
show (n)	spectacle	spettacolo	Vorführung
show (v)	montrer	mostrare	zeigen
shower	douche	doccia	Dusche
shy	timide	timido	ängstlich
sick	malade	malato	krank
sign	panneau	segno	Schild
signature	signature	firma	Unterschrift
silence	silence	silenzio	Ruhe
silk	soie	seta	Seide
silver	argent	argento	Silber
similar	semblable	simile	ähnlich
simple	simple	semplice	einfach
sing	chanter	cantare	singen
singer	chanteur	cantante	Sänger
single (unmarried)	célibataire	scapolo (male), nubile (female)	ledig
sink	lavabo	lavandino	Waschbecken
sir	monsieur	signor	mein Herr
sister	soeur	sorella	Schwester
size	taille	taglia	Größe
skating	patinage	pattinaggio	Rollschuhlaufen
ski (v)	faire du ski	sciare	skilaufen
skin	peau	pelle	Haut
skinny	maigre	magro	dünn
skirt	jupe	gonna	Rock
sky	ciel	cielo	Himmel
sleep (v)	dormir	dormire	schlafen

English	French	Italian	German
sleepy	avoir sommeil	assonnato	schläfrig
slice	tranche	fettina	Scheibe
slide (photo)	diapositive	diapositiva	Dia
slippery	glissant	scivoloso	glatt
slow	lent	lento	langsam
small	petit	piccolo	klein
smell (n)	odeur	odore	Geruch
smile (n)	sourire	sorriso	Lächeln
smoking	fumeur	fumare	Rauchen
snack	snack	merendina	Imbiß
sneeze (v)	éternuer	starnutire	niesen
snore	ronfler	russare	schnarchen
snow	neige	neve	Schnee
soap	savon	sapone	Seife
soccer	football	calcio	Fußball
socks	chaussettes	calzini	Socken
something	quelque chose	qualcosa	etwas
son	fils	figlio	Sohn
song	chanson	canzone	Lied
soon	bientôt	subito	bald
sorry	désolé	mi dispiace	Entschuldigung
sour	aigre	acerbo	sauer
south	sud	sud	Süden
speak	parler	parlare	sprechen
specialty	spécialité	specialità	Spezialität
speed	vitesse	velocità	Geschwindigkeit
spend	dépenser	spendere	ausgeben
spicy	piquant	piccante	scharf
spider	araignée	ragno	Spinne
spoon	cuillère	cucchiaio	Löffel
sport	sport	sport	Sport
spring	printemps	primavera	Frühling
square (town)	place	piazza	Platz
stairs	escalier	scale	Treppe
stamp	timbre	francobolli	Briefmarke
stapler	agraffeuse	pinzatrice	Klammeraffe

English	French	Italian	German
star (in sky)	étoile	stella	Stern
state	état	stato	Staat
station	station	stazione	Station
stomach	estomac	stomaco	Magen
stop (n)	stop, arrêt	stop, alt	Halt
stop (v)	arrêter	fermare	halten
storm	tempête	temporale	Sturm
story (floor)	étage	storia	Stock
straight	droit	dritto	geradeaus
strange	bizarre	strano	merkwürdig
stream (n)	ruisseau	corrente	Fluß
street	rue	strada	Straße
string	ficelle	filo	Schnur
strong	fort	forte	stark
stuck	coincé	incastrato	festsitzen
student	étudiant	studente	Student
stupid	stupide	stupido	dumm
sturdy	robuste	resistente	haltbar
style	mode	stile	Stil
suddenly	soudain	improvvisamente	plötzlich
suitcase	valise	valigia	Koffer
summer	été	estate	Sommer
sun	soleil	sole	Sonne
sunbathe	se faire bronzer	abbronzarsi	sich sonnen
sunburn	coup de soleil	bruciatura del sole	Sonnenbrand
Sunday	dimanche	domenica	Sonntag
sunglasses	lunettes de soleil	occhiali da sole	Sonnenbrille
sunny	ensoleillé	assolato	sonnig
sunset	coucher de soleil	tramonto	Sonnen-untergang
sunscreen	huile solaire	protezione solare	Sonnencreme
sunshine	soleil	sole	Sonnenschein
sunstroke	insolation	insolazione	Sonnenstich
suntan (n)	bronzage	abbronzatura	Sonnenbräune
suntan lotion	lotion solaire	crema per il sole	Sonnenöl
supermarket	supermarché	supermercato	Supermarkt
supplement	supplément	supplemento	Zuschlag

English	French	Italian	German
surprise (n)	surprise	sorpresa	Überraschung
swallow (v)	avaler	ingoiare	schlucken
sweat (v)	transpirer	sudare	schwitzen
sweater	pull	maglione	Pullover
sweet	doux	dolce	süß
swim	nager	nuotare	schwimmen
swimming pool	piscine	piscina	Schwimmbad
swim suit	costume de bain	costume da bagno	Badeanzug
swim trunks	maillot de bain	costume de bagno	Badehose
Switzerland	Suisse	Svizzera	Schweiz
synthetic	synthétique	sintetico	synthetisch

T   T

English	French	Italian	German
table	table	tavolo	Tisch
tail	queue	coda	Schwanz
take out (food)	pour emporter	da portar via	mitnehmen
take	prendre	prendere	nehmen
talcum powder	talc	borotalco	Babypuder
talk	parler	parlare	reden
tall	grand	alto	hoch
tampons	tampons	tamponi	Tampons
tape (cassette)	cassette	cassetta	Kassette
taste (n)	goût	gusto	Gaschmack
taste (v)	goûter	assaggiare	probieren
tax	taxe	tasse	Steuer
teacher	professeur	insegnante	Lehrer
team	équipe	squadra	Team
teenager	adolescent	adolescente	Jugendlicher
telephone	téléphone	telefono	Telefon
television	télévision	televisione	Fernsehen
temperature	température	temperatura	Temperatur
tender	tendre	tenero	zart
tennis	tennis	tennis	Tennis
tennis shoes	chaussures de tennis	scarpe da tennis	Turnschuhe

English	French	Italian	German
tent	tente	tenda	Zelt
tent pegs	piquets de tente	picchetti della tenda	Zelthäringe
terrible	terrible	terribile	schrecklich
thanks	merci	grazie	danke
theater	théâtre	teatro	Theater
thermometer	thermomètre	termometro	Thermometer
thick	épais	spesso	dick
thief	voleur	ladro	Dieb
thigh	cuisse	coscia	Schenkel
thin	mince	sottile	dünn
thing	chose	cosa	Ding
think	penser	pensare	denken
thirsty	soif	assetato	durstig
thongs	pinces	sandali infradito	Badelatschen
thread	fil	filo	Faden
throat	gorge	gola	Hals
through	à travers	attraverso	durch
throw	jeter	tirare	werfen
Thursday	jeudi	giovedì	Donnerstag
ticket	billet	biglietto	Karte
tight	serré	stretto	eng
timetable	horaire	orario	Fahrplan
tired	fatigué	stanco	müde
tissues	mouchoirs en papier	fazzolettini	Taschentuch
to	à	a	nach
today	aujourd'hui	oggi	heute
toe	orteil	dito del piede	Zeh
together	ensemble	insieme	zusammen
toilet	toilette	toilette	Toilette
toilet paper	papier hygiénique	carta igienica	Klopapier
tomorrow	demain	domani	morgen
tonight	ce soir	stanotte	heute abend
too	trop	troppo	zu
tooth	dent	dente	Zahn

English	French	Italian	German
toothbrush	brosse à dents	spazzolino da denti	Zahnbürste
toothpaste	dentifrice	dentifricio	Zahnpasta
toothpick	cure-dent	stuzzicadenti	Zahnstocher
total	total	totale	Völlig
tour	tour	giro	Tour
tourist	touriste	turista	Tourist
towel	serviette de bain	asciugamano	Handtuch
tower	tour	torre	Turm
town	ville	città	Stadt
toy	jouet	giocattolo	Spielzeug
track (train)	voie	binario	Gleis
traditional	traditionnel	tradizionale	traditionell
traffic	circulation	traffico	Verkehr
train	train	treno	Zug
train station	gare	stazione	Bahnhof
translate	traduire	tradurre	übersetzen
travel	voyager	viaggiare	reisen
travel agency	agence de voyage	agenzia di viaggi	Reisebüro
traveler's check	chèque de voyage	traveler's check	Reisescheck
tree	arbre	albero	Baum
trip	voyage	viaggio	Fahrt
trouble	trouble	guaio	Schwierigkeiten
T-shirt	T-shirt	maglietta	T-Shirt
Tuesday	mardi	martedì	Dienstag
tunnel	tunnel	tunnel	Tunnel
tweezers	pince à épiler	pinzette	Pinzette
twins	jumeaux	gemelli	Zwillinge

U

U

English	French	Italian	German
ugly	laid	brutto	häßlich
umbrella	parapluie	ombrello	Regenschirm
uncle	oncle	zio	Onkel

English	French	Italian	German
under	sous	sotto	unter
underpants	slip	mutandine	Unterhose
understand	comprendre	capire	verstehen
underwear	sous vêtements	mutande	Unterwäsche
unemployed	au chômage	disoccupato	arbeitslos
unfortunately	malheureusement	sfortunatamente	unglücklicherweise
United States	Etats-Unis	Stati Uniti	Vereinigte Staaten
university	univerisité	università	Universität
up	en haut	su	hoch
upstairs	en haut	di sopra	oben
urgent	urgent	urgente	dringend
us	nous	noi	uns
use	utiliser	usare	nutzen

V

V

vacancy (hotel)	chambre libre	camare libere	Zimmer frei
vacant	libre	libero	frei
valley	vallée	valle	Tal
vegetarian (n)	végétarien	vegetariano	Vegetarier
very	très	molto	sehr
vest	gilet	panciotto	Weste
video	vidéo	video	Video
video recorder	magnétoscope	video registratore	Videogerät
view	vue	vista	Blick
village	village	villaggio	Dorf
vineyard	vignoble	vigneto	Weinberg
virus	virus	virus	Virus
visit (n)	visite	visita	Besuch
visit (v)	visiter	visitare	besuchen
vitamins	vitamines	vitamine	Vitamine
voice	voix	voce	Stimme
vomit (v)	vomir	vomitare	sich übergeben

English	French	Italian	German
W		**W**	
waist	taille	vita	Taille
wait	attendre	aspettare	warten
waiter	garçon	cameriere	Kellner
waitress	madame, mademoiselle	cameriera	Kellnerin
wake up	se réveiller	svegliarsi	aufwachen
walk (v)	marcher	camminare	gehen
wallet	portefeuille	portafoglio	Brieftasche
want	vouloir	volere	möchte
warm (adj)	chaud	caldo	warm
wash	laver	lavare	waschen
watch (n)	montre	orologio	Uhr
watch (v)	regarder	guardare	beobachten
water	l'eau	acqua	Wasser
water, tap	l'eau du robinet	acqua del rubinetto	Leitungswasser
waterfall	cascade	cascata	Wasserfall
we	nous	noi	wir
weather	temps	tempo	Wetter
weather fore-cast	météo	previsioni del tempo	Wettervorher-sage
wedding	mariage	matrimonio	Hochzeit
Wednesday	mercredi	mercoledì	Mittwoch
week	semaine	settimana	Woche
weight	poids	peso	Gewicht
welcome	bienvenue	benvenuto	willkommen
west	ouest	ovest	Westen
wet	mouillé	bagnato	naß
what	que	che cosa	was
wheel	roue	ruota	Rad
when	quand	quando	wann
where	où	dove	wo
whipped cream	crème chantilly	panna	Schlagsahne

English	French	Italian	German
white	blanc	bianco	weiß
who	qui	chi	wer
why	pourquoi	perchè	warum
widow	veuve	vedova	Witwe
widower	veuf	vedovo	Witwer
wife	femme	moglie	Ehefrau
wild	sauvage	selvaggio	wild
wind	vent	vento	Wind
window	fenêtre	finestra	Fenster
wine	vin	vino	Wein
wing	aile	ala	Flügel
winter	hiver	inverno	Winter
wish (v)	souhaiter	desiderare	wünschen
with	avec	con	mit
without	sans	senza	ohne
women	dames	donne	Damen
wood	bois	legno	Holz
wool	laine	lana	Wolle
word	mot	parola	Wort
work (n)	travail	lavoro	Arbeit
work (v)	travailler	lavorare	arbeiten
world	monde	mondo	Welt
worse	pire	peggio	schlechter
worst	le pire	peggiore	schlechteste
wrap	emballer	incartare	umwickeln
wrist	poignet	polso	Handgelenk
write	écrire	scrivere	schreiben

Y / Z

English	French	Italian	German
year	année	anno	Jahr
yellow	jaune	giallo	gelb
yes	oui	si	ja
yesterday	hier	ieri	gestern
you (formal)	vous	Lei	Sie

English	French	Italian	German
you (informal)	tu	tu	du
young	jeune	giovane	jung
youth hostel	auberge de jeunesse	ostello della gioventù	Jugendherberge
zero	zéro	zero	null
zip-lock bag	sac en plastique à fermeture	busta de plastica sigillablile	Gefrierbeutel
zipper	fermeture éclair	chiusura lampo	Reißverschluß
zoo	zoo	zoo	Zoo

Tongue twisters

Tongue twisters are a great way to practice a language—and break the ice with local Europeans. Here are a few that are sure to challenge you, and amuse your hosts.

French tongue twisters (Tire-langues):

Bonjour madame la saucissonière! Combien sont ces six saucissons-ci? Ces six saucissons-ci sont six sous. Si ces saucissons-ci sont six sous, ces six saucissons-ci sont trop chers.

Hello madame sausage-seller! How much are these six sausages? These six sausages are six cents. If these are six cents, these six sausages are too expensive.

Je veux et j'exige qu'un chasseur sachant chasser sans ses èchasses sache chasser sans son chien de chasse.

I want and demand that a hunter who knows how to hunt without his stilts knows how to hunt without his hunting dog.

Ce sont seize cent jacynthes sèches dans seize cent sachets secs.

There are 600 dry hyacinths in 600 dry sachets.

Ce sont trois très gros rats dans trois très gros trous roulant trois gros rats gris morts.

There are three fat rats in three fat rat-holes rolling three fat grey dead rats.

Italian tongue twisters (Scioglilingua):

Trentatrè trentini arrivarono
a Trento tutti e trentatrè
trottorellando.

Thirty-three people from Trent
arrived in Trent, all thirty-three
trotting.

Chi fù quel barbaro barbiere che
barberò così barbaramente a
Piazza Barberini quel povero
barbaro di Barbarossa?

Who was that barbarian barber in
Barberini Square who shaved that
poor barbarian Barbarossa?

Sopra la panca la capra canta,
sotto la panca la capra crepa.

On the bench the goat sings, under
the bench the goat dies.

Tigre contro tigre.

Tiger against tiger.

German tongue twisters (Zungenbrecher):

Zehn zahme Ziegen zogen Zucker
zum Zoo.

Ten domesticated goats pulled
sugar to the zoo.

Blaukraut bleibt Blaukraut und
Brautkleid bleibt Brautkleid.

Bluegrass remains bluegrass and a
wedding dress remains a wedding
dress.

Fischer's Fritze fischt frische
Fische, frische Fische fischt
Fischer's Fritze.

Fritz Fischer catches fresh fish,
fresh fish Fritz Fisher catches.

Die Katze trapst die Treppe rauf.	The cat is walking up the stairs.
Ich komme über Oberammergau, oder komme ich über Unterammergau?	I am coming via Oberammergau, or am I coming via Unterammergau?

English tongue twisters:

After your European friends have laughed at you, let them try these tongue twisters in English:

If neither he sells seashells, nor she sells seashells, who shall sell seashells? Shall seashells be sold?

Peter Piper picked a peck of pickled peppers.

Rugged rubber baby buggy bumpers.

The sixth sick sheik's sixth sheep's sick.

Red bug's blood and black bug's blood.

Soldiers' shoulders.

Thieves seize skis.

I'm a pleasant mother pheasant plucker. I pluck mother pheasants. I'm the most pleasant mother pheasant plucker that ever plucked a mother pheasant.

Let's Talk Telephones

Smart travelers use the telephone every day to make hotel reservations, check on tourist information, or call home. The card-operated public phones are easier to use than coin-operated phones. Buy a telephone card at European post offices, tobacco shops, or newsstands. Your telephone card will work for local, long distance, and international calls made from card-operated public phones throughout the country where you purchase your card. When using a card-operated phone, pick up the receiver, insert your card in the slot in the phone, dial your number, make your call, then retrieve your card. The price of your call is automatically deducted from your card as you use it. If you have a phone card phobia, you'll usually find easy-to-use "talk now-pay later" metered phones in post offices.

Hotel room phones can be reasonable for local calls, but a terrible rip-off for long-distance calls. To avoid hassles, make your calls from a phone booth or the post office.

European time is six/nine hours ahead of the east/west coast of the United States. Breakfast in Paris is midnight in California.

Dialing Direct

Calling Between Countries: Dial the international access code (usually 00 for most European countries, 011 for America), the country code of the country you're calling, the area code (if it it starts with zero, drop the zero—exceptions noted below), and then the local number.

Calling Long Distance Within a Country: First dial the area code (including its zero), then the local number.

Europe's Exceptions: Some countries do not use area codes, such as Italy, France, Spain, Norway, and Denmark. To make an international call to these countries, dial the international access code, the country code, and then the local number in its entirety (okay, so there's one exception; for France, drop the initial zero of the local number). To make long-distance calls within any of these countries, simply dial the local number, whether you're calling across the country or across the street.

International Access Codes

When dialing direct, first dial the international access code of the country you're calling from. For most countries, it's "00." The few exceptions are Spain (07), Sweden (009), and the U.S.A./Canada (011).

Country Codes

After dialing the international access code, dial the code of the country you're calling.

Austria—43	France—33	Netherlands—31
Belgium—32	Germany—49	Norway—47
Britain—44	Greece—30	Portugal—351
Czech Rep.—420	Ireland—353	Spain—34
Denmark—45	Italy—39	Sweden—46
Estonia—372	Latvia—371	Switzerland—41
Finland—358	Lithuania—370	U.S.A./Canada—1

Dialing: Examples

AC = Area code, LN = Local number. Note: France and Italy lack area codes.

To call the U.S.A. from any of these countries, dial 00-1-AC-LN.

	Calling from U.S.A. to...	Calling long distance within...
Austria	011-43-AC without initial zero-LN	AC including initial zero-LN
France	011-33-LN without initial zero	LN including initial zero
Germany	011-49-AC without initial zero-LN	AC including initial zero-LN
Italy	011-39-LN	LN including initial zero
Switzerland	011-41-AC without initial zero-LN	AC including initial zero-LN

U.S.A. Direct Services: Calling Card Operators

It's cheaper to call direct, but if you have a calling card and prefer to have an English-speaking operator dial for you, here are the numbers:

	ATT	MCI	SPRINT
Austria	022-903-011	022-903-012	022-903-014
France	0800-990-011	0800-990-019	0800-990-087
Germany	0130-0010	0800-888-8000	0130-0013
Italy	172-1011	172-1022	172-1877
Switzerland	0800-89-0011	0800-89-0222	0800-89-9777

Weather

First line is average daily low (°F); second line average daily high (°F); third line, days of no rain.

APPENDIX

	J	F	M	A	M	J	J	A	S	O	N	D
FRANCE	32	34	36	41	47	52	55	55	50	44	38	33
Paris	42	45	52	60	67	73	76	75	69	59	49	43
	16	15	16	16	18	19	19	19	19	17	15	14
ITALY	39	39	42	46	55	60	64	64	61	53	46	41
Rome	54	56	62	68	74	82	88	88	83	73	63	56
	23	17	26	24	25	28	29	28	24	22	22	22
GERMANY	23	23	30	38	45	51	55	54	48	40	33	26
Munich	35	38	48	56	64	70	74	73	67	56	44	36
	15	15	18	15	16	13	15	15	17	18	15	16

Metric conversions (approximate)

1 inch = 25 millimeters	1 foot = .3 meter
1 yard = .9 meter	1 mile = 1.6 kilometers
1 sq. yard = .8 sq. meter	1 acre = 0.4 hectare
1 quart = .95 liter	1 ounce = 28 grams
1 pound = .45 kilo	1 kilo = 2.2 pounds
1 centimeter = 0.4 inch	1 meter = 39.4 inches

1 kilometer = .62 mile

Miles = kilometers divided by 2 plus 10%

(120 km ÷ 2 = 60, 60 + 12 = 72 miles)

Fahrenheit degrees = double Celsius + 30

32° F = 0° C, 82° F = about 28° C

French tear-out cheat sheet

Good day.	**Bonjour.**	bohn-zhoor
Do you speak English?	**Parlez-vous anglais?**	par-lay-voo ahn-glay
Yes. / No.	**Oui. / Non.**	wee / nohn
I don't speak French.	**Je ne parle pas français.**	zhuh nuh parl pah frahn-say
I'm sorry.	**Désolé.**	day-zoh-lay
Please.	**S'il vous plaît.**	see voo play
Thank you.	**Merci.**	mehr-see
No problem.	**Pas de problème.**	pah duh proh-blehm
It's good.	**C'est bon.**	say bohn
You are very kind.	**Vous êtes très gentil.**	vooz eht treh zhahn-tee
Goodbye.	**Au revoir.**	oh vwahr
Where is...?	**Où est...?**	oo ay
...a hotel	**...un hôtel**	uhn oh-tehl
...a youth hostel	**...une auberge de jeunesse**	ewn oh-behrzh duh zhuh-nehs
...a restaurant	**...un restaurant**	uhn rehs-toh-rahn
...a grocery store	**...une épicerie**	ewn ay-pee-suh-ree
...a pharmacy	**...une pharmacie**	ewn far-mah-see
...a bank	**...une banque**	ewn bahnk
...the train station	**...la gare**	lah gar
...the tourist info office	**...l'office du tourisme**	loh-fees dew too-reez-muh
Where are the toilets?	**Où sont les toilettes?**	oo sohn lay twah-leht
men / women	**hommes / dames**	ohm / dahm
How much is it?	**Combien?**	kohn-bee-an
Write it?	**Ecrivez?**	ay-kree-vay

Cheap.	**Bon marché.**	bohn mar-shay
Cheaper.	**Moins cher.**	mwan shehr
Cheapest.	**Le moins cher.**	luh mwan shehr
Is it free?	**C'est gratuit?**	say grah-twee
Included?	**Inclus?**	an-klew
Do you have...?	**Avez-vous...?**	ah-vay-voo
I would like...	**Je voudrais...**	zhuh voo-dray
We would like...	**Nous voudrions...**	noo voo-dree-ohn
...this.	**...ceci.**	suh-see
...just a little.	**...un petit peu.**	uhn puh-tee puh
...more.	**...encore.**	ahn-kor
...a ticket.	**...un billet.**	uhn bee-yay
...a room.	**...une chambre.**	ewn shahn-bruh
...the bill.	**...l'addition.**	lah-dee-see-ohn

one	**un**	uhn
two	**deux**	duh
three	**trois**	twah
four	**quatre**	kah-truh
five	**cinq**	sank
six	**six**	sees
seven	**sept**	seht
eight	**huit**	weet
nine	**neuf**	nuhf
ten	**dix**	dees
At what time?	**À quelle heure?**	ah kehl ur
Just a moment.	**Un moment.**	uhn moh-mahn
Now.	**Maintenant.**	man-tuh-nahn
soon / later	**bientôt / plus tard**	bee-an-toh / plew tar
today / tomorrow	**aujourd'hui / demain**	oh-zhoor-dwee / duh-man

Italian tear-out cheat sheet

Good day.	**Buon giorno.**	bwohn **jor**-noh
Do you speak English?	**Parla inglese?**	**par**-lah een-**glay**-zay
Yes. / No.	**Sì. / No.**	see / noh
I don't speak Italian.	**Non parlo l'italiano.**	nohn **par**-loh lee-tah-leeah-noh
I'm sorry.	**Mi dispiace.**	mee dee-speeah-chay
Please.	**Per favore.**	pehr fah-**voh**-ray
Thank you.	**Grazie.**	**graht**-seeay
It's (not) a problem.	**(Non) c'è problema.**	(nohn) cheh proh-**blay**-mah
It's good.	**Va bene.**	vah **behn**-ay
You are very kind.	**Lei è molto gentile.**	lehee eh **mohl**-toh jayn-**tee**-lay
Goodbye!	**Arrivederci!**	ah-ree-vay-**dehr**-chee
Where is...?	**Dov'è...?**	doh-**veh**
...a hotel	**...un hotel**	oon oh-**tehl**
...a youth hostel	**...un ostello della gioventù**	oon oh-**stehl**-loh **dehl**-lah joh-vehn-**too**
...a restaurant	**...un ristorante**	oon ree-stoh-**rahn**-tay
...a supermarket	**...un supermercado**	oon soo-pehr-mehr-**kah**-doh
...a pharmacy	**...una farmacia**	**oo**-nah far-mah-**chee**-ah
...a bank	**...una banca**	**oo**-nah **bahn**-kah
...the train station	**...la stazione**	lah staht-seeoh-nay
...tourist information	**...informazioni per turisti**	een-for-maht-seeoh-nee pehr too-**ree**-stee
...the toilet	**...la toilette**	lah twah-**leht**-tay
men	**uomini, signori**	**woh**-mee-nee, seen-**yoh**-ree
women	**donne, signore**	**don**-nay, seen-**yoh**-ray
How much is it?	**Quanto costa?**	**kwahn**-toh **kos**-tah
Write it?	**Lo scrive?**	loh **skree**-vay

Cheap(er).	(Più) economico.	(pew) ay-koh-**noh**-mee-koh
Cheapest.	Il più economico.	eel pew ay-koh-**noh**-mee-koh
Is it free?	È gratis?	eh **grah**-tees
Is it included?	È incluso?	eh een-**kloo**-zoh
Do you have...?	Ha...?	ah
Where can I buy...?	Dove posso comprare...?	**doh**-vay pos-soh kohm-**prah**-ray
I would like...	Vorrei....	vor-**rehee**
We would like...	Vorremo...	vor-ray-moh
...this.	...questo.	**kweh**-stoh
...just a little.	...un pochino.	oon poh-**kee**-noh
...more.	...di più.	dee pew
...a ticket.	...un biglietto.	oon beel-**yay**-toh
...a room.	...una camera.	**oo**-nah kah-may-rah
...the bill.	...il conto.	eel **kohn**-toh
one	uno	**oo**-noh
two	due	**doo**-ay
three	tre	tray
four	quattro	**kwah**-troh
five	cinque	**cheeng**-kway
six	sei	**sehee**
seven	sette	**seht**-tay
eight	otto	**ot**-toh
nine	nove	**nov**-ay
ten	dieci	**deeay**-chee
hundred	cento	**chehn**-toh
thousand	mille	**mee**-lay
At what time?	A che ora?	ah kay **oh**-rah
Just a moment.	Un momento.	oon moh-**mayn**-toh
Now.	Adesso.	ah-**dehs**-soh
soon / later	presto / tardi	**prehs**-toh / **tar**-dee
today / tomorrow	oggi / domani	**oh**-jee / doh-**mah**-nee

German tear-out cheat sheet

Good day.	**Guten Tag.**	**goo**-ten tahg
Do you speak English?	**Sprechen Sie Englisch?**	**shprekh**-en zee **eng**-lish
Yes. / No.	**Ja. / Nein.**	yah / nīn
I don't speak German.	**Ich spreche kein Deutsch.**	ikh **shprekh**-eh kīn doych
Excuse me.	**Entschuldigung.**	ent-**shool**-dee-goong
I'm sorry.	**Es tut mir leid.**	es toot meer līt
Please. / Thank you.	**Bitte. / Danke.**	**bit**-teh / **dahng**-keh
No problem.	**Kein Problem.**	kīn proh-**blaym**
Very good.	**Sehr gut.**	zehr goot
You are very kind.	**Sie sind sehr freundlich.**	zee zint zehr **froynd**-likh
Goodbye.	**Auf Wiedersehen.**	owf **vee**-der-zayn
Where is...?	**Wo ist...?**	voh ist
...a hotel	**...ein Hotel**	īn hoh-**tel**
...a youth hostel	**...eine Jugendherberge**	ī-neh **yoo**-gend-hehr-behr-geh
...a restaurant	**...ein Restaurant**	īn res-tow-**rahnt**
...a supermarket	**...ein Supermarkt**	īn **zoo**-per-markt
...a pharmacy	**...eine Apotheke**	ī-neh ah-poh-**tay**-keh
...a bank	**...eine Bank**	ī-neh bahnk
...the train station	**...der Bahnhof**	dehr **bahn**-hohf
...the tourist information office	**...das Touristeninformationsbüro**	dahs **too**-ris-ten-in-for-**maht**-see-ohns-**bew**-roh
...the toilet	**...die Toilette**	dee toh-**leh**-teh
men / women	**Herren / Damen**	**hehr**-ren / **dah**-men

How much is it?	**Wieviel kostet das?**	vee-**feel kos**-tet dahs
Write it?	**Schreiben?**	**shrī**-ben
Cheap / Cheaper /	**Billig / Billiger /**	**bil**-lig / **bil**-lig-er /
Cheapest.	**Am Billigsten.**	ahm **bil**-lig-sten
Is it free?	**Ist es umsonst?**	ist es oom-**zohnst**
Included?	**Inklusive?**	in-**kloo**-sev
Do you have...?	**Haben Sie...?**	**hah**-ben zee
Where can I buy...?	**Wo kann ich kaufen?**	voh kahn ikh **kow**-fen
I would like...	**Ich hätte gern...**	ikh **het**-teh gehrn
We would like...	**Wir hätten gern...**	veer **het**-ten gehrn
...this.	**...dies.**	deez
...just a little.	**...nur ein bißchen.**	noor īn **bis**-yen
...more.	**...mehr.**	mehr
...a ticket.	**...ein Karte.**	īn **kar**-teh
...a room.	**...ein Zimmer.**	īn **tsim**-mer
...the bill.	**...die Rechnung.**	dee **rekh**-noong

one	**eins**	īns
two	**zwei**	tsvī
three	**drei**	drī
four	**vier**	feer
five	**fünf**	fewnf
six	**sechs**	zex
seven	**sieben**	**zee**-ben
eight	**acht**	ahkht
nine	**neun**	noyn
ten	**zehn**	tsayn

At what time?	**Um wieviel Uhr?**	oom vee-**feel** oor
Just a moment.	**Moment.**	moh-**ment**
now / soon / later	**jetzt / bald / später**	yetzt / bahld / **shpay**-ter
today / tomorrow	**heute / morgen**	**hoy**-teh / **mor**-gen

Faxing your hotel reservation

Most hotel managers know basic "hotel English."
Photocopy and enlarge this form, then fax away.

. . . .

One page fax   My fax #:_____

To: Today's date: ____ / ____ / ____

From: day   month   year

Dear Hotel _____,

   Please make this reservation for me:

Name: _____

Total # of people: ____   # of rooms: ____   # of nights: ____

Arriving: ____ / ____ / ____   Time of arrival (24-hour clock): _____
       day   month   year   (I will telephone if later)

Departing: ____ / ____ / ____
       day   month   year

Room(s):   Single   Double   Twin   Triple   Quad   Quint

With: Toilet Shower   Bathtub   Sink only

Special needs: View   Quiet   Cheapest room   Ground floor

Credit card: Visa   Mastercard   American Express

Card #: _____   Exp. date: _____

Name on card: _____

If a deposit is necessary, you may charge me for the first night. Please fax or
mail me confirmation of my reservation, along with the type of room
reserved, the price, and whether the price includes breakfast. Thank you.

Signature: _____

Name: _____

Address :_____

Phone: _____   E-mail: _____

Rick Steves' Europe Through the Back Door Catalog

All of these items have been especially designed for independent budget travelers. They have been thoroughly field tested by Rick Steves and his globe-trotting ETBD staff, and are completely guaranteed. Prices include a free subscription to Rick's quarterly Travel Newsletter.

Back Door Bag convertible suitcase/backpack $75

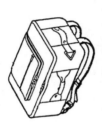

At 9"x21"x13" this specially-designed, sturdy, functional bag is maximum carry-on-the-plane size (fits under the seat), and your key to foot-loose and fancy-free travel. Made in the USA from rugged, water-resistant 1000 denier

Cordura nylon, it converts from a smart-looking suitcase to a handy backpack. It has hide-away padded shoulder straps, top and side handles, and a detachable shoulder strap (for toting as a suitcase). Beefy, lockable perimeter zippers allow easy access to the roomy (2500 cubic inches) main compartment. Two large outside pockets are perfect for frequently used items. A nylon stuff bag is also included. Over 50,000 Back Door travelers have used these bags around the world. Rick Steves helped design this bag, and lives out of it for 3 months at a time. Comparable bags cost much more. Available in black, navy blue and très chic forest green.

European railpasses

...cost the same everywhere, but only ETBD gives you a free hour-long "How to get the most out of your railpass" video, free advice on your itinerary, and your choice of one of Rick Steves' 13 country guidebooks or phrase books. For starters, call 425/771-8303, and we'll send you a free copy of Rick Steves' Annual Guide to European Railpasses.

Moneybelt $8

Absolutely required no matter where you're traveling! An ultra-light, sturdy, under-the-pants, one-size-fits-all nylon pouch, our svelte moneybelt is just the right size to carry your passport, airline tickets and traveler's checks comfortably. Made to ETBD's exacting specifications, this moneybelt is your best defense against theft—when you wear it, feeling a street urchin's hand in your pocket becomes just another interesting cultural experience.

Prices are good through 2000—maybe longer. Orders will be processed within 2 weeks. Call us at (425) 771-8303 or go to www.ricksteves.com for details on shipping/handling charges and local sales tax. Send your check to:

Rick Steves' Europe Through the Back Door

130 Fourth Ave. N, PO Box 2009
Edmonds, WA 98020

www.ricksteves.com

More books by Rick Steves...

Now more than ever, travelers are determined to get the most out of every mile, minute and dollar. That's what Rick's books are all about. He'll help you have a better trip because you're on a budget, not in spite of it. Each of these books is published by John Muir Publications, and is available through your local bookstore, or through Rick's free Europe Through the Back Door Travel Newsletter.

Rick Steves' Europe Through The Back Door

Updated every year, *ETBD* has given thousands of people the skills and confidence they needed to travel through the less-touristed "back doors" of Europe. You'll find chapters on packing, itinerary-planning, transportation, finding rooms, travel photography, keeping safe and healthy, plus chapters on Rick's favorite back door discoveries.

Mona Winks: Self-Guided Tours of Europe's Top Museums

Let's face it, museums can ruin a good vacation. But *Mona* takes you by the hand, giving you fun and easy-to-follow self-guided tours through Europe's 20 most frightening and exhausting museums and cultural obligations. Packed with more than 200 maps and illustrations.

Europe 101: History and Art for the Traveler

A lively, entertaining crash course in European history and art, *Europe 101* is the perfect way to prepare yourself for the rich cultural smorgasbord that awaits you.

Rick Steves' Best of Europe
Rick Steves' France, Belgium & the Netherlands
Rick Steves' Paris
Rick Steves' Italy
Rick Steves' Germany, Austria & Switzerland
         (with Prague)
Rick Steves' Great Britain & Ireland
Rick Steves' London
Rick Steves' Scandinavia
Rick Steves' Spain & Portugal
Rick Steves' Russia & the Baltics

For a successful trip, raw information isn't enough. In his country and city guidebooks, Rick Steves weeds through each region's endless possibilities to give you candid advice on what to see, where to sleep, how to manage your time, and how to get the most out of every dollar.

Rick Steves' European Phrase Books:
French, Italian, German, Spanish/Portuguese, and French/Italian/German

Finally, a series of phrase books written especially for the budget traveler! Each book gives you the words and phrases you need to communicate with the locals about room-finding, food, health and transportation—all spiced with Rick Steves' travel tips, and his unique blend of down-to-earth practicality and humor.

Rick Steves' Postcards from Europe

For twenty-five years Rick Steves has been exploring Europe, sharing his tricks and discoveries in guidebooks and on TV.

Now, in *Postcards from Europe* he shares his favorite personal travel stories and his off-beat European friends – all told in that funny, down-to-earth style that makes Rick his Mom's favorite guidebook writer.

What we do at Europe Through the Back Door

At ETBD we value travel as a powerful way to better understand and contribute to the world in which we live. Our mission at ETBD is to equip travelers with the confidence and skills necessary to travel through Europe independently, economically, and in a way that is culturally broadening. To accomplish this, we:

■ Teach budget European travel skills seminars;

■ Research and write guidebooks to Europe;

■ Write and host a public television series;

■ Sell European railpasses, our favorite guidebooks, travel videos, bags, and accessories;

■ Provide European travel consulting services;

■ Organize and lead free-spirited Back Door tours of Europe;

■ Run a Travel Resource Center in espresso-correct Edmonds, WA;

...and we travel a lot.

Back Door 'Best of Europe' tours

If you like our independent travel philosophy but would like to benefit from the camaraderie and efficiency of group travel, our Back Door tours may be right up your alley. Every year we lead friendly, intimate 'Best of Europe' tours, free-spirited 'Bus, Bed & Breakfast' tours, and regional tours of

France, Italy, Britain, Ireland, Germany-Austria-Switzerland, Spain-Portugal, Scandinavia, and Turkey. For details, call 425/771-8303 or go to www.ricksteves.com and ask for our free tour booklet.

www.ricksteves.com

Rick Steves' popular Web site is sure to raise your European travel I.Q. You'll find a user-friendly online version of Rick's Guide to European Railpasses, a Graffiti Wall filled with advice from traveling readers, late-breaking book updates, and more. You can even sign up to get Rick's free monthly e-mail newsletter!